PowerPoint 2010

PowerPoint 2010

Sehen und Können

SUSANNE WALTER

Markt+Technik

Bibliografische Information der Deutschen Nationalbibliothek
Die Deutsche Nationalbibliothek verzeichnet diese Publikation in der
Deutschen Nationalbibliografie; detaillierte bibliografische Daten
sind im Internet über http://dnb.d-nb.de abrufbar.

10   9   8   7   6   5   4   3   2   1

13   12   11

ISBN 978-3-8272-4546-5

© 2011 by Markt+Technik Verlag,
ein Imprint der Pearson Education Deutschland GmbH,
Martin-Kollar-Straße 10–12, D-81829 München/Germany
Alle Rechte vorbehalten
Umschlaggestaltung: Marco Lindenbeck, webwo GmbH, mlindenbeck@webwo.de
Lektorat: Birgit Ellissen, bellissen@pearson.de
Korrektorat: Marita Böhm
Herstellung: Martha Kürzl-Harrison, mkuerzl@pearson.de
Satz: text&form GbR, Fürstenfeldbruck
Druck und Verarbeitung: Firmengruppe APPL, aprinta druck, Wemding
Printed in Germany

Liebe Leserin, liebcr Leser,

mit diesem Buch lernen Sie Schritt für Schritt Microsoft Office PowerPoint 2010 kennen.

Sie erfahren, wie Sie Bilder einfügen und bearbeiten, das Design der Präsentation anpassen, Texte formatieren, Präsentationstexte in Grafiken konvertieren, Tabellen übersichtlich gestalten und Zahlen aufbereiten. Lesen Sie außerdem, wie Sie die fertige Präsentation als Bildschirmpräsentation wiedergeben, drucken, in das PDF-Format konvertieren und sogar verfilmen.

Die Beispiele aus dem Buch stehen zum Download für Sie bereit: *www.pptx.de/bfbpptx2010.htm*.

Ihre Autorin
Susanne Walter

Inhaltsverzeichnis

Inhaltsverzeichnis

Inhaltsverzeichnis

Inhaltsverzeichnis

1

Erste Schritte mit PowerPoint

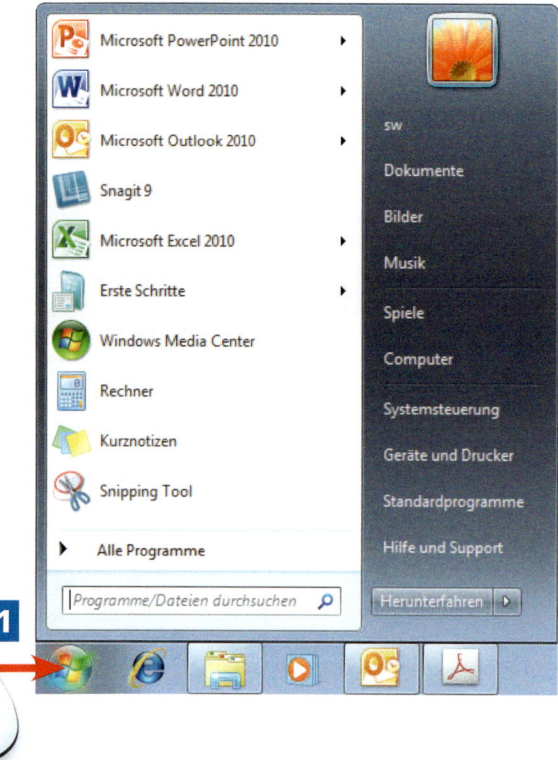

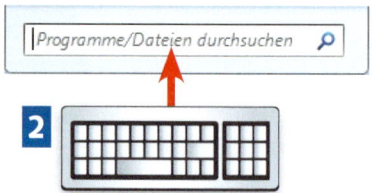

1 Öffnen Sie das Startmenü per Klick auf die Schaltfläche *Start*. Wenn PowerPoint in der Liste der häufig verwendeten Programme angezeigt wird, starten Sie das Programm per Klick auf den Programmnamen.

2 Andernfalls geben Sie in das Suchfeld im Startmenü die Zeichenfolge *„po"* (ohne Anführungszeichen) ein. Windows blendet daraufhin alle Programme und Dateien ein, deren Name mit dieser Zeichenfolge beginnt oder die mit einem der Programme in den Suchergebnissen erstellt wurden.

PowerPoint wird nicht nur für vortragsbegleitende Beamer-Präsentationen eingesetzt. Auch Berichte für den Ausdruck oder animierte Fotoalben lassen sich mit PowerPoint erstellen. Außerdem können Sie Ihre Power-Präsentation als Video exportieren und verteilen.

WISSEN

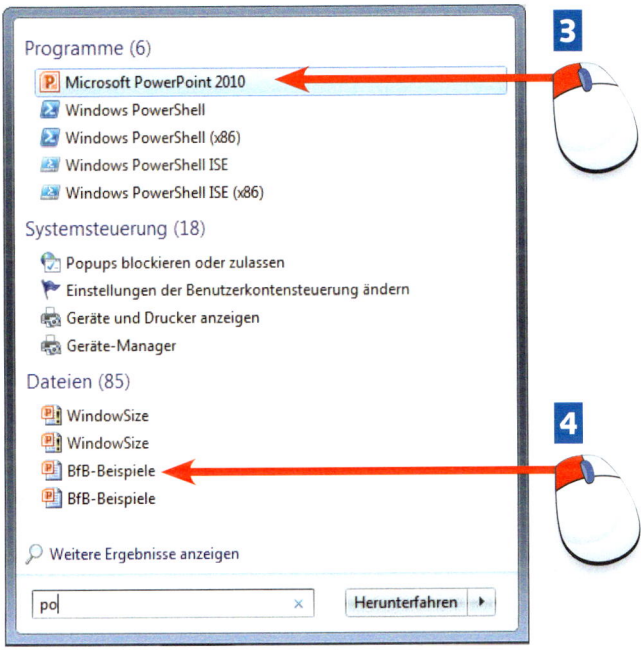

3 Klicken Sie in den Suchergebnissen entweder auf *Microsoft PowerPoint 2010*, um PowerPoint mit einer neuen, leeren Präsentation zu öffnen …

4 … oder wählen Sie aus der Liste der Dateien die Präsentation aus, die Sie bearbeiten möchten.

5 Alternativ können Sie PowerPoint auch aus dem Windows-Explorer heraus starten, indem Sie auf die Präsentation, die Sie bearbeiten möchten, doppelklicken.

Ende

TIPP

Um in Zukunft direkt auf Power-Point zuzugreifen, klicken Sie mit der rechten Maustaste auf den Programmeintrag in den Suchergebnissen. Wählen Sie aus dem Kontextmenü *An Taskleiste anheften*.

FACHWORT

Über die Symbole der **Taskleiste** neben der Schaltfläche *Start* können Sie Programme starten und zwischen geöffneten Dokumenten hin- und herwechseln.

HINWEIS

Dass es sich in den Suchergebnissen um Power-Point-Dateien handelt, erkennen Sie am Symbol vor dem Dateinamen.

Text in Platzhalter eingeben

Start

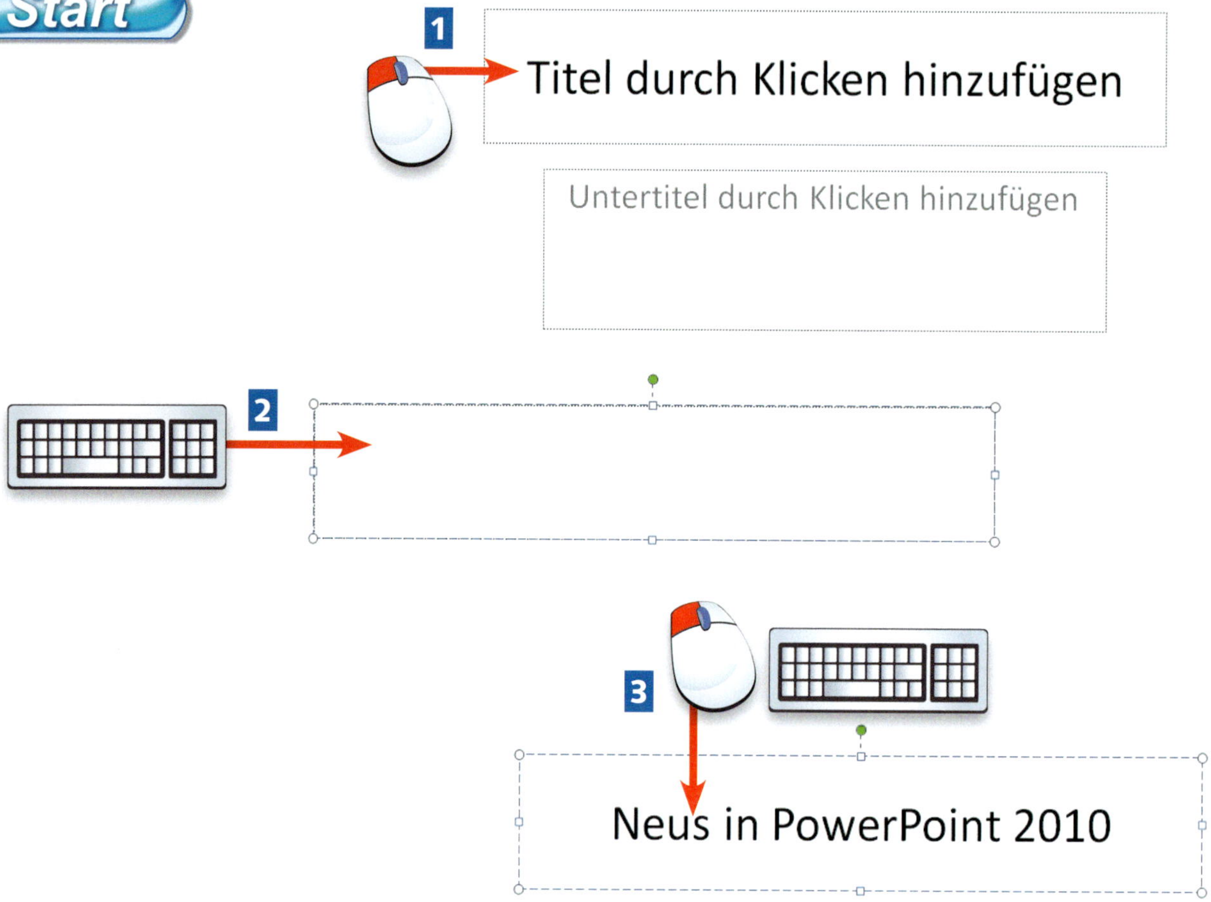
1
Titel durch Klicken hinzufügen
Untertitel durch Klicken hinzufügen
2
3
Neus in PowerPoint 2010

1 Nach dem Start mit einer neuen Präsentation sehen Sie eine einzelne Folie mit weißem Hintergrund und zwei Platzhaltern. Klicken Sie in den oberen Platzhalter.

2 Die Rahmenlinie des Platzhalters ändert sich in eine gestrichelte Linie und die Einfügemarke beginnt zu blinken. Geben Sie Ihren Text ein.

3 Wenn Sie sich vertippt haben, klicken Sie an die Stelle. Drücken Sie die ← -Taste, um Text vor der Einfügemarke zu entfernen, oder Entf, um den Text dahinter zu löschen.

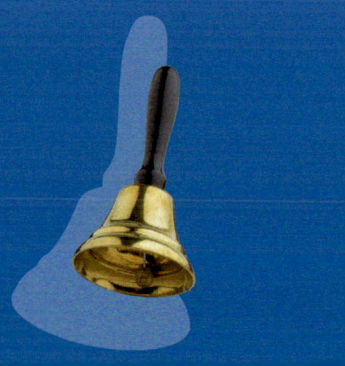

Die erste Folie einer neuen Datei erstellt PowerPoint automatisch mit dem Layout *Titelfolie*, das über zwei Platzhalter für Titel und Untertitel verfügt. Platzhalter, in die keine Inhalte eingefügt wurden, sind im Druck und in der Bildschirmpräsentation nicht zu sehen.

WISSEN

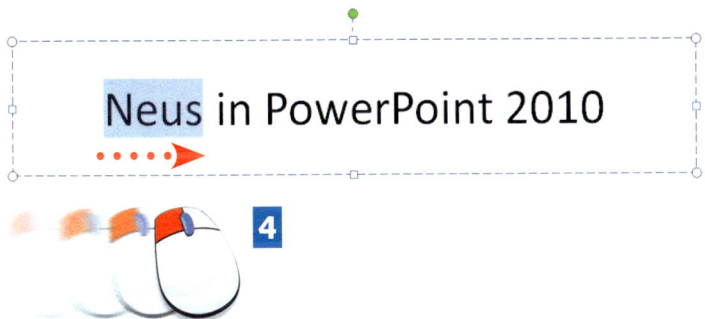

5 Neues in PowerPoint 2010

Untertitel durch Klicken hinzufügen

4 Größere Textmengen entfernen Sie, indem Sie sie bei gedrückter linker Maustaste markieren und anschließend [Entf] drücken.

5 Sobald Sie die Markierung eines Platzhalters per Klick auf eine freie Fläche der Folie aufheben, haben Platzhalter mit Inhalt keinen Rahmen mehr. Die Rahmenlinie wird erst wieder sichtbar, wenn Sie den Platzhalter erneut anklicken.

Ende

FACHWORT

Das **Layout** einer Folie bestimmt, welche und wie viele Platzhalter zur Verfügung stehen und wie der Hintergrund der Folie aussieht.

TIPP

Um von einem Platzhalter zum nächsten zu springen, drücken Sie [Strg]+[↵]. Solche Tastenkombinationen führen Sie aus, indem Sie die erste Taste gedrückt halten und zusätzlich die zweite und evtl. weitere Tasten drücken.

FACHWORT

Platzhalter sind Container, die Format, Größe und Position des Inhalts bestimmen.

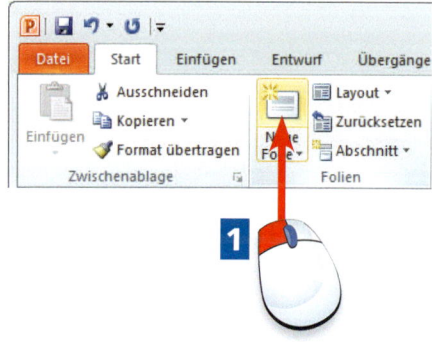

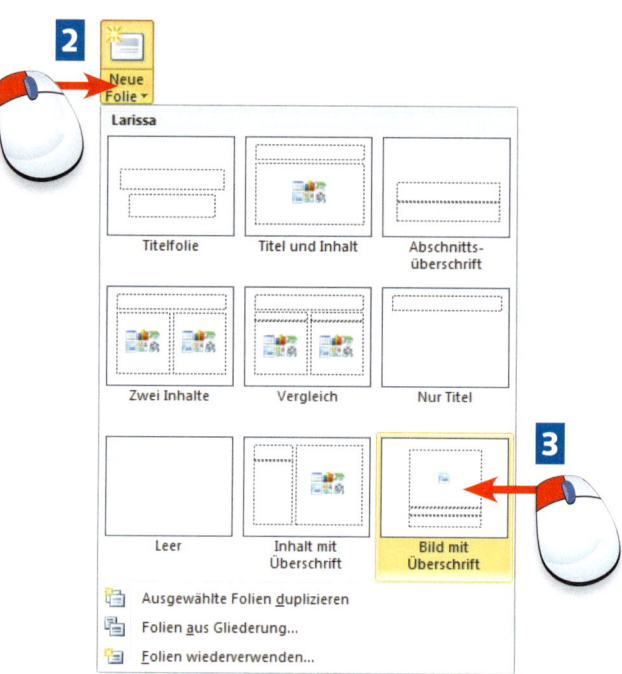

1 Klicken Sie auf der Registerkarte *Start* auf die Schaltfläche *Neue Folie*. PowerPoint erzeugt eine neue Folie und wählt sie im Folienbereich zur Bearbeitung aus.

2 Fügen Sie noch eine Folie in Ihre Präsentation ein. Klicken Sie dieses Mal auf den unteren Bereich der Schaltfläche *Neue Folie*.

3 Wählen Sie das Layout *Bild mit Überschrift*. Achten Sie auf das unterschiedliche Aussehen der Platzhalter in den beiden Layouts.

Schaltflächen, in denen Symbol und Beschriftung oder ein kleiner Pfeil durch eine Linie getrennt sind, führen unterschiedliche Befehle aus, abhängig davon, wo Sie klicken. Im oberen und linken Bereich ist der Standardbefehl hinterlegt. Per Klick auf den unteren und rechten Bereich werden Optionen eingeblendet.

WISSEN

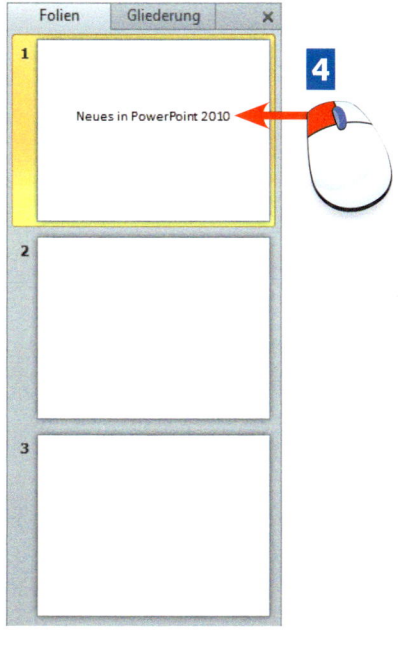

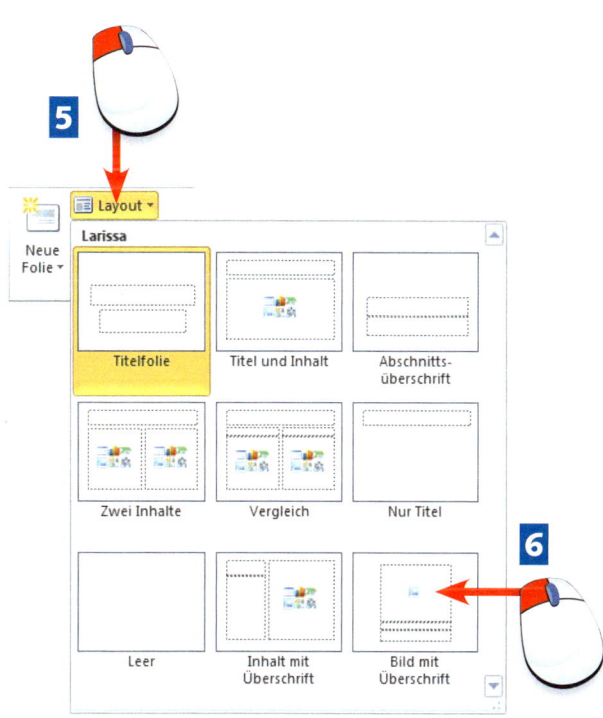

4 Auf der Registerkarte *Folien* am linken Fensterrand sehen Sie Miniaturen der zuvor angelegten Folien. Wechseln Sie zurück auf die Titelfolie, indem Sie auf die Miniaturansicht klicken.

5 Rufen Sie den *Layout*-Katalog auf.

6 Ersetzen Sie das Layout der Titelfolie durch *Bild mit Überschrift*. Beobachten Sie, was passiert: Der eingegebene Text bleibt beim Austausch des Layouts erhalten und wird unter dem noch leeren Bildplatzhalter angeordnet.

Ende

Wenn auf Ihrem Bildschirm der Bereich mit den Registerkarten *Folien* und *Gliederung* nicht zu sehen ist, blenden Sie ihn per Klick auf *Normal* auf der Registerkarte *Ansicht* wieder ein.

Um eine Folie wieder zu löschen, markieren Sie sie in der Registerkarte *Folien* und drücken Sie [Entf] auf der Tastatur.

Welche Layouts zur Verfügung stehen, hängt vom Design einer Präsentation ab. Wenn Sie das Design bereits geändert haben, finden Sie möglicherweise andere Voreinstellungen vor.

TIPP   **HINWEIS**   **HINWEIS**

Start

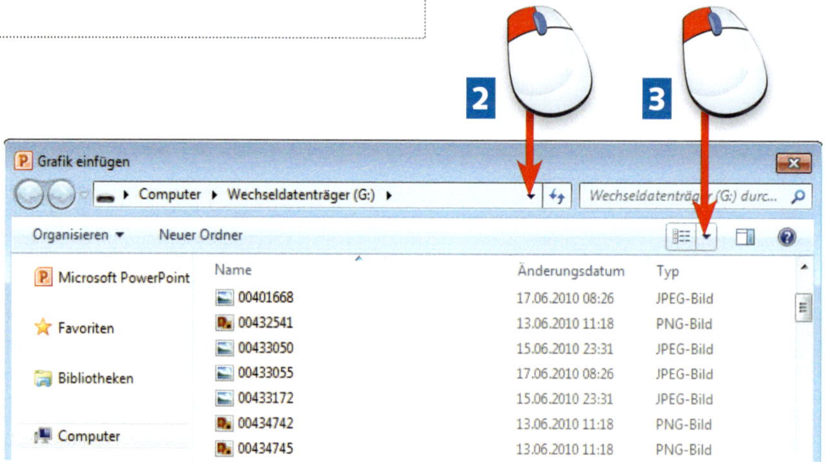

Bild durch Klicken auf Symbol hinzufügen

1

Grafik aus Datei einfügen

2 **3**

P. Grafik einfügen

Computer ▸ Wechseldatenträger (G:) ▸ | Wechseldatenträger (G:) durc... 🔍

Organisieren ▾   Neuer Ordner

	Name	Änderungsdatum	Typ
P. Microsoft PowerPoint	00401668	17.06.2010 08:26	JPEG-Bild
⭐ Favoriten	00432541	13.06.2010 11:18	PNG-Bild
	00433050	15.06.2010 23:31	JPEG-Bild
📚 Bibliotheken	00433055	17.06.2010 08:26	JPEG-Bild
	00433172	15.06.2010 23:31	JPEG-Bild
🖥 Computer	00434742	13.06.2010 11:18	PNG-Bild
	00434745	13.06.2010 11:18	PNG-Bild

1 Klicken Sie auf das Symbol *Grafik aus Datei einfügen* im Platzhalter.

2 Rufen Sie im Dialogfeld *Grafik einfügen* den Ordner auf, in dem Ihre Bilder gespeichert sind.

3 Öffnen Sie die Optionen für die *Ansicht*, indem Sie auf den Pfeil der Schaltfläche klicken. Welches Symbol die Schaltfläche zeigt, hängt davon ab, welche Einstellungen gerade aktiv sind.

Platzhalter, die über keine weiteren Symbole außer *Grafik aus Datei einfügen* verfügen, behalten ihre Größe und Position beim Einfügen des Bilds bei. Normale Platzhalter, die auch andere Inhalte wie Text, Tabellen und Diagramme aufnehmen können, passen sich dagegen an die Proportionen des Bilds an.

WISSEN

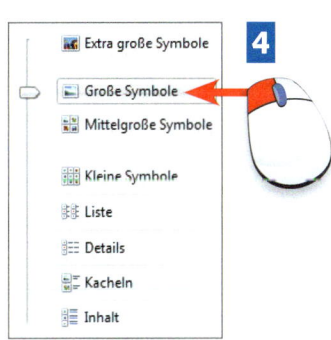

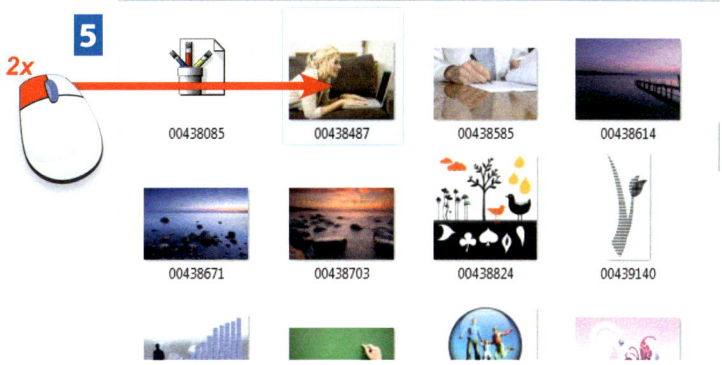

4 Wählen Sie die Einstellung *Große Symbole*, um eine Vorschau auf Ihre Bilder zu sehen.

5 Fügen Sie das gesuchte Bild per Doppelklick auf die Datei in die Präsentation ein.

6 Beim Einfügen in den Platzhalter wird das Bild zentriert ausgerichtet. Wenn das Seitenverhältnis des Bilds nicht mit dem des Platzhalters übereinstimmt, werden Randbereiche ausgeblendet.

Ende

HINWEIS

Die Ausrichtung eines Bilds im Platzhalter kann korrigiert werden. Wie Sie dabei vorgehen, lesen Sie in Kapitel 8.

FACHWORT

Wenn das Verhältnis von Breite zu Höhe eines Bilds geändert wird, wirkt das **Seitenverhältnis** verzerrt. Runde Elemente werden oval, quadratische Bereiche rechteckig usw.

HINWEIS

Im Dialogfeld *Grafik einfügen* können Sie wählen, ob Sie möglichst viele Dateien auf einmal oder eine möglichst große Vorschau auf die Bilder sehen möchten.

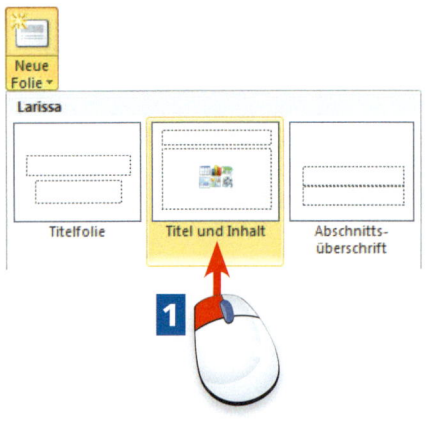

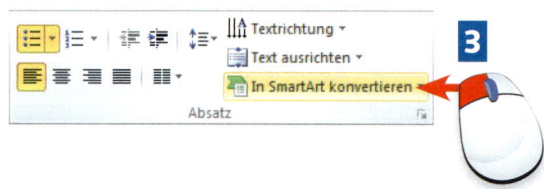

Neu in PowerPoint 2010

- Zuschneiden und Kombinieren von Formen
- Anordnen von Bildern in Platzhaltern
- Intelligente Führungslinien
- Intelligente Absatzformate
- Neue Folienübergänge
- Übertragen von Animationseffekten
- Bearbeiten von Videos

1 Fügen Sie eine neue Folie mit dem Layout *Titel und Inhalt* in Ihre Präsentation ein.

2 Geben Sie Text in den Titel- und Inhaltsplatzhalter ein. Wenn das Ende einer Zeile erreicht ist, bricht der Text automatisch in die nächste um. Um statt eines Zeilenumbruchs einen neuen Absatz mit Aufzählungspunkt zu erzeugen, drücken Sie ⏎ auf der Tastatur.

3 Konvertieren Sie die Textfolie in eine Grafik. Klicken Sie dazu nach der Eingabe des Texts auf die Schaltfläche *In SmartArt konvertieren*.

PowerPoint 2010 verfügt über ca. 100 verschiedene SmartArt-Grafiken. Neben grafischen Alternativen für Textfolien enthalten die SmartArts auch unzählige Layouts für Business-Grafiken wie Organigramme, Zeitstrahlen, Zyklus- und Venn-Diagramme und vieles mehr.

WISSEN

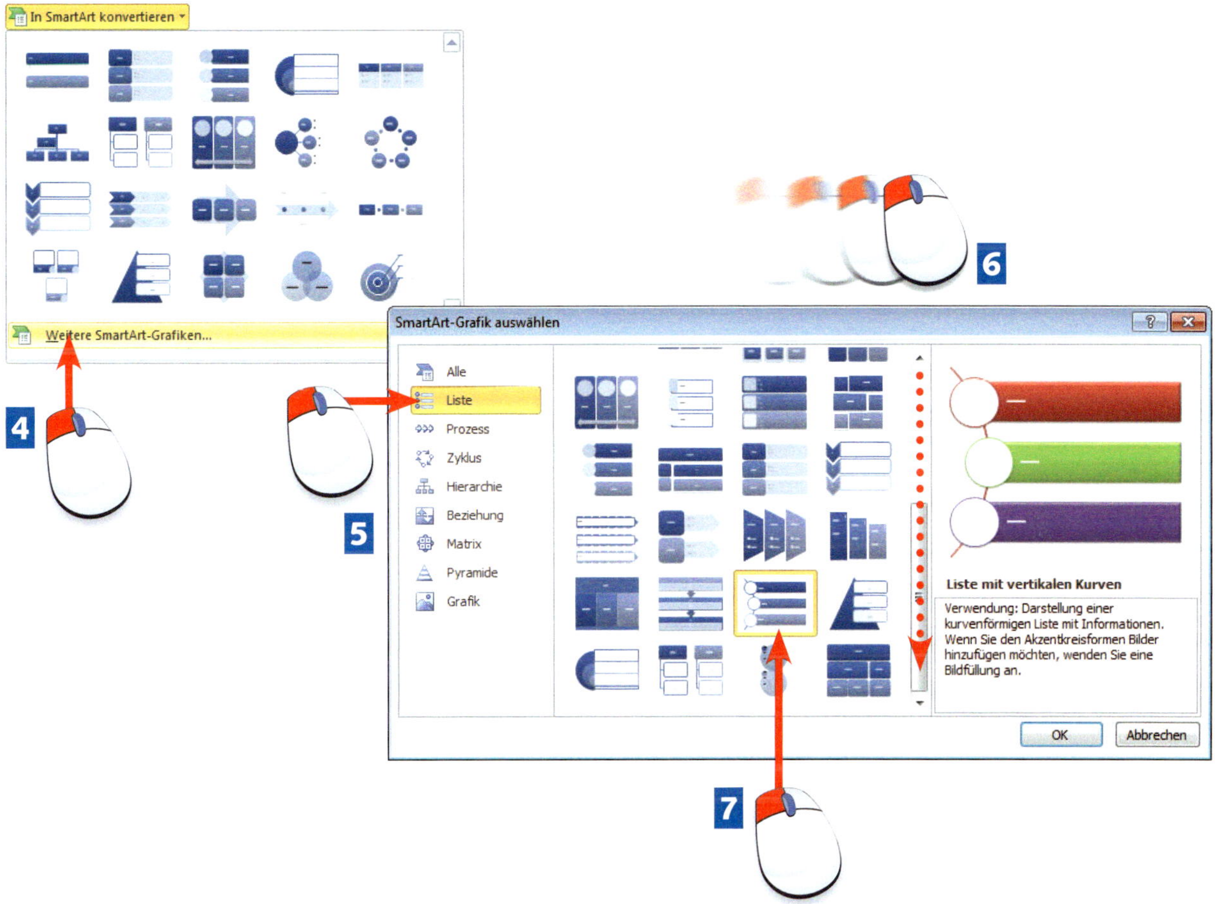

4 PowerPoint blendet daraufhin eine kleine Auswahl verschiedener Schaubildtypen ein. Klicken Sie auf *Weitere SmartArt-Grafiken*, um alle verfügbaren Grafiken zu sehen.

5 Wechseln Sie im Dialogfeld *SmartArt-Grafik auswählen* in die Kategorie *Liste*.

6 Blättern Sie im mittleren Bereich des Dialogfelds ganz nach unten.

7 Wählen Sie die *Liste mit vertikalen Kurven* aus und bestätigen Sie mit *OK*.

Mehr zum Einsatz von SmartArt-Grafiken lesen Sie in Kapitel 4.

Die *SmartArt-Tools* werden im Menüband nur angezeigt, wenn auf der Folie eine SmartArt-Grafik markiert ist.

Falls Sie doch einmal anstelle der SmartArt-Grafik Ihre Textfolie weiterverwenden möchten, finden Sie in der Registerkarte *Entwurf* der *SmartArt-Tools* unter *Konvertieren* den Befehl *In Text konvertieren*.

HINWEIS   **HINWEIS**   **TIPP**

Start

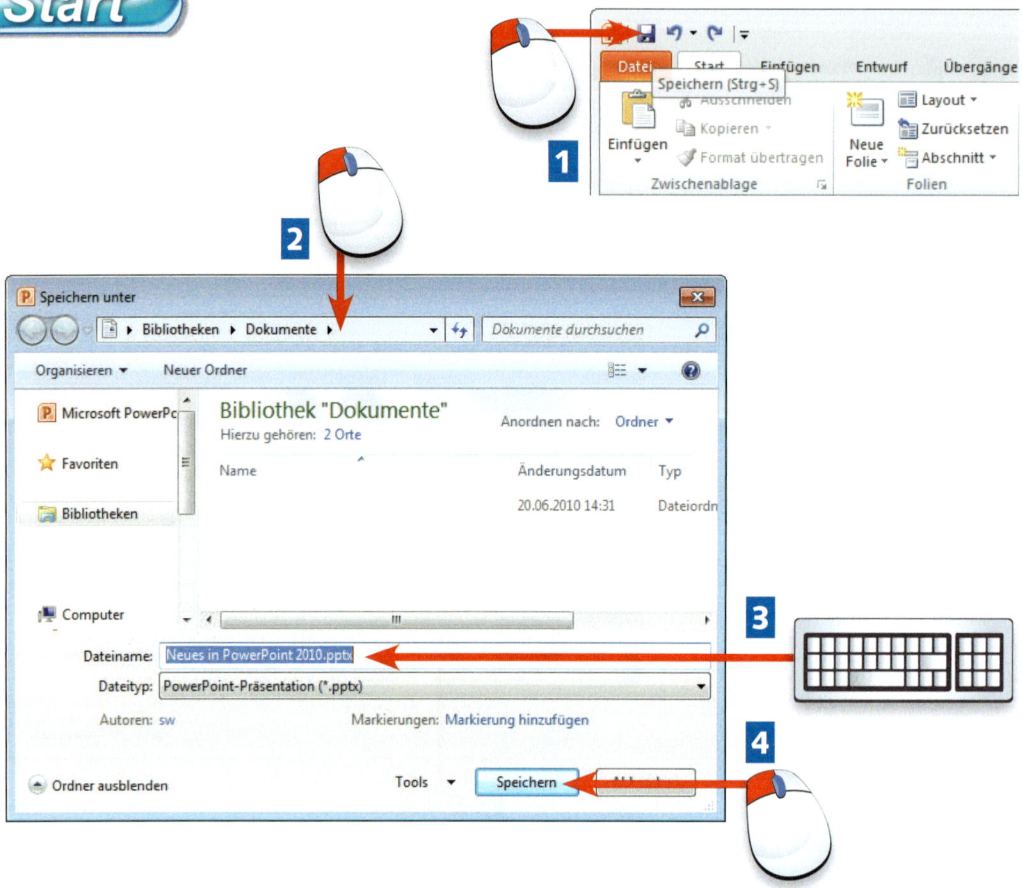

1. Klicken Sie auf die Schaltfläche *Speichern* in der Schnellzugriffsleiste.

2. Wählen Sie im Dialogfeld *Speichern unter* den Ordner aus, in dem Sie Ihre Präsentation ablegen möchten.

3. Geben Sie neben *Dateiname* einen aussagekräftigen Namen ein. Voreingestellt verwendet PowerPoint den Text im Titelplatzhalter.

4. Klicken Sie auf *Speichern*.

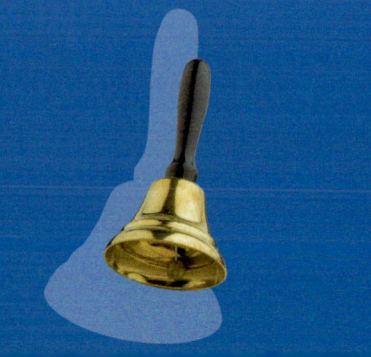

Nicht gespeicherte Präsentationen werden über dem Menüband als Präsentation1, 2, 3 usw. angezeigt. Beim ersten Speichern blendet PowerPoint das Dialogfeld *Speichern unter* ein. Nach dem Speichern steht der Dateiname über dem Menüband. Dann sichert der Klick auf *Speichern* die seit dem letzten Speichern vorgenommenen Änderungen.

WISSEN

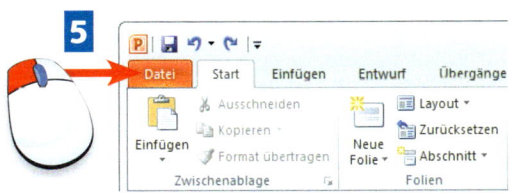

5 Wenn Sie eine bereits vorhandene Präsentation für einen anderen Anlass anpassen möchten, erstellen Sie eine Kopie der Datei. Klicken Sie dazu auf die Registerkarte *Datei* …

6 … und dann auf *Speichern unter*. Mit diesem Befehl rufen Sie wie beim ersten Speichern das Dialogfeld *Speichern unter* auf. Geben Sie einen anderen Dateinamen ein, um eine Kopie der Datei zu erzeugen.

Ende

Es reicht, wenn Sie den Namen der Datei eingeben. Die Dateierweiterung *.pptx* müssen Sie nicht ergänzen. PowerPoint erledigt das automatisch für Sie.

Speichern Sie regelmäßig. Mit Strg + S führen Sie den Speicherbefehl direkt über die Tastatur aus.

Auf die Befehle in der **Schnellzugriffsleiste** neben dem PowerPoint-Symbol können Sie jederzeit zugreifen, unabhängig davon, welche Registerkarte im Menüband gerade aktiv ist.

TIPP   **TIPP**   **FACHWORT**

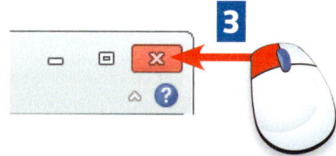

1 Um von der Backstage-Ansicht wieder zur Präsentation zurückzukehren, klicken Sie auf eine der Registerkarten des Menübands.

2 Um die aktuelle Präsentation zu schließen, klicken Sie in der Backstage-Ansicht auf *Schließen*.

3 Ohne Wechsel in die Backstage-Ansicht schließen Sie Dateien per Klick auf das X in der rechten oberen Ecke des Programmfensters. Dabei wird jedoch auch PowerPoint beendet, wenn keine weitere Präsentation geöffnet ist.

In der Backstage-Ansicht befinden sich alle Befehle zum Bearbeiten der Präsentation als Ganzes wie *Speichern*, *Schließen* und *Drucken*. Auch die Dateieigenschaften und die Programmoptionen sind in diesem Bereich hinterlegt. Die Registerkarten des Menübands enthalten dagegen die Befehle zum Erstellen und Bearbeiten einzelner Folien.

WISSEN

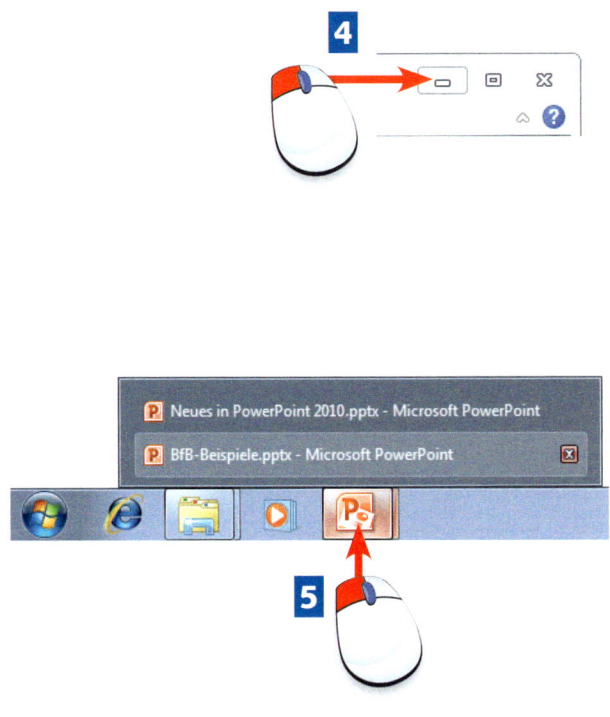

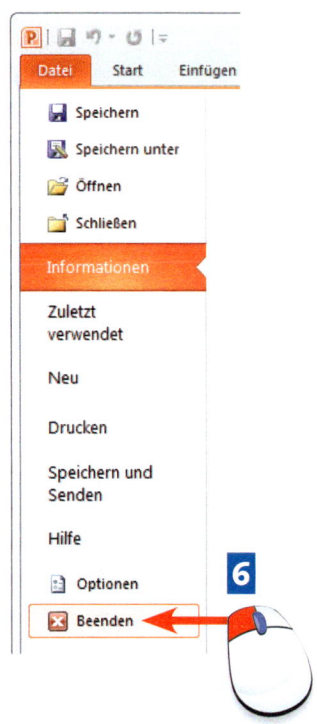

4 Wenn Sie Ihre Präsentation lediglich vorübergehend ausblenden möchten, klicken Sie auf das Minimieren-Symbol in der rechten oberen Ecke.

5 Per Klick auf das PowerPoint-Symbol in der Taskleiste blenden Sie die Präsentation wieder ein. Sind mehrere Dateien geöffnet, können Sie die gesuchte Präsentation per Klick auf den Dateinamen auswählen.

6 Um alle geöffneten Präsentationen zu schließen und das Programm zu beenden, klicken Sie in der Backstage-Ansicht auf *Beenden*.

In der Kategorie *Informationen* der Backstage-Ansicht können Sie auf der rechten Seite die Dateieigenschaften bearbeiten und z.B. Stichworte für die Suchfunktion von Windows eingeben. Welche Felder bearbeitet werden können, erkennen Sie an der hellgrauen Schriftfarbe.

Der Bereich der Registerkarte *Datei* wird in Office 2010 als **Backstage-Ansicht** bezeichnet.

TIPP

FACHWORT

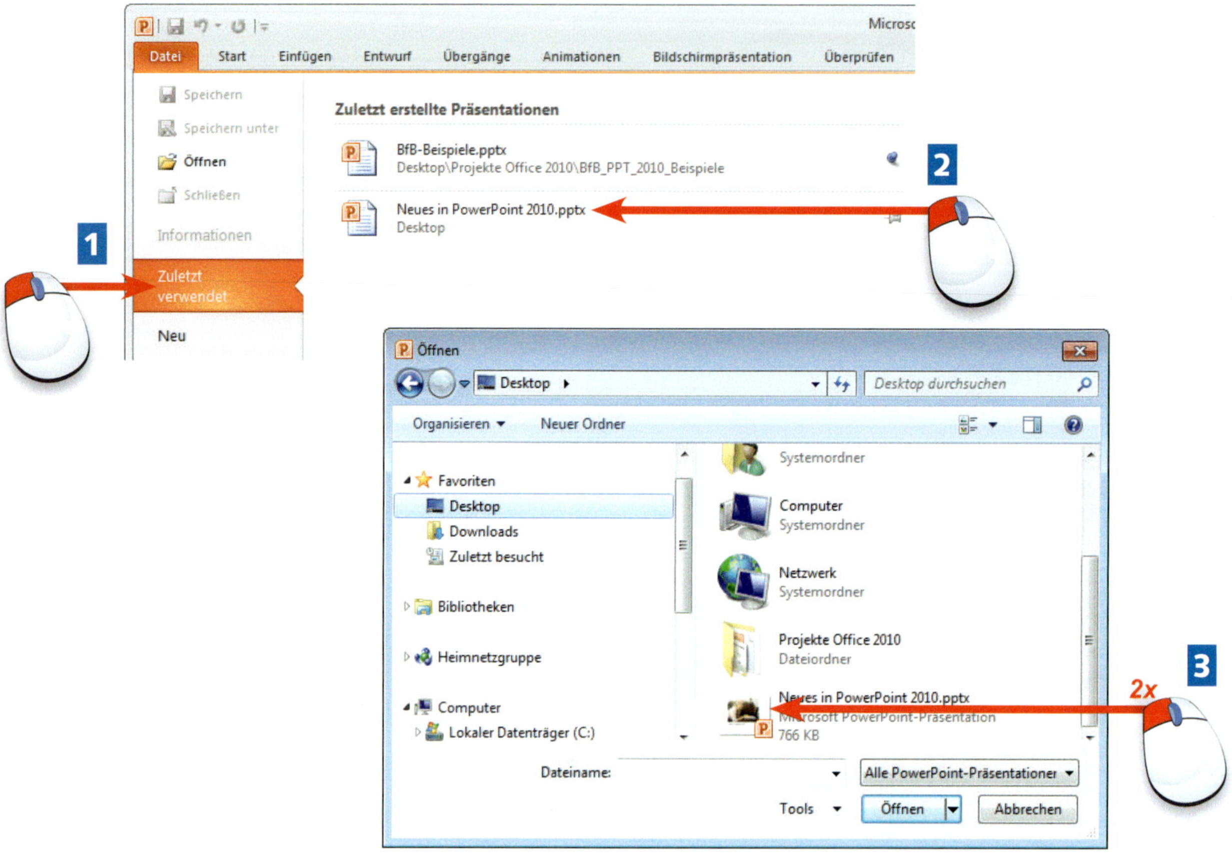

1 Um nach dem nächsten Programmstart die Arbeit an einer Präsentation fortzusetzen, rufen Sie in der Backstage-Ansicht die Kategorie *Zuletzt verwendet* auf.

2 Wird Ihre Präsentation in der Liste *Zuletzt erstellte Präsentationen* angezeigt, öffnen Sie die Datei per Klick auf ihren Namen.

3 Andernfalls klicken Sie auf *Öffnen* und suchen im gleichnamigen Dialogfeld nach der gewünschten Datei. Öffnen Sie die Datei per Doppelklick auf den Dateinamen.

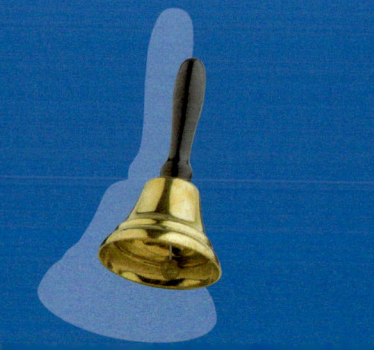

In der Liste der zuletzt erstellten Präsentationen werden voreingestellt die letzten vier Dateien angezeigt. Ältere Einträge der Liste werden beim Öffnen und Speichern anderer Dateien durch die neueren Einträge ersetzt.

WISSEN

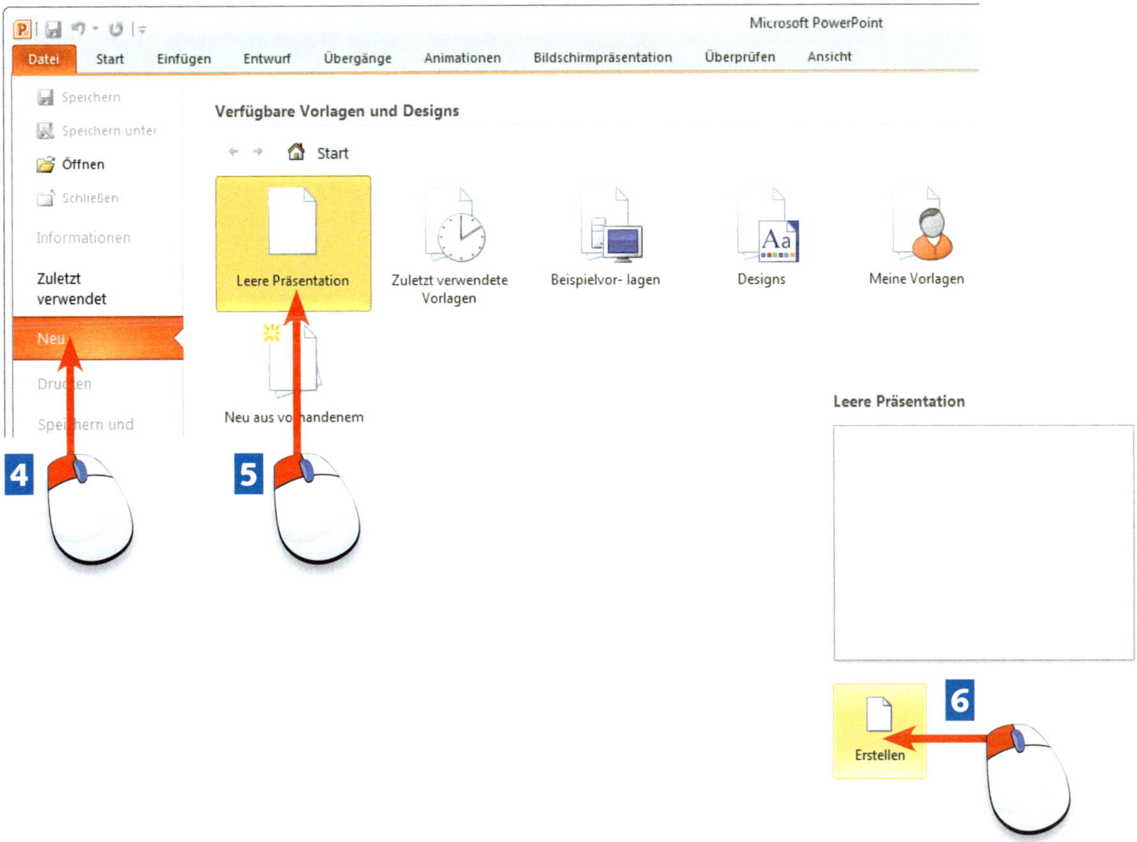

4 Um eine neue Präsentation anzulegen, aktivieren Sie die Kategorie *Neu*.

5 In der Voreinstellung ist *Leere Präsentation* ausgewählt, mit der PowerPoint auch gestartet wird.

6 Bestätigen Sie die Auswahl, indem Sie auf *Erstellen* in der rechten Spalte der Backstage-Ansicht klicken.

Dateien, die Sie ständig benötigen, können Sie per Klick auf das Pinnsymbol rechts neben dem Dateinamen in der Liste fixieren.

Wie Sie eine eigene Vorlage erstellen und abspeichern, lesen Sie in Kapitel 12.

Wenn Sie PowerPoint im Unternehmen nutzen, finden Sie unter *Meine Vorlagen* unter Umständen eine an das Corporate Design Ihres Unternehmens angepasste PowerPoint-Vorlage.

TIPP   **HINWEIS**   **TIPP**

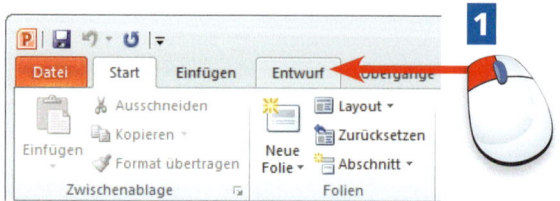

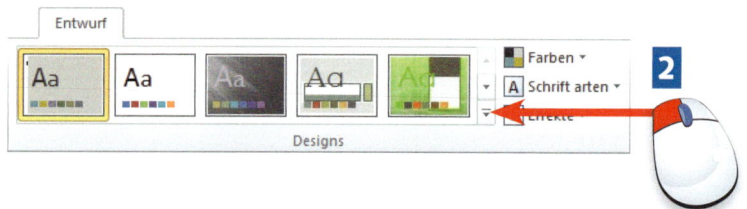

Erste Schritte mit PowerPoint

Neu in PowerPoint 2010

- Zuschneiden und Kombinieren von Formen
- Anordnen von Bildern in Platzhaltern
- Intelligente Führungslinien
- Intelligente Absatzformate
- Neue Folienübergänge
- Übertragen von Animationseffekten
- Bearbeiten von Videos

1 Öffnen Sie die Datei mit den beiden Folien, die Sie zu Beginn dieses Kapitels erstellt haben. Wechseln Sie auf die Registerkarte *Entwurf*.

2 Öffnen Sie den *Design*-Katalog.

3 Weisen Sie das Design *Iapetus* zu und beobachten Sie, was mit Ihren Folien passiert: Alle Inhalte bleiben erhalten, Farbe, Schrift und Layout werden ergänzt bzw. ausgetauscht.

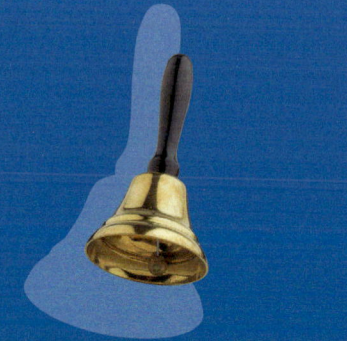

Designs enthalten Hintergrundgrafiken sowie Voreinstellungen für Folienlayouts, Schrift- und Absatzformatierung, Farben und Grafikeffekte. Die Voreinstellungen aus den Designs können mit den Voreinstellungen für Farben, Schriftarten und Effekte beliebig kombiniert werden.

WISSEN

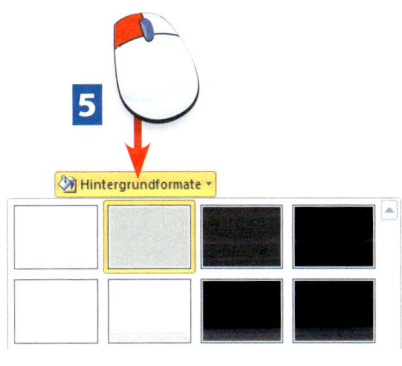

4 Wenn Ihnen die leuchtenden Farben des Iapetus-Designs nicht gefallen, öffnen Sie die *Designfarben* und ersetzen Sie *Iapetus* beispielsweise durch *Haemera*.

5 Auch den schwarzen Folienhintergrund können Sie ganz einfach per Mausklick ersetzen. Öffnen Sie die *Hintergrundformate* und weisen Sie eine der hellen Voreinstellungen zu.

6 Begutachten Sie Ihr Werk. Mit wenigen Mausklicks haben Sie das Aussehen der Präsentation grundlegend verändert.

Beim Austausch eines Designs werden alle Objekte, die mit den Voreinstellungen des Designs formatiert wurden, automatisch angepasst.	**Formatvorlage**: Sammlung von Formatierungseinstellungen	Mit den Voreinstellungen des Designs zu arbeiten bedeutet, Folieninhalte – soweit möglich – in Platzhaltern anzuordnen und keine eigenen Schriften und Farben zu definieren.
HINWEIS	**FACHWORT**	**HINWEIS**

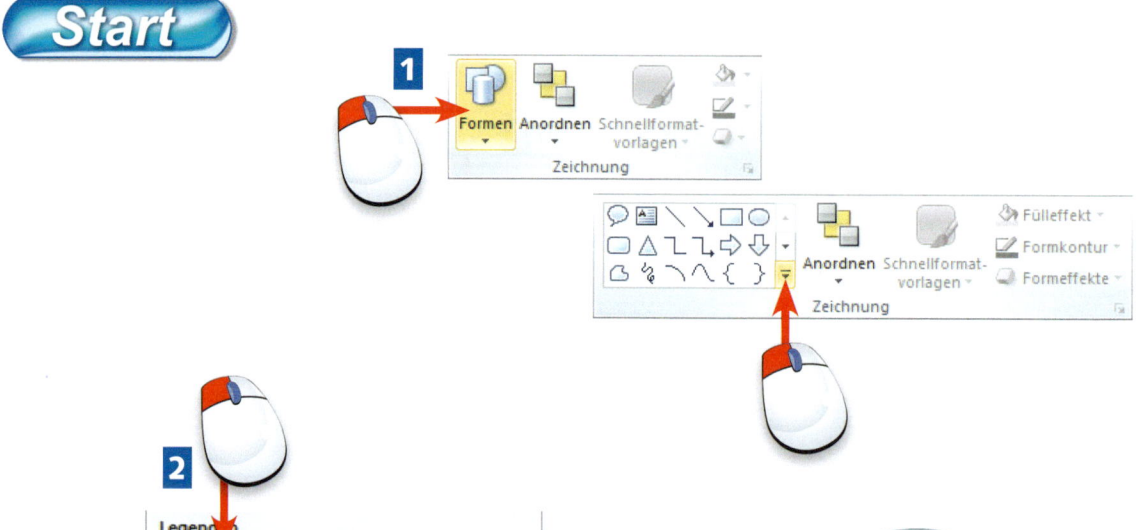

1 Öffnen Sie in der Registerkarte *Start* den *Formen*-Katalog. Abhängig von der Größe Ihres Bildschirms sehen Sie nur die Schaltfläche *Formen* oder einen Ausschnitt aus dem Katalog.

2 Klicken Sie auf die *Ovale Legende* im unteren Bereich des Katalogs.

3 Der Mauszeiger ändert sich in ein Fadenkreuz. Klicken Sie auf die Folie, halten Sie die Maustaste gedrückt und ziehen Sie. Wenn die Form die gewünschte Größe hat, lassen Sie die Maus wieder los.

Anders als in Word benötigen Sie für Text, den Sie auf die Folie schreiben, immer einen Container. Solche Container sind die Platzhalter des Folienlayouts, SmartArt-Grafiken oder auch gezeichnete Formen, die Sie beschriften.

WISSEN

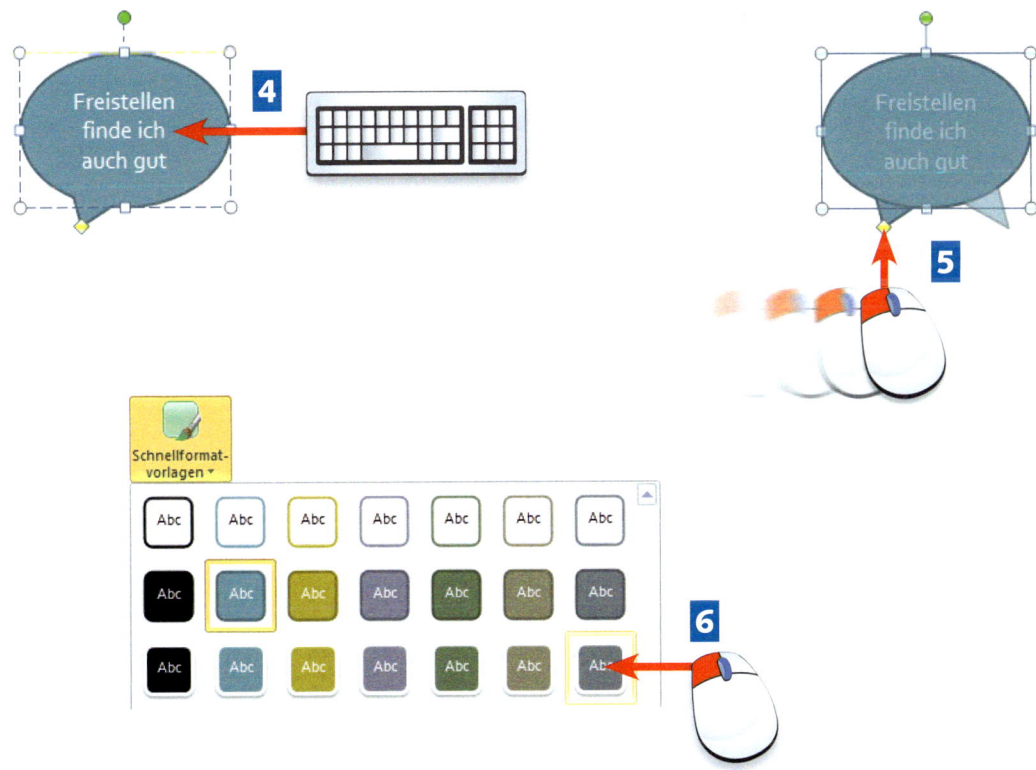

4 Nach dem Zeichnen ist die Form markiert. Geben Sie über die Tastatur Ihren Text ein.

5 Ziehen Sie bei Bedarf am *Formkorrekturpunkt*, um die Richtung, aus der die Sprechblase kommt, zu ändern.

6 Öffnen Sie die *Schnellformatvorlagen* und weisen Sie der immer noch markierten Sprechblase eine der Voreinstellungen zu.

Welche Grafikeffekte Sie in den *Schnellformatvorlagen* vorfinden, hängt von den Effekten des Designs ab.	**Formkorrekturpunkt**: Die gelbe Raute, mit der Sie die Kontur von Formen verändern können. Er ist nur zu sehen, wenn eine einzelne Form markiert ist.	Um die Designeffekte – und damit die Schnellformatvorlagen – anzupassen, wählen Sie in der Registerkarte *Entwurf* unter *Effekte* eine andere Voreinstellung aus.
HINWEIS	**FACHWORT**	**TIPP**

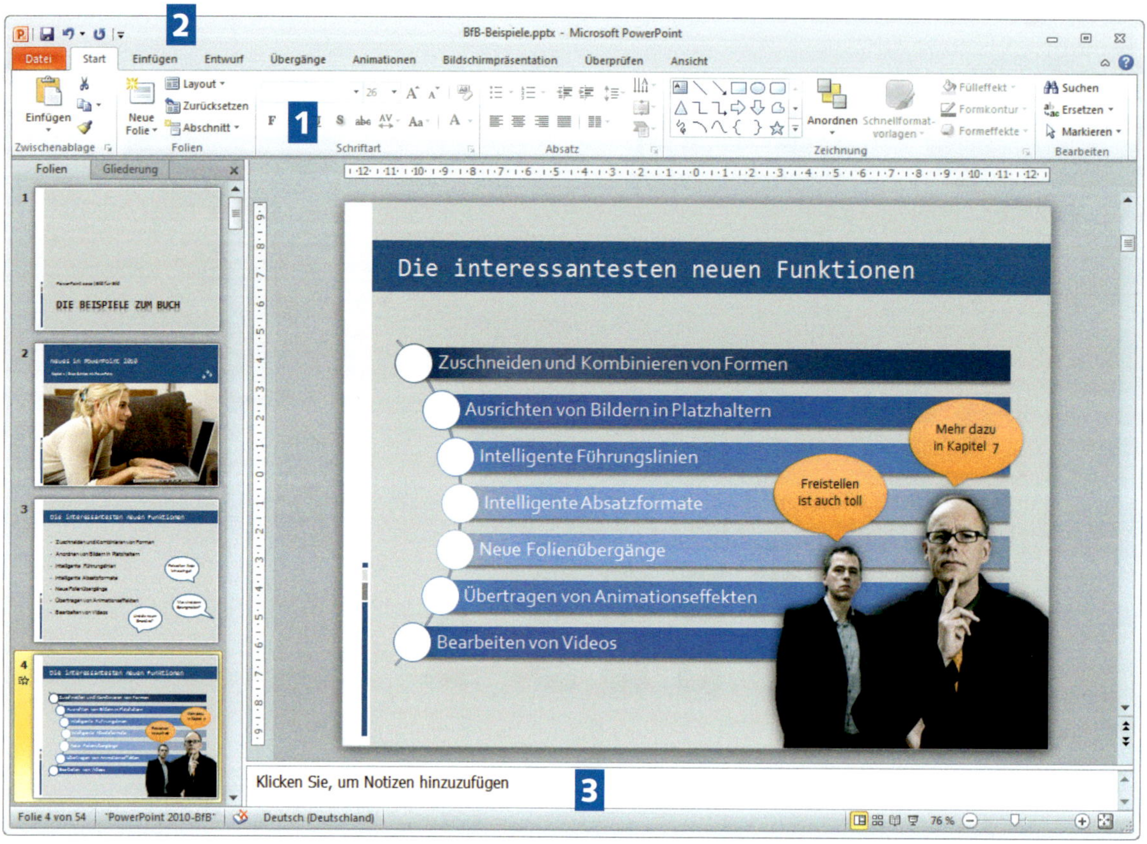

1 Über dem Folienbereich und den Registerkarten *Folien* und *Gliederung* ist das Menüband mit seinen Registerkarten angeordnet.

2 Über dem Menüband liegt die Schnellzugriffsleiste. Auf ihre Befehle können Sie immer zugreifen, unabhängig davon, welche Registerkarte im Menüband gerade aktiv ist.

3 Unterhalb des Folienbereichs liegt der Notizenausschnitt, in dem Sie Notizen zum Vortrag hinterlegen können.

Das Menüband heißt so, weil es sich wie ein dehnbares Band an den vorhandenen Platz anpasst. Reicht dieser nicht aus, um das Menüband vollständig anzuzeigen, werden die Beschriftungen der Schaltflächen ausgeblendet und die Befehlsgruppen zusammengefasst.

WISSEN

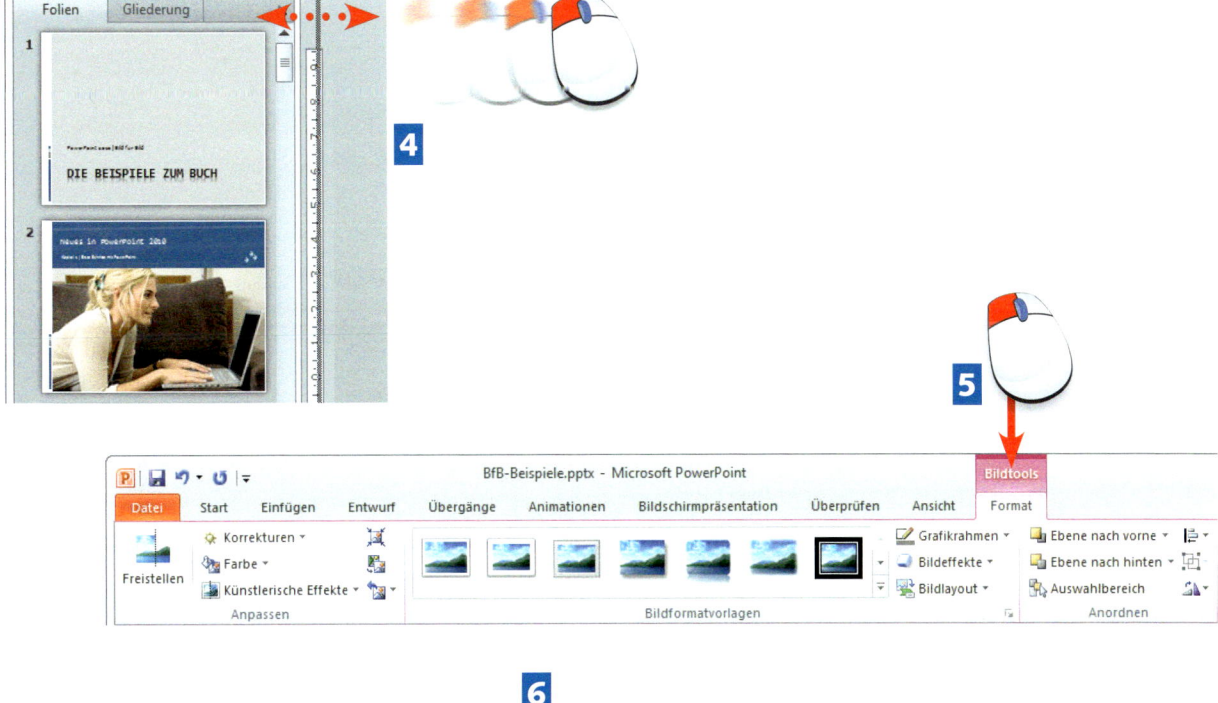

4 Die Raumaufteilung zwischen Folienbereich, Notizenausschnitt und den Registerkarten *Folien* und *Gliederung* können Sie anpassen, indem Sie die Trennleisten verschieben.

5 Neben den Standardregisterkarten *Datei*, *Start*, *Einfügen* usw. gibt es kontextbezogene Registerkarten, die nur dann angezeigt werden, wenn ein Objekt auf der Folie markiert ist, das mit diesen Befehlen bearbeitet werden kann.

6 Innerhalb der Registerkarten sind die Schaltflächen thematisch in Gruppen zusammengefasst, die durch vertikale Trennlinien gekennzeichnet sind.

Wenn das Menüband auf Ihrem Bildschirm nicht in voller Breite angezeigt wird, können Sie die im Buch beschriebenen Befehle über ihre Symbole trotzdem identifizieren. Sie müssen dann einmal mehr klicken, um die nächste Ebene der Befehlshierarchie aufzurufen.

Abgeblendete Schaltflächen und Befehle stehen erst dann zur Verfügung, wenn auf der Folie ein Objekt markiert ist, das mit diesen Befehlen bearbeitet werden kann.

HINWEIS

HINWEIS

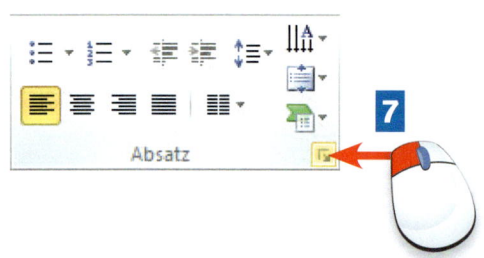

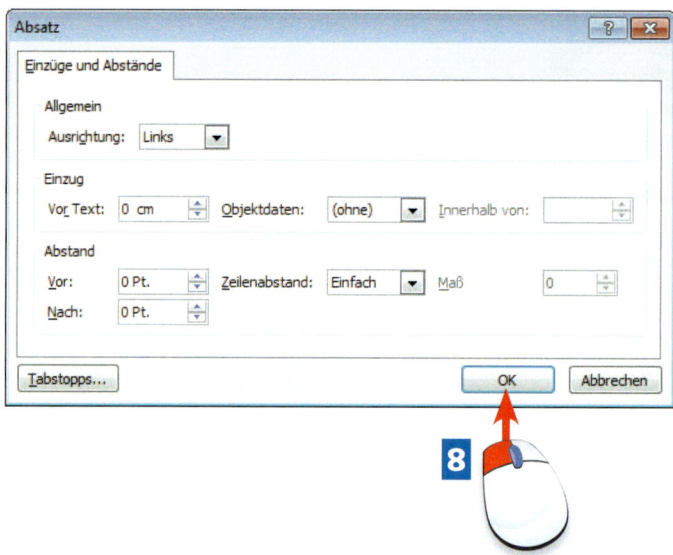

7 Viele Befehlsgruppen des Menübands verfügen über Pfeile in der rechten unteren Ecke. Über solche Pfeile rufen Sie Dialogfelder auf, in denen weitere Optionen zur Verfügung stehen.

8 Die Einstellungen in Dialogfeldern, die über eine *Abbrechen*-Schaltfläche verfügen, werden erst in die Folie übernommen, wenn Sie Ihre Einstellungen mit *OK* bestätigt haben. Klicken Sie auf *Abbrechen*, werden keine Änderungen an der Folie vorgenommen.

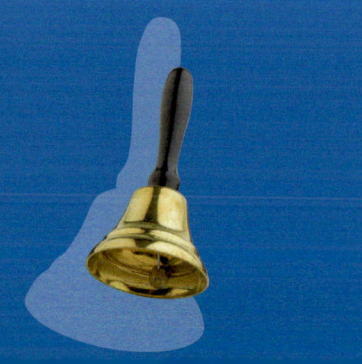

Dialogfelder mit *Schließen*-Befehl können geöffnet bleiben, während auf der Folie ein Objekt nach dem anderen markiert und mit den Befehlen des Dialogfelds bearbeitet wird. Dialogfelder mit *Abbrechen*-Schaltfläche müssen dagegen geschlossen werden, bevor ein anderes Folienobjekt angeklickt werden kann.

WISSEN

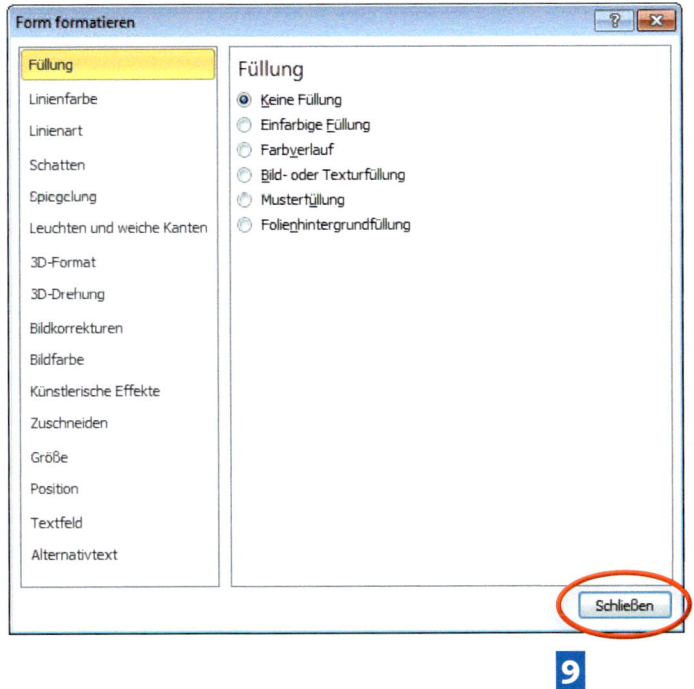

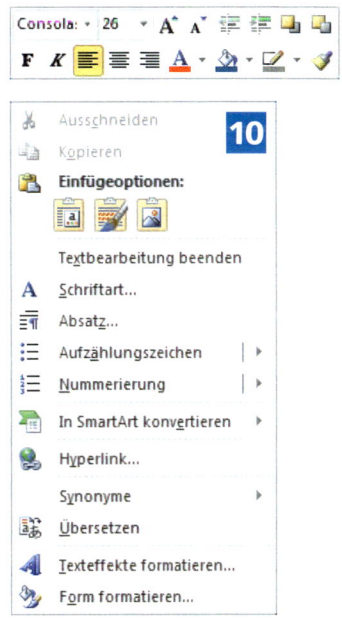

9 Die Einstellungen in Dialogfeldern, die lediglich über den *Schließen*-Befehl verfügen, werden sofort auf die Folie übernommen und können nur über den Befehl *Rückgängig* in der Schnellzugriffsleiste wieder zurückgenommen werden.

10 Wenn Sie einmal nicht wissen, wo sich ein bestimmter Befehl befindet, klicken Sie mit der rechten Maustaste auf das Objekt, das Sie bearbeiten möchten. Damit rufen Sie das Kontextmenü auf, das die wichtigsten Programm-funktionen für dieses Objekt zusammenfasst.

Mit dem Befehl *Wiederholen/Wiederherstellen* können Sie einen rückgängig gemachten Befehl wiederherstellen oder den letzten Befehl mehrmals ausführen.

Kontextmenü: Die wichtigsten Befehle, mit denen ein Objekt bearbeitet werden kann. Das Kontextmenü wird immer per Klick der rechten Maustaste auf das Objekt aufgerufen.

TIPP

FACHWORT

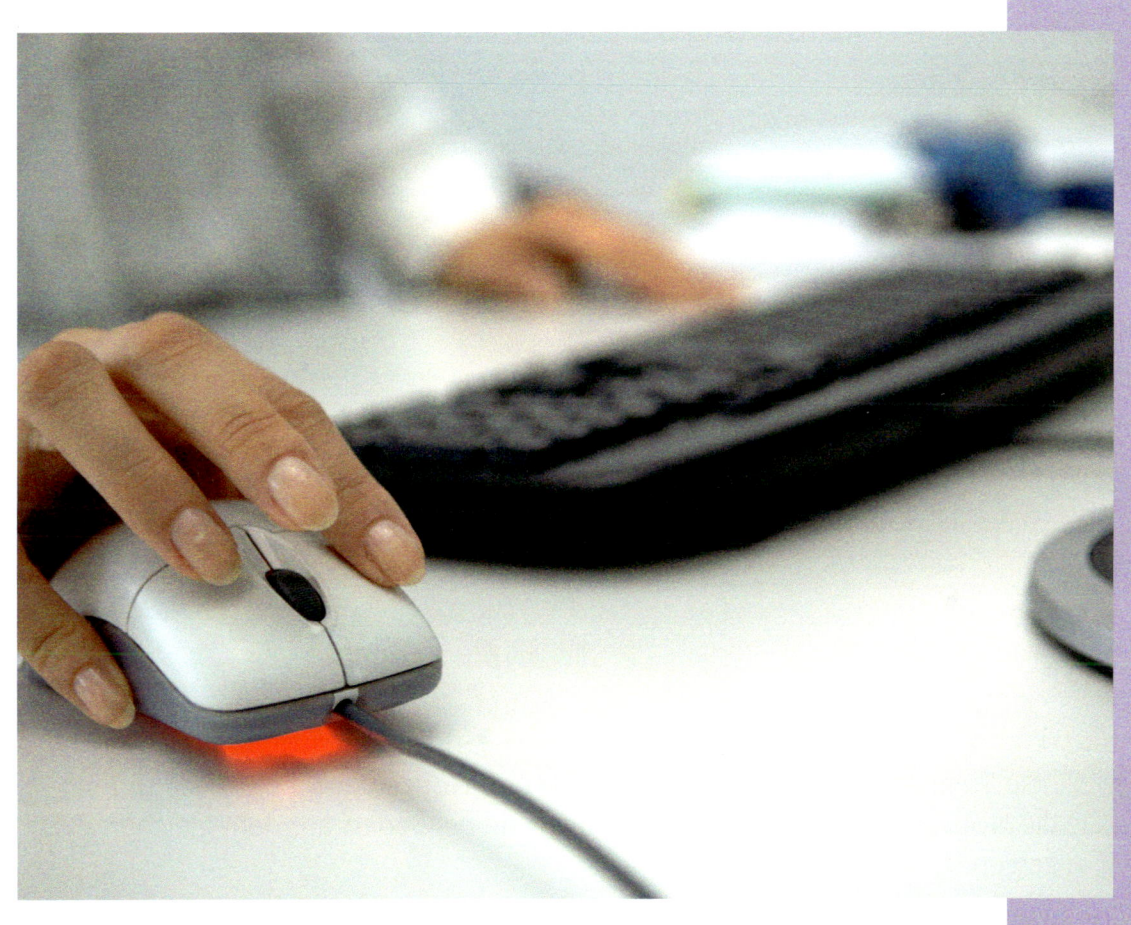

Passen Sie PowerPoint an Ihren Arbeitsstil an

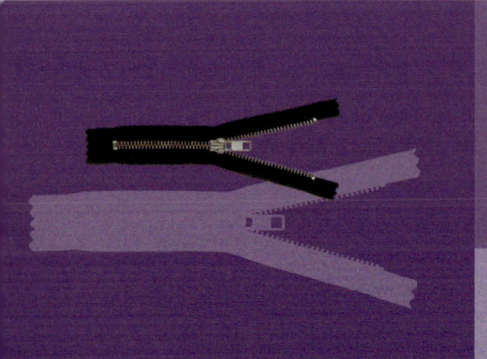

1 Ziehen Sie die Trennleiste zwischen Folienbereich und Notizenausschnitt nach unten, wenn Sie die Notizen nicht benötigen. Sie können sie bei Bedarf auf dem gleichen Weg wieder anzeigen.

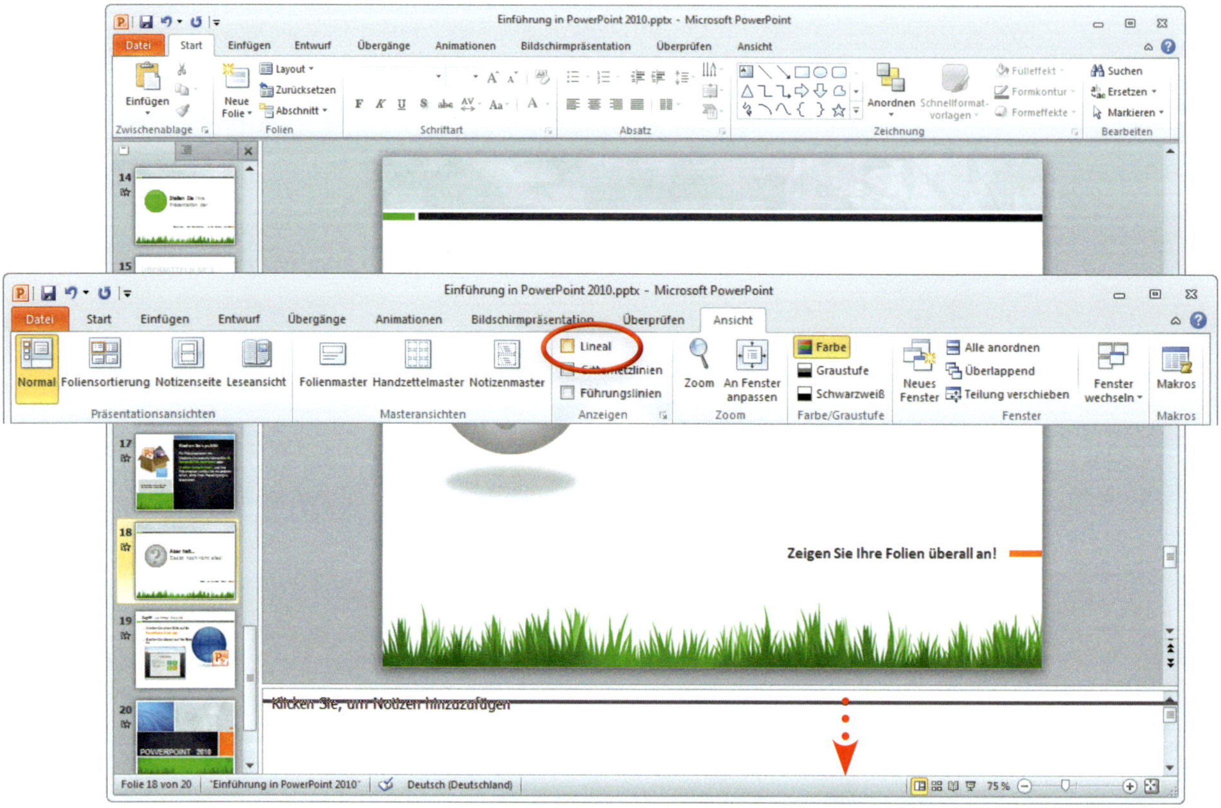

2 Blenden Sie auf der Registerkarte *Ansicht* das *Lineal* aus, wenn Sie es gerade nicht benötigen.

Auf kleinen Notebook-Displays ist die Arbeit mit PowerPoint recht mühsam, wenn der Platz für den Folienbereich nicht ausreicht, um die Folie vollständig und bei ausreichendem Zoom zu sehen. In solchen Fällen lassen sich nicht benötigte Elemente der Programmoberfläche vorübergehend ausblenden.

WISSEN

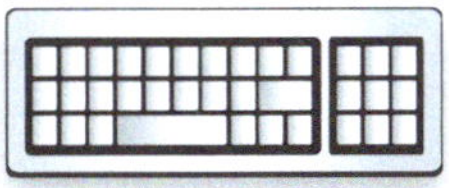

3 Blenden Sie mit ⌈Strg⌉+⌈F1⌉ das Menüband aus.

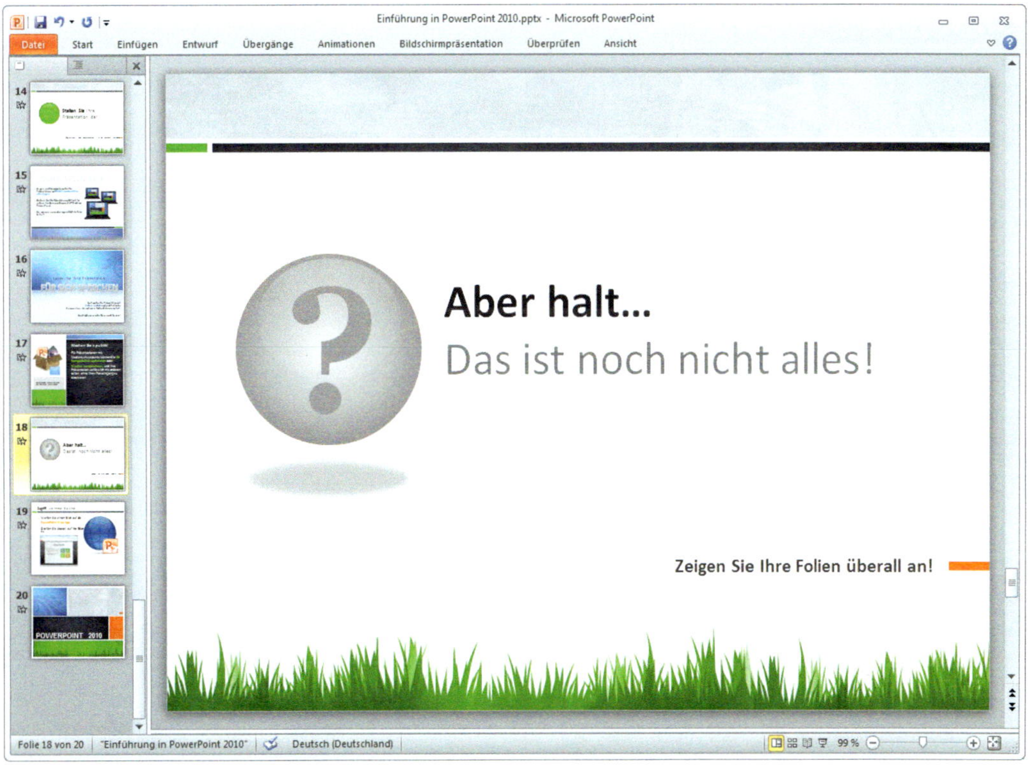

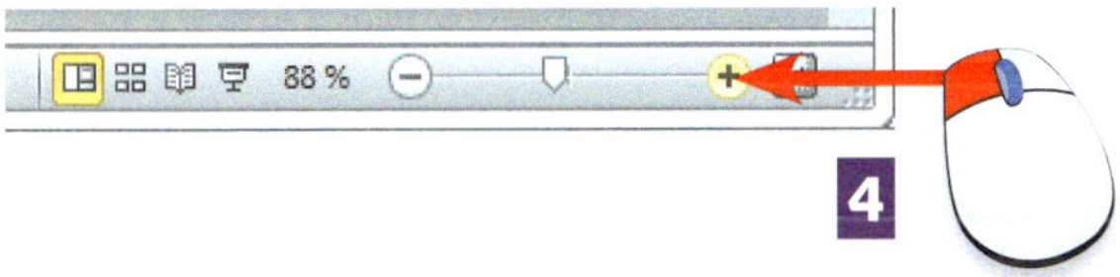

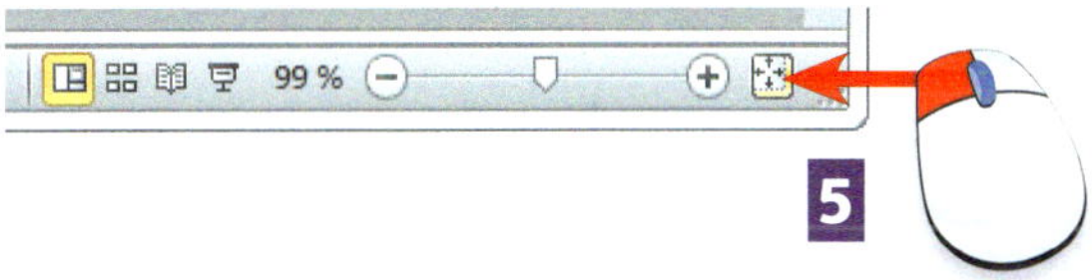

4 Erhöhen Sie bei Bedarf den Zoom der Ansicht, um Details auf der Folie besser zu sehen.

5 Klicken Sie auf die Schaltfläche *Folie an das aktuelle Fenster anpassen* in der Statusleiste, um die Folie vollständig und so groß wie möglich im Folienbereich anzuzeigen.

Bei ausgeblendetem Menüband greifen Sie auf Programmbefehle zu, indem Sie erst auf die Registerkarte und dann auf die gesuchte Schaltfläche klicken. Beim nächsten Klick auf die Folie wird das Menüband wieder ausgeblendet.

Begutachten Sie Ihre Folien in der Bildschirmpräsentation. ⌈⇧⌉+⌈F5⌉ ruft die Bildschirm-präsentation mit der aktuellen Folie auf. Mit ⌈Esc⌉ kehren Sie zur Normalansicht zurück.

Um das Menüband wieder dauerhaft anzuzeigen, drücken Sie ein weiteres Mal ⌈Strg⌉+⌈F1⌉.

HINWEIS   **TIPP**   **HINWEIS**

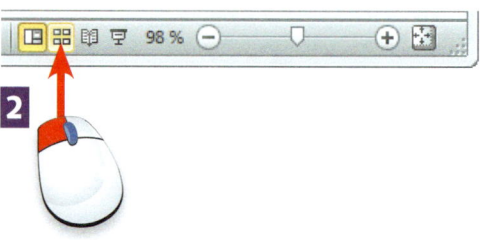

1 Wenn im Bereich der Registerkarte *Folien* nicht mehr alle Folien angezeigt werden können, wird eine Bildlaufleiste eingeblendet, mit dem Sie den sichtbaren Ausschnitt verschieben können.

2 Einen besseren Überblick über die Präsentation erhalten Sie, wenn Sie in die *Folien-sortierung* wechseln.

3 Um möglichst viele Folien zu sehen, reduzieren Sie den Zoom der Ansicht wie im letzten Abschnitt beschrieben.

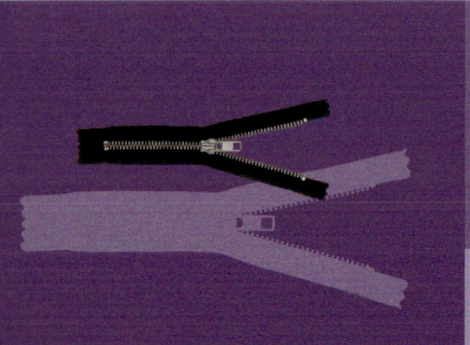

In der Foliensortierung verschaffen Sie sich schnell einen Überblick über Ihre Präsentation. Sie können die Reihenfolge der Folien ändern, Duplikate von Folien erzeugen oder auch eine bestimmte Folie schnell zur Bearbeitung aufrufen.

WISSEN

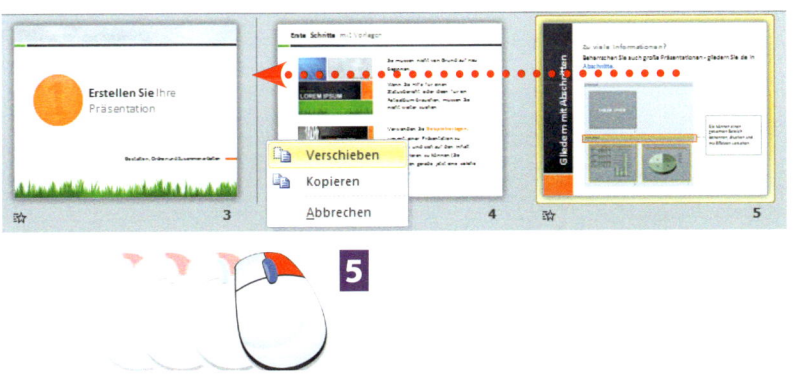

4 Um auch Details zu erkennen, erhöhen Sie den Zoom auf maximal 200 %.

5 Die Reihenfolge der Folien ändern Sie, indem Sie eine Folie mit der rechten Maustaste an die gewünschte Position ziehen und aus dem Kontextmenü *Verschieben* wählen.

6 Per Doppelklick auf eine der Miniaturansichten kehren Sie in die Normalansicht zurück. Dabei wird die Folie, auf die Sie geklickt haben, zur Bearbeitung im Folienbereich aufgerufen.

Ende

Sie können auch mehrere Folien auf einmal verschieben. Dazu klicken Sie bei gedrückter Strg-Taste eine Folie nach der anderen an, um sie zu markieren. Anschließend verschieben Sie die Folien wie beschrieben.	Um ein Duplikat einer Folie zu erzeugen, ziehen Sie sie wie in Schritt 5 beschrieben an die gewünschte Position und klicken dann auf *Kopieren*.	Die hier gezeigte Präsentation wird zusammen mit PowerPoint installiert. Sie finden Sie unter *Datei/ Neu/ Beispielvorlagen*.

TIPP　　　　**TIPP**　　　　**HINWEIS**

Start

PowerPoint-Optionen

Allgemein	Ändern Sie, wie Text beim Eingeben von PowerPoint korrigiert und formatiert werden soll.
Dokumentprüfung	
Speichern	
Sprache	**AutoKorrektur-Optionen**
Erweitert	Ändern Sie, wie Text beim Eingeben von PowerPoint korrigiert und formatiert werden soll:
Menüband anpassen	
Symbolleiste für den Schnellzugriff	**Bei der Rechtschreibkorrektur in Microsoft Office-Programmen**
Add-Ins	☑ Wörter in GROSSBUCHSTABEN ignorieren
Sicherheitscenter	☑ Wörter mit Zahlen ignorieren
	☑ Internet- und Dateiadressen ignorieren
	☑ Wiederholte Wörter kennzeichnen
	☑ Deutsch: Neue Rechtschreibung verwenden

AutoKorrektur-Optionen...

2

3

P | Speichern | Speichern unter | Öffnen | Schließen

Datei | Start | Einfügen

Speichern
Speichern unter
Öffnen
Schließen
Informationen
Zuletzt verwendet
Neu
Drucken
Speichern und Senden
Hilfe
Optionen
Beenden

1

AutoKorrektur: Deutsch (Deutschland)

AutoKorrektur | AutoFormat während der Eingabe | Aktionen | Math. AutoKorrektur

☑ Schaltfläche für AutoKorrektur-Optionen anzeigen

4

☑ ZWei GRoßbuchstaben am WOrtanfang korrigieren
☐ Jeden Satz mit einem Großbuchstaben beginnen
☐ Ersten Buchstaben in Tabellenzellen groß
☑ Wochentage immer großschreiben
☑ Unbeabsichtigtes Verwenden der fESTSTELLTASTE korrigieren
☑ Während der Eingabe ersetzen

Ausnahmen...

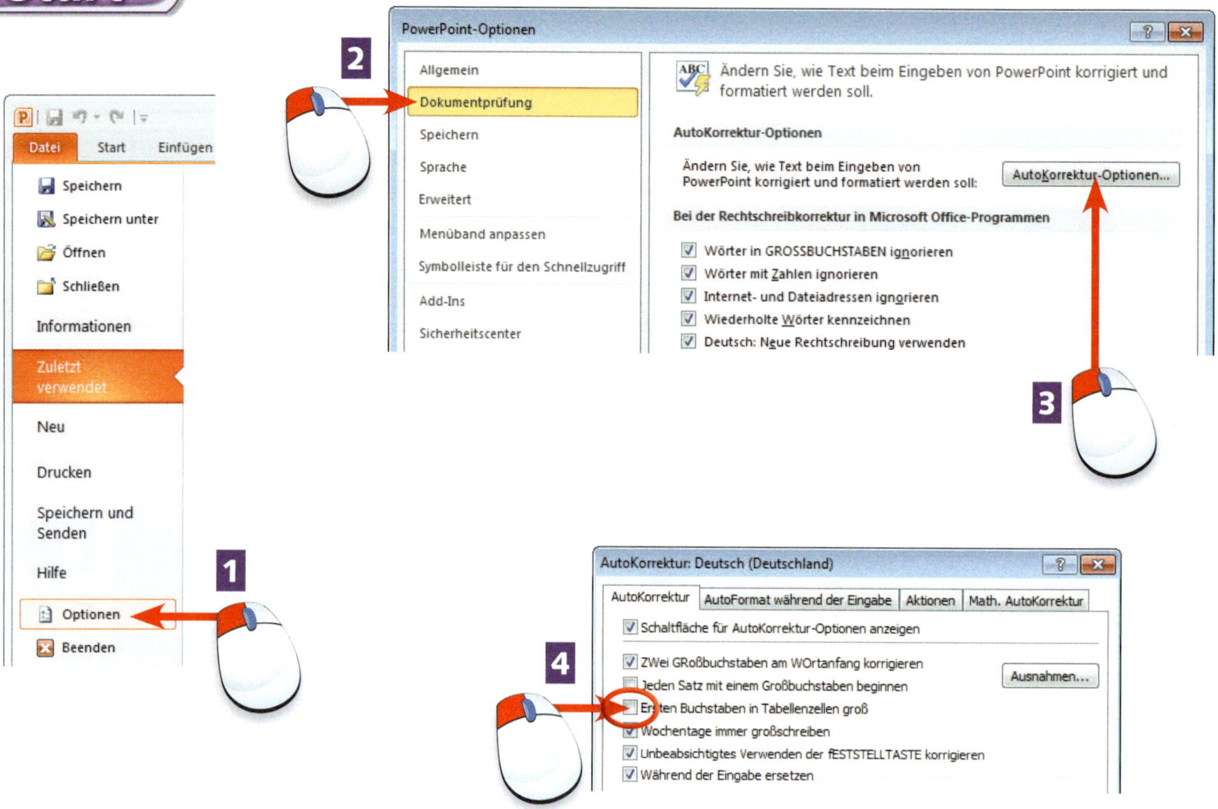

1 Rufen Sie über *Datei* die Backstage-Ansicht auf und klicken Sie auf *Optionen*.

2 Aktivieren Sie in den *PowerPoint-Optionen* die Kategorie *Dokumentprüfung*.

3 Klicken Sie auf *AutoKorrektur-Optionen*.

4 Entfernen Sie auf der Registerkarte *AutoKorrektur* die Häkchen vor *Jeden Satz mit einem Großbuchstaben beginnen* und *Ersten Buchstaben in Tabellenzellen groß*.

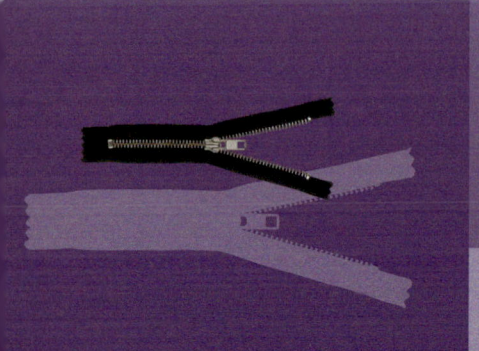

Voreingestellt schreibt PowerPoint automatisch das erste Wort einer neuen Zeile und in einer Tabellenzelle groß. Bei der Eingabe beispielsweise des Datums „1. Mai" wird mit der Absatzschaltung eine nummerierte Liste erzeugt und mit „2." fortgesetzt. Solche Automatismen können über die *AutoKorrektur*-Einstellungen abgeschaltet werden.

WISSEN

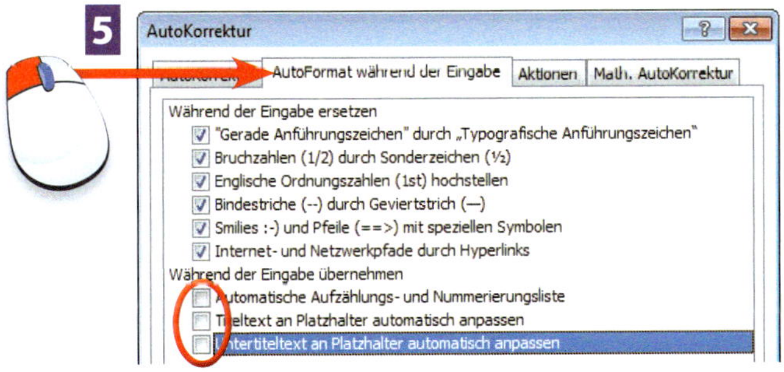

AutoKorrektur

AutoFormat während der Eingabe | Aktionen | Math. AutoKorrektur

Während der Eingabe ersetzen
- ☑ "Gerade Anführungszeichen" durch „Typografische Anführungszeichen"
- ☑ Bruchzahlen (1/2) durch Sonderzeichen (½)
- ☑ Englische Ordnungszahlen (1st) hochstellen
- ☑ Bindestriche (--) durch Geviertstrich (—)
- ☑ Smilies :-) und Pfeile (==>) mit speziellen Symbolen
- ☑ Internet- und Netzwerkpfade durch Hyperlinks

Während der Eingabe übernehmen
- ☐ Automatische Aufzählungs- und Nummerierungsliste
- ☐ Titeltext an Platzhalter automatisch anpassen
- ☐ Untertiteltext an Platzhalter automatisch anpassen

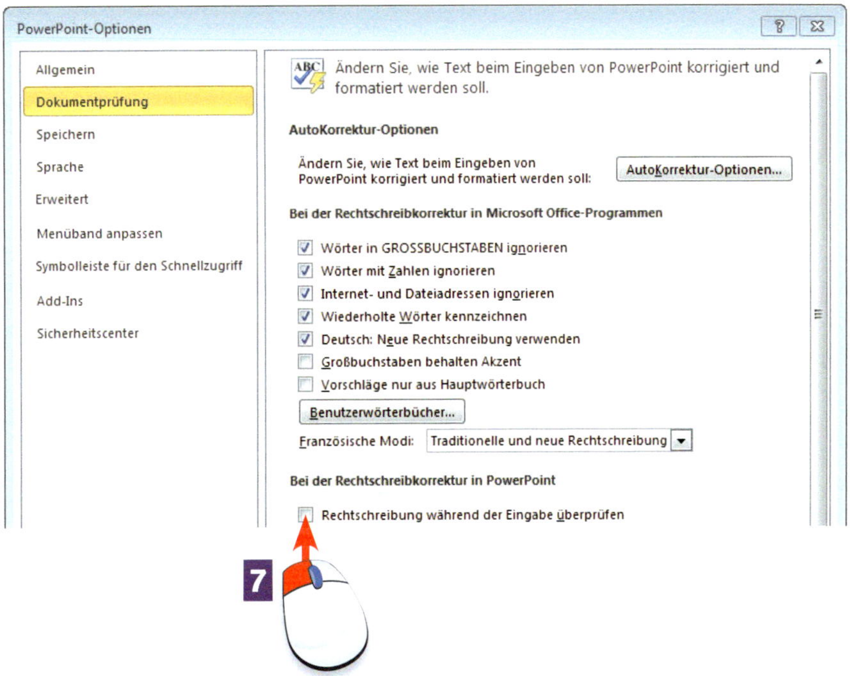

PowerPoint-Optionen

- Allgemein
- **Dokumentprüfung**
- Speichern
- Sprache
- Erweitert
- Menüband anpassen
- Symbolleiste für den Schnellzugriff
- Add-Ins
- Sicherheitscenter

Ändern Sie, wie Text beim Eingeben von PowerPoint korrigiert und formatiert werden soll.

AutoKorrektur-Optionen

Ändern Sie, wie Text beim Eingeben von PowerPoint korrigiert und formatiert werden soll: [AutoKorrektur-Optionen...]

Bei der Rechtschreibkorrektur in Microsoft Office-Programmen

- ☑ Wörter in GROSSBUCHSTABEN ignorieren
- ☑ Wörter mit Zahlen ignorieren
- ☑ Internet- und Dateiadressen ignorieren
- ☑ Wiederholte Wörter kennzeichnen
- ☑ Deutsch: Neue Rechtschreibung verwenden
- ☐ Großbuchstaben behalten Akzent
- ☐ Vorschläge nur aus Hauptwörterbuch

[Benutzerwörterbücher...]

Französische Modi: [Traditionelle und neue Rechtschreibung ▼]

Bei der Rechtschreibkorrektur in PowerPoint

- ☐ Rechtschreibung während der Eingabe überprüfen

5 Wechseln Sie auf die Registerkarte *AutoFormat während der Eingabe*.

6 Deaktivieren Sie die drei Kontrollkästchen unter *Während der Eingabe übernehmen* und bestätigen Sie mit *OK*.

7 Deaktivieren Sie in den *PowerPoint-Optionen* außerdem die Einstellung *Rechtschreibung während der Eingabe überprüfen*.

Mit den Optionen *Text an Platzhalter automatisch anpassen* schalten Sie die automatische Anpassung der Schriftgröße ab, wenn Sie zu viel Text in einen Platzhalter eingeben.

Die rote Wellenlinie der Rechtschreibprüfung ist bei der Folienbearbeitung recht störend. Nutzen Sie stattdessen die *Rechtschreibprüfung* auf der Registerkarte *Überprüfen*.

Kürzen Sie Ihren Text oder verteilen Sie den Inhalt auf zwei Folien, wenn der Platzhalter „überläuft".

HINWEIS   **TIPP**   **TIPP**

Start

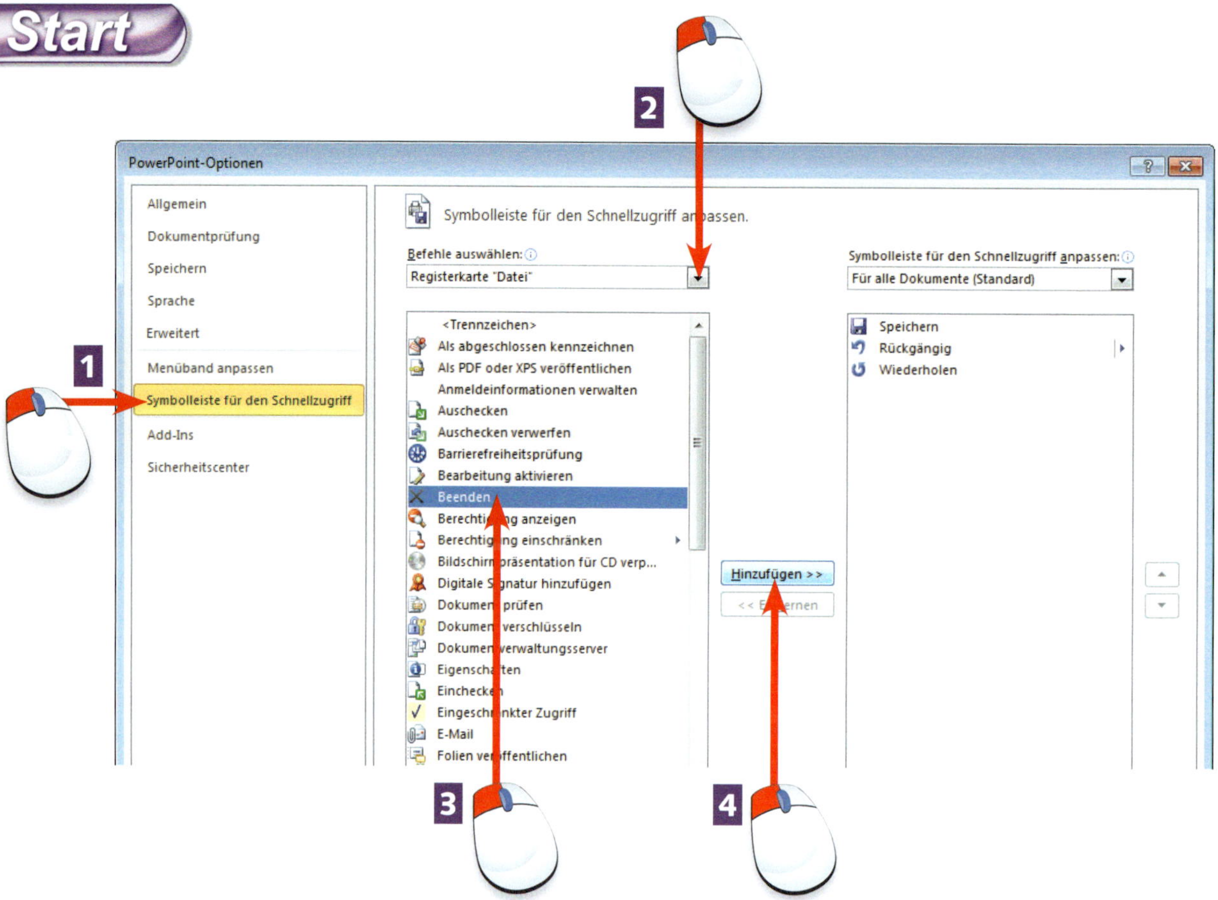

2

PowerPoint-Optionen

Allgemein

Dokumentprüfung

Speichern

Sprache

Erweitert

1

Menüband anpassen

Symbolleiste für den Schnellzugriff

Add-Ins

Sicherheitscenter

Symbolleiste für den Schnellzugriff anpassen.

Befehle auswählen:
Registerkarte "Datei"

Symbolleiste für den Schnellzugriff anpassen:
Für alle Dokumente (Standard)

<Trennzeichen>
Als abgeschlossen kennzeichnen
Als PDF oder XPS veröffentlichen
Anmeldeinformationen verwalten
Auschecken
Auschecken verwerfen
Barrierefreiheitsprüfung
Bearbeitung aktivieren
Beenden
Berechtigung anzeigen
Berechtigung einschränken
Bildschirmpräsentation für CD verp...
Digitale Signatur hinzufügen
Dokument prüfen
Dokument verschlüsseln
Dokumentverwaltungsserver
Eigenschaften
Einchecken
Eingeschränkter Zugriff
E-Mail
Folien veröffentlichen

Speichern
Rückgängig
Wiederholen

Hinzufügen >>

<< Entfernen

3   **4**

1 Rufen Sie in den *PowerPoint-Optionen* die Kategorie *Symbolleiste für den Schnellzugriff* auf.

2 Wählen Sie im oberen Bereich der Liste *Befehle auswählen* die Registerkarte *Datei* aus.

3 Markieren Sie im unteren Bereich der Liste den Befehl *Beenden*.

4 Klicken Sie auf *Hinzufügen*, um den Befehl auf der Schnellzugriffsleiste abzulegen.

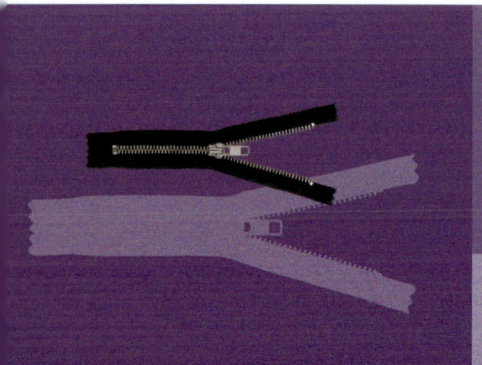

Befehle, die häufig benötigt werden, können direkt auf der Schnellzugriffsleiste abgelegt werden. Das spart Zeit, da die Schnellzugriffsleiste immer zur Verfügung steht und nicht erst die Registerkarte gewechselt werden muss, um einen bestimmten Befehl auszuführen.

WISSEN

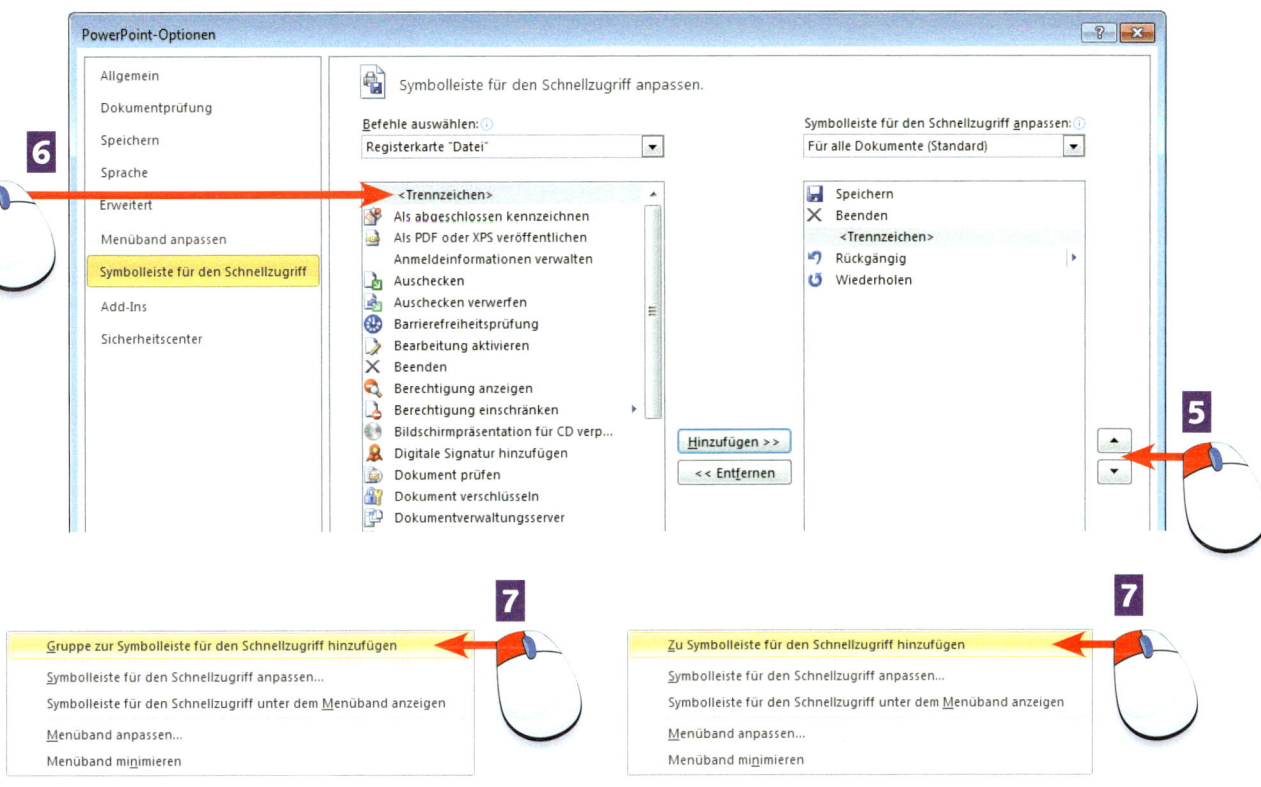

5 Ändern Sie bei Bedarf die Reihenfolge der Befehle auf der Schnellzugriffsleiste, indem Sie ganz rechts auf die Pfeile *Nach oben* und *Nach unten* klicken.

6 Trennen Sie die Befehle auf der Schnellzugriffsleiste mit senkrechten Linien, indem Sie aus der linken Liste ein *Trennzeichen* unter dem rechts markierten Befehl *Hinzufügen*.

7 Auch direkt aus dem Menüband können Sie Befehle auf der Schnellzugriffsleiste ablegen. Klicken Sie mit der rechten Maustaste auf eine Schaltfläche oder in den oberen Randbereich einer Gruppe und wählen Sie *Zu Symbolleiste …* *hinzufügen*.

Ende

Das Hinzufügen von Gruppen auf der Schnellzugriffsleiste ist nur über das Kontextmenü des Menübands möglich. Die Befehle der Gruppe müssen dazu aktiv sein.	Über das Kontextmenü eines Befehls auf der Schnellzugriffsleiste können Sie diesen wieder aus der Leiste entfernen.	Legen Sie Ihre Lieblingsbefehle zuerst über das Kontextmenü des Menübands auf der Schnellzugriffsleiste ab und passen Sie die Reihenfolge später in den Optionen an.
HINWEIS	**HINWEIS**	**TIPP**

Start

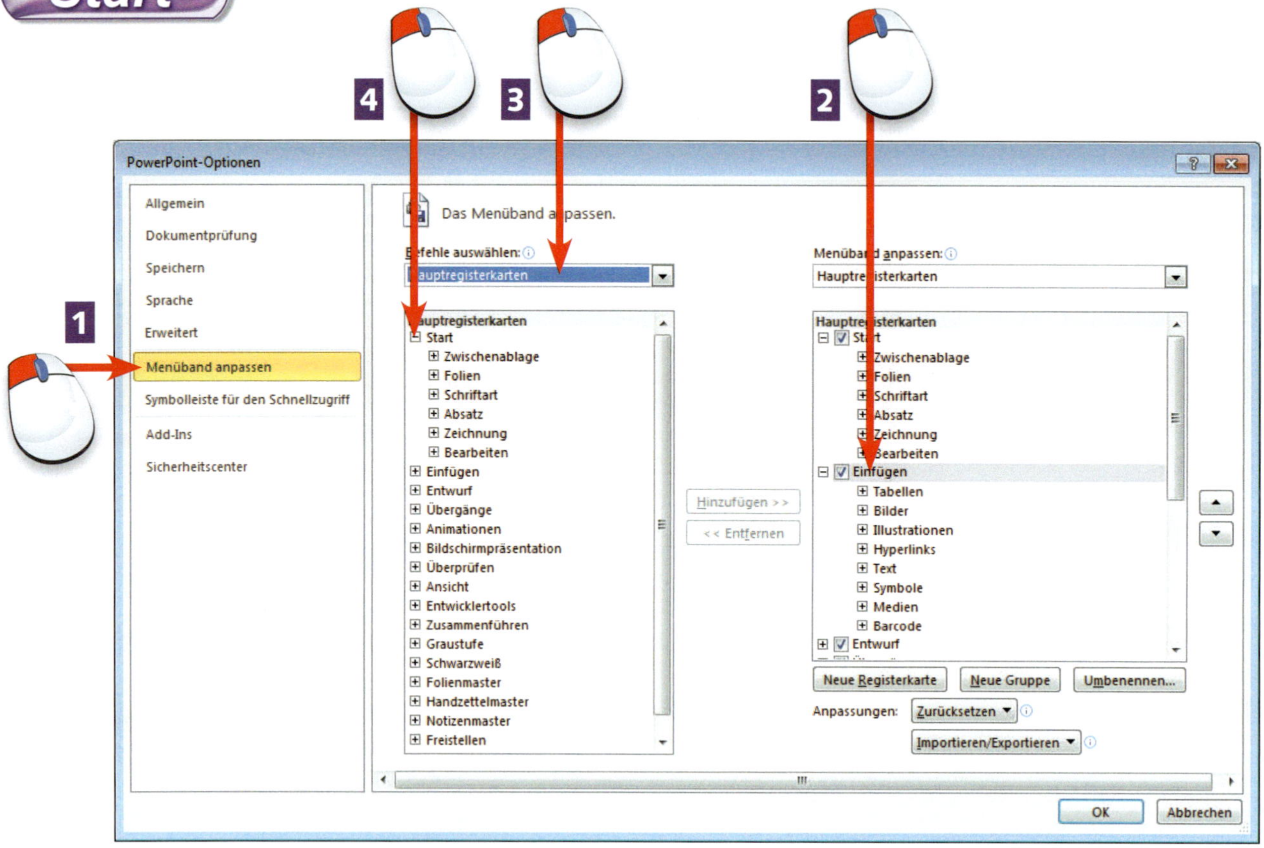

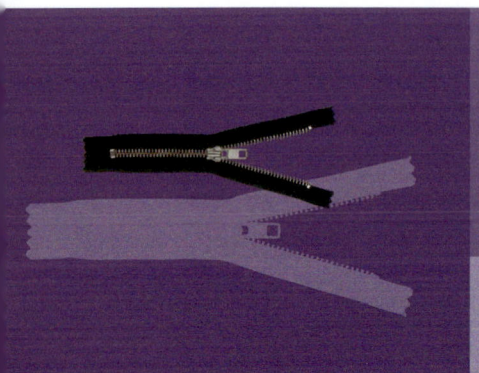

1 Rufen Sie die Kategorie *Menüband anpassen* der *PowerPoint-Optionen* auf.

2 Rechts sind alle Registerkarten des Menübands aufgeführt. Markieren Sie die Register-karte *Einfügen* und blenden Sie ihre Gruppen per Klick auf das Pluszeichen ein.

3 Filtern Sie die Liste links, indem Sie im oberen Bereich *Hauptregisterkarten* einstellen.

4 Blenden Sie die Gruppen der Registerkarte *Start* ein.

Mit den auf der Registerkarte *Einfügen* voreingestellten Befehlen können Sie nur Objekte auf einer bereits vorhandenen Folie einfü-gen, nicht aber eine neue Folie in die Präsentation. Wenn Sie sich an diese, von früheren Programmversionen abweichende Logik nicht gewöhnen können, passen Sie das Menüband wie beschrie-ben an.

WISSEN

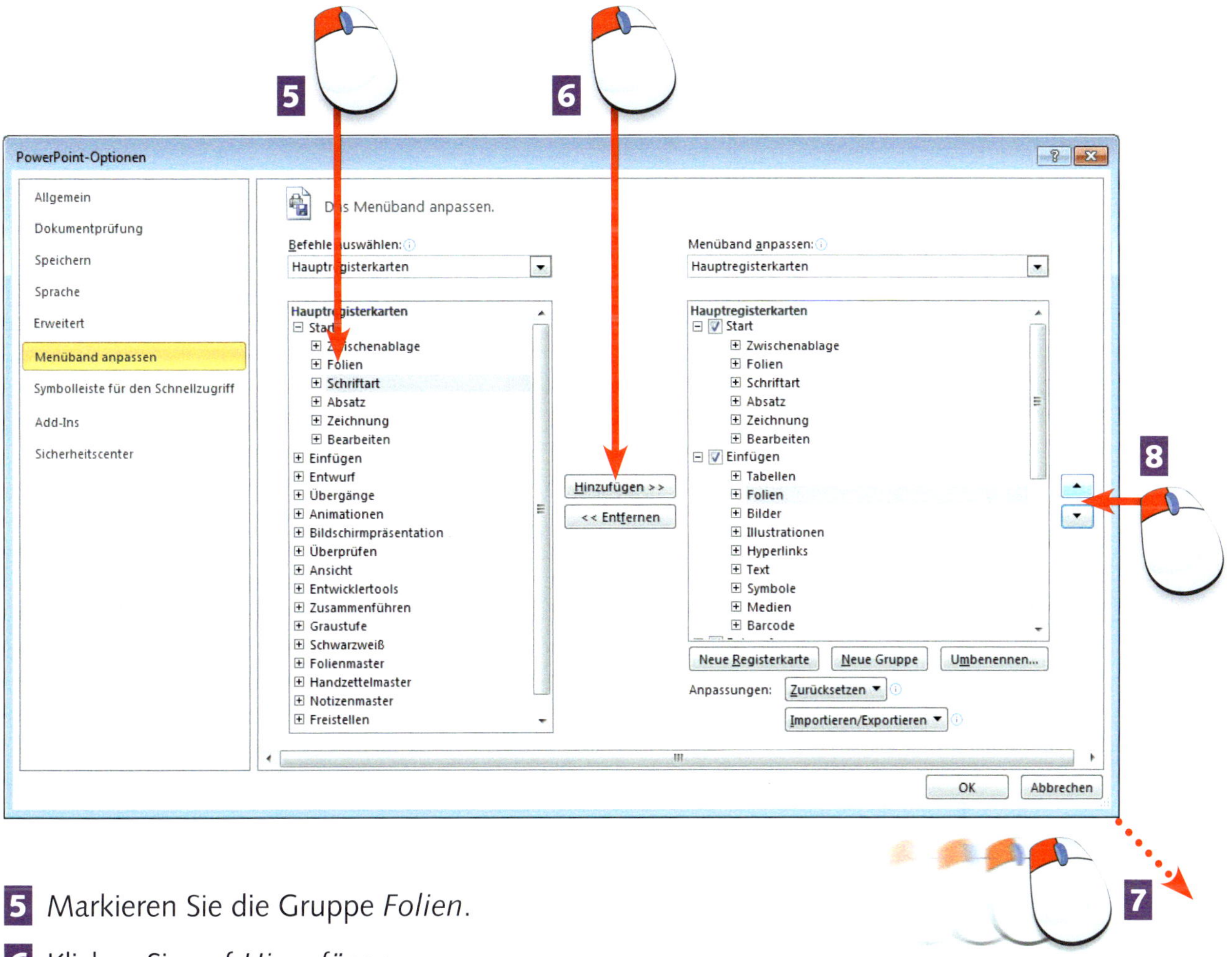

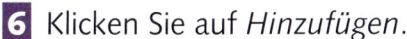

5 Markieren Sie die Gruppe *Folien*.

6 Klicken Sie auf *Hinzufügen*.

7 Wenn Sie die Pfeile *Nach oben* und *Nach unten* nicht sehen, ziehen Sie das Dialogfeld an seiner rechten unteren Ecke in die Breite.

8 Passen Sie die Reihenfolge der Gruppen auf der Registerkarte *Einfügen* per Klick auf die Pfeile *Nach oben/Nach unten* an.

Im Menüband können Sie zusätzliche eigene Registerkarten und Gruppen anlegen sowie integrierte Gruppen entfernen und an einer anderen Stelle einfügen.	Alle Dialogfelder und Kataloge, die über eine gepunktete Ecke verfügen, können Sie vergrößern und verkleinern.	Über *Zurücksetzen* am unteren Rand des Dialogfelds können Sie das Menüband wieder auf die Standardeinstellungen zurücksetzen.
HINWEIS	**HINWEIS**	**HINWEIS**

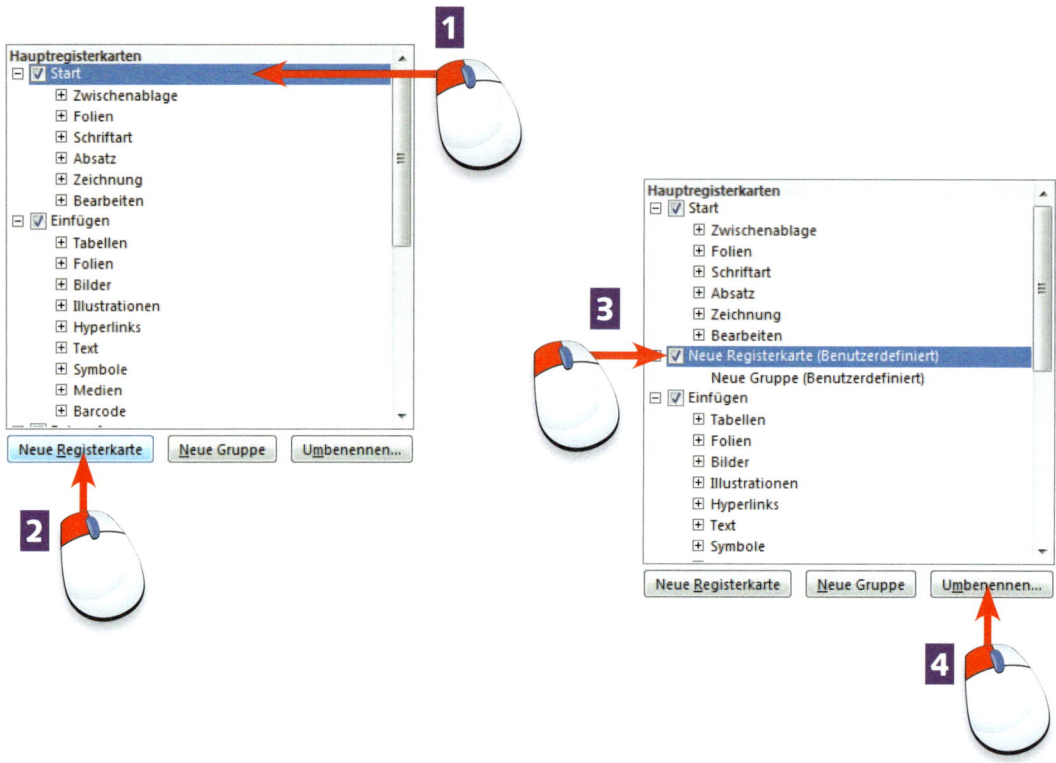

1 Markieren Sie die Registerkarte, nach der Ihre eigene Registerkarte im Menüband angezeigt werden soll.

2 Klicken Sie auf die Schaltfläche *Neue Registerkarte*.

3 In der rechten Liste wird jetzt eine neue Registerkarte mit einer neuen Gruppe angezeigt.

4 Markieren Sie den Eintrag *Neue Registerkarte* und klicken Sie auf *Umbenennen*.

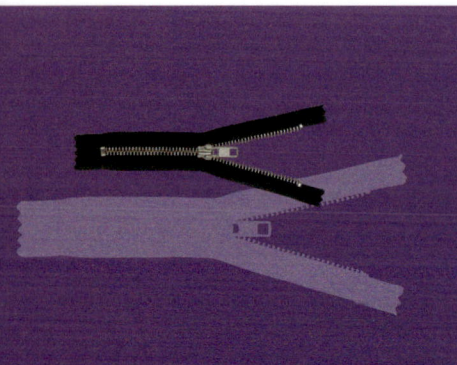

Befehle können nicht unmittelbar auf dem Menüband, sondern immer nur in Gruppen abgelegt werden.
Die in PowerPoint integrierten Befehlsgruppen können nicht verändert und nur als Ganzes ein- und ausgeblendet werden.

WISSEN

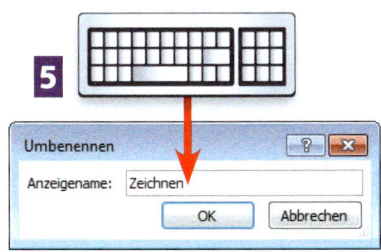

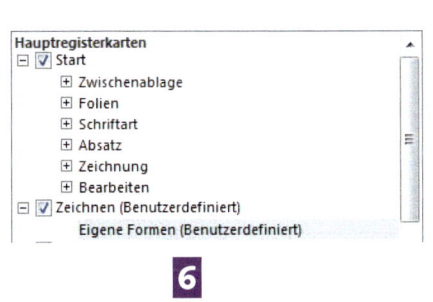

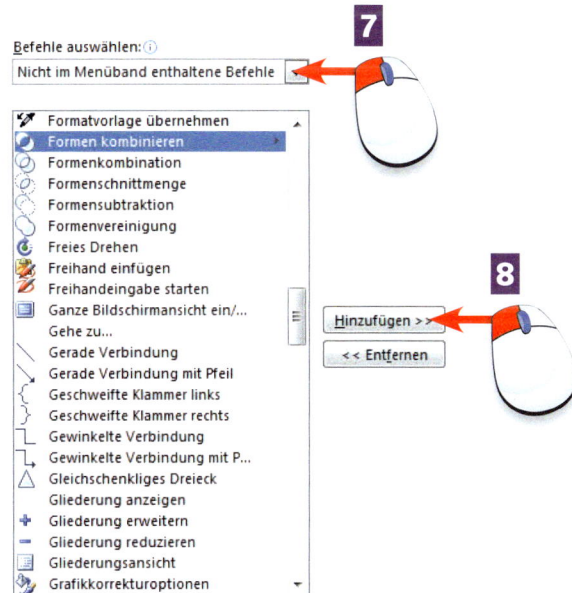

5 Geben Sie im Dialogfeld *Umbenennen* die Bezeichnung für die Registerkarte ein.

6 Benennen Sie in gleicher Weise die Gruppe um.

7 Filtern Sie die Liste links nach *Nicht im Menüband enthaltene Befehle*.

8 Blättern Sie nach unten, bis Sie den Befehl *Formen kombinieren* sehen. Fügen Sie den Befehl über *Hinzufügen* der neuen Gruppe hinzu.

Ende

Das Anpassen des Menübands kann viel Zeit in Anspruch nehmen. Über die Schaltfläche *Importieren/ Exportieren* können Sie Ihre Änderungen speichern, sichern und bei Bedarf wiederherstellen.

Wie Sie die Befehle *Formen kombinieren* einsetzen, lesen Sie in Kapitel 5.

Die Anpassungen von Menüband und Schnellzugriffsleiste sind nach dem Export in der Datei *PowerPoint-Anpassungen. exportedUI* gespeichert.

TIPP   **HINWEIS**   **HINWEIS**

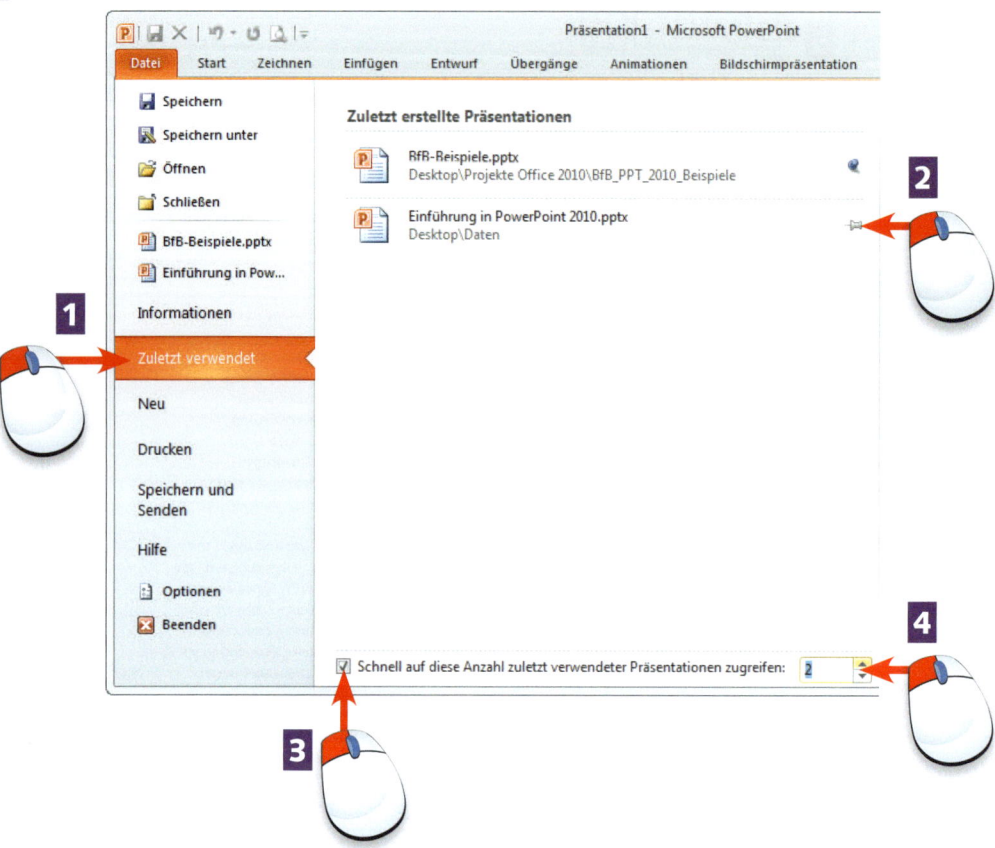

1 Rufen Sie die Backstage-Ansicht mit der Kategorie *Zuletzt verwendet* auf.

2 Fixieren Sie Präsentationen, die Sie ständig benötigen, per Klick auf das Pinnsymbol.

3 Fügen Sie wichtige Dateien den Befehlen im linken Bereich der Backstage-Ansicht hinzu, indem Sie *Schnell auf diese Anzahl zuletzt verwendeter Präsentationen zugreifen* aktivieren.

4 Passen Sie die Zahl der Präsentationen per Klick auf die Pfeile an.

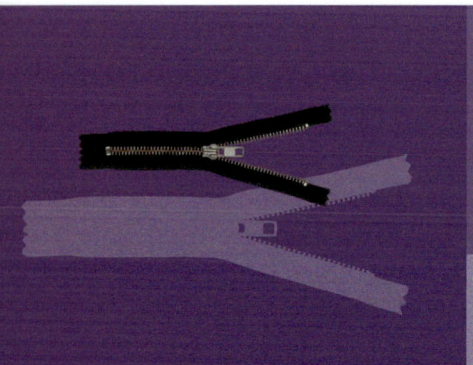

Endloses Klicken auf der Suche nach der richtigen Datei oder die Wahl des richtigen Ordners beim Speichern kosten unnötig Zeit. Mit den passenden Voreinstellungen „weiß" PowerPoint, welche Dateien Sie ständig benötigen und wo Sie Ihre Präsentationen speichern.

WISSEN

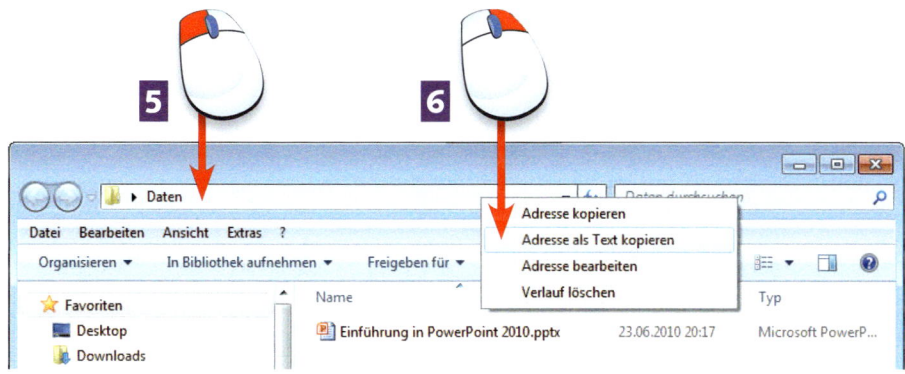

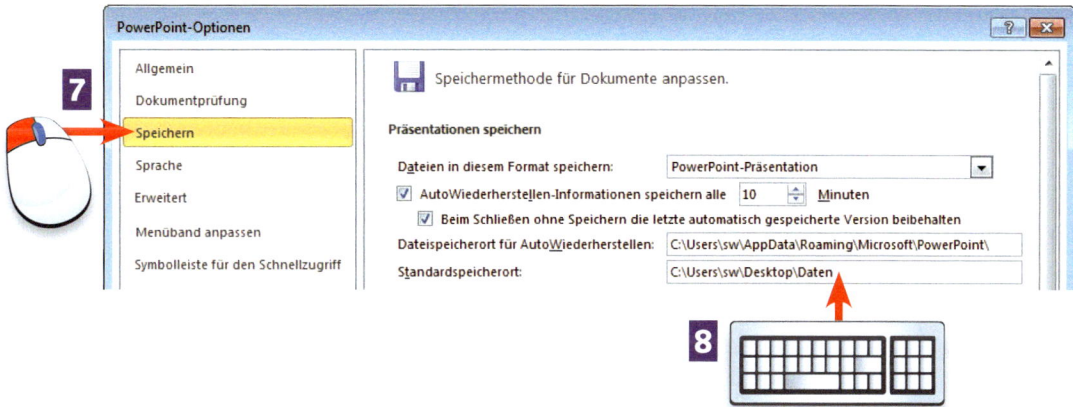

5 Öffnen Sie im Explorer den Ordner, in dem Sie Ihre Dateien ablegen.

6 Klicken Sie mit der rechten Maustaste in die Adressleiste und wählen Sie aus dem Kontextmenü *Adresse als Text kopieren*.

7 Rufen Sie in PowerPoint die *Optionen* mit der Kategorie *Speichern* auf.

8 Fügen Sie als *Standardspeicherort* mit ⎡Strg⎤ ⎡V⎤ den Pfad zu dem Ordner ein, in dem Sie Ihre Dateien ablegen.

Ende

Wenn die Liste unter *Zuletzt verwendet* zu unübersichtlich geworden ist, können Sie alle nicht fixierten Dateien entfernen, indem Sie aus dem Kontextmenü eines Listeneintrags den Befehl *Nicht angeheftete Präsentation löschen* aufrufen.

Mit der Tastenkombination ⎡Strg⎤+⎡V⎤ werden Inhalte aus der Zwischenablage eingefügt. ⎡Strg⎤+⎡C⎤ steht für Kopieren.

Gelöscht werden nur die Einträge in der Liste, nicht die Präsentationen selbst.

TIPP   **HINWEIS**   **HINWEIS**

Präsentationstexte formatieren und gliedern

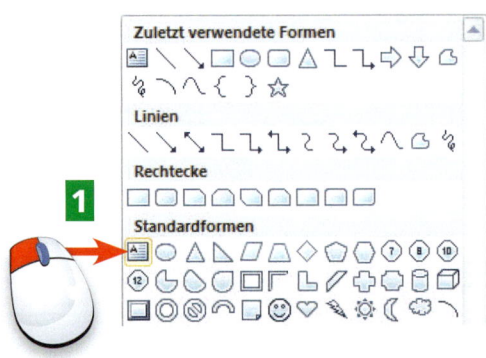

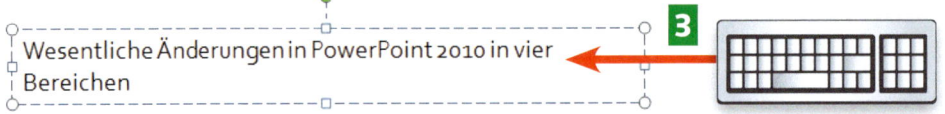

Wesentliche Änderungen in PowerPoint 2010 in vier Bereichen

1 Wählen Sie auf der Registerkarte *Start* aus den *Formen* das *Textfeld* aus.

2 Zeichnen Sie das Textfeld in der gewünschten Größe auf die Folie.

3 Geben Sie Text ein. Wenn der Text die Breite des Textfelds ausfüllt, bricht er automatisch um. Das Textfeld wird dynamisch nach unten erweitert.

In den Platzhaltern des Folienlayouts sind Aufzählungszeichen, Einzüge, Zeilen- und Absatzabstände schon vorformatiert. Aufzählungen, die in Textfelder und Formen eingegeben werden, müssen manuell formatiert werden.

WISSEN

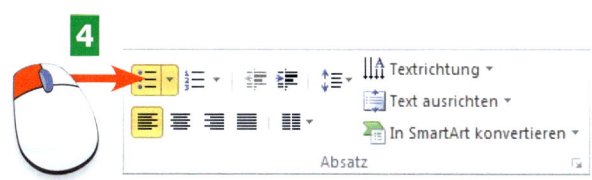

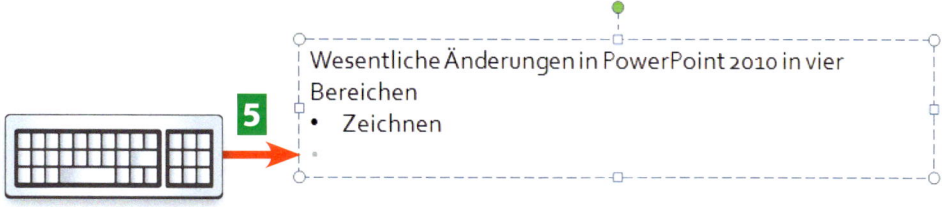

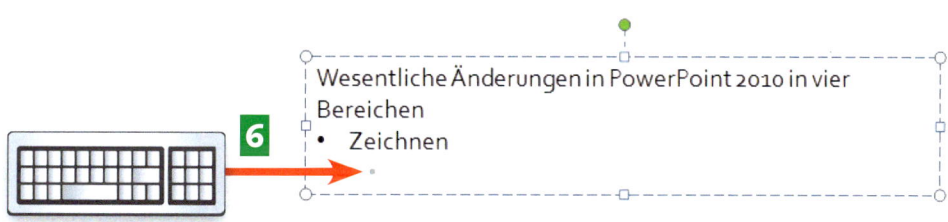

4 Um eine Aufzählung zu starten, klicken Sie auf die Schaltfläche *Aufzählungszeichen*.

5 Drücken Sie ⏎ auf der Tastatur. PowerPoint erzeugt einen neuen Absatz, der automatisch ebenfalls mit Aufzählungszeichen formatiert ist.

6 Erzeugen Sie einen weiteren Absatz und drücken Sie vor der Eingabe des Texts die ⇥-Taste. Wenn bereits eine Aufzählung aktiv ist, wechseln Sie so in die nächste Gliederungsebene.

Die Vorgehensweise beim Formatieren ist für Formen und Platzhalter identisch. Mit den hier beschriebenen Techniken können Sie auch die Formatierungen eines Platzhalters anpassen.

Textfelder sind spezielle Formen, die – anders als die übrigen Formen – ohne Füllfarbe und Rahmenlinie erstellt werden.

Textfelder, in die Sie keinen Inhalt eingeben, werden automatisch wieder gelöscht.

HINWEIS   **FACHWORT**   **HINWEIS**

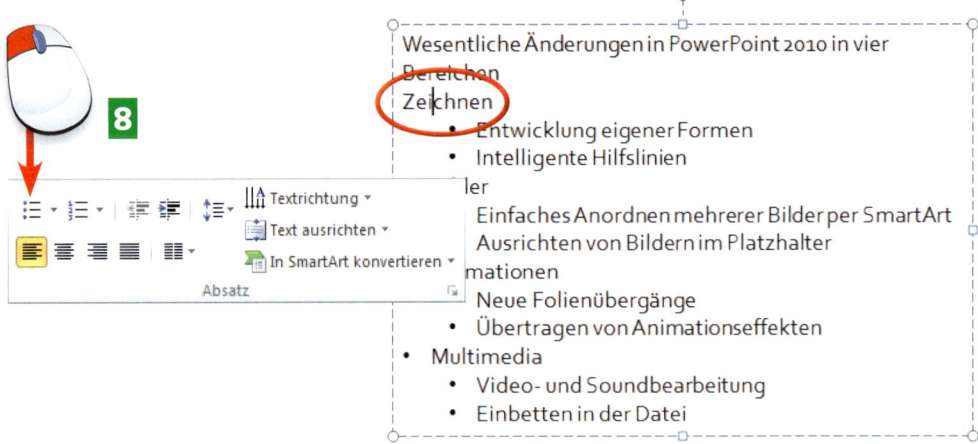

7 Alle weiteren Absätze, die Sie jetzt einfügen, werden in der gleichen Gliederungsebene erstellt, bis Sie auf die Schaltfläche *Listenebene verringern* klicken. Damit kehren Sie zur ersten Gliederungsebene zurück.

8 Um das Aufzählungszeichen für einen einzelnen Absatz zu entfernen, klicken Sie in diesen Absatz und dann auf die Schaltfläche *Aufzählungszeichen*. Wenn die Aufzählungsfunktion im markierten Absatz ausgeschaltet ist, leuchtet auch die Schaltfläche nicht mehr.

Per Klick auf die Schaltfläche *Aufzählungszeichen* wird in Textfeldern und Formen immer zuerst das runde Standard-Aufzählungszeichen erzeugt. Platzhalter verwenden das Aufzählungszeichen, das in der Vorlage bzw. im Design definiert ist.

WISSEN

Wesentliche Änderungen in PowerPoint 2010 in vier
Bereichen
Zeichnen
- Entwicklung eigener Formen
- Intelligente Hilfslinien
- Bilder
  - Einfaches Anordnen mehrerer Bilder per SmartArt
  - Ausrichten von Bildern im Platzhalter
- Animationen
  - Neue Folienübergänge
  - Übertragen von Animationseffekten
- Multimedia
  - Video- und Soundbearbeitung
  - Einbetten in der Datei

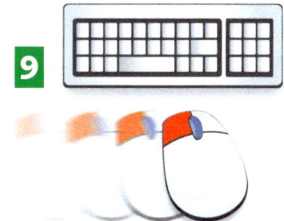

10 Wesentliche Änderungen in PowerPoint 2010 in vier
Bereichen
Zeichnen
- Entwicklung eigener Formen
- Intelligente Hilfslinien
- Bilder
  - Einfaches Anordnen mehrerer Bilder per SmartArt
  - Ausrichten von Bildern im Platzhalter
- Animationen
  - Neue Folienübergänge
  - Übertragen von Animationseffekten
- Multimedia
  - Video- und Soundbearbeitung
  - Einbetten in der Datei

9 Um mehrere Absätze mit nur einem Arbeitsschritt umzuformatieren, markieren Sie den ersten Absatz, indem Sie die Maus über diesen Absatz ziehen. Anschließend halten Sie die [Strg]-Taste gedrückt und ziehen die Maus über den nächsten Absatz.

10 Um alle Absätze eines Textfelds oder eines Platzhalters umzuformatieren, markieren Sie das Objekt als Ganzes per Klick auf seine Rahmenlinie. Dass das Objekt und nicht mehr der Text markiert ist, erkennen Sie daran, dass die Rahmenlinie als durchgezogene Linie dargestellt wird.

Ende

HINWEIS

Wie Sie andere Aufzählungszeichen zuweisen, lesen Sie im nächsten Abschnitt.

FACHWORT

Texte, die mit Aufzählungszeichen oder Nummerierung formatiert sind, sind technisch gesehen Listen. Die **Listenebene** entspricht der Gliederungsebene des Texts.

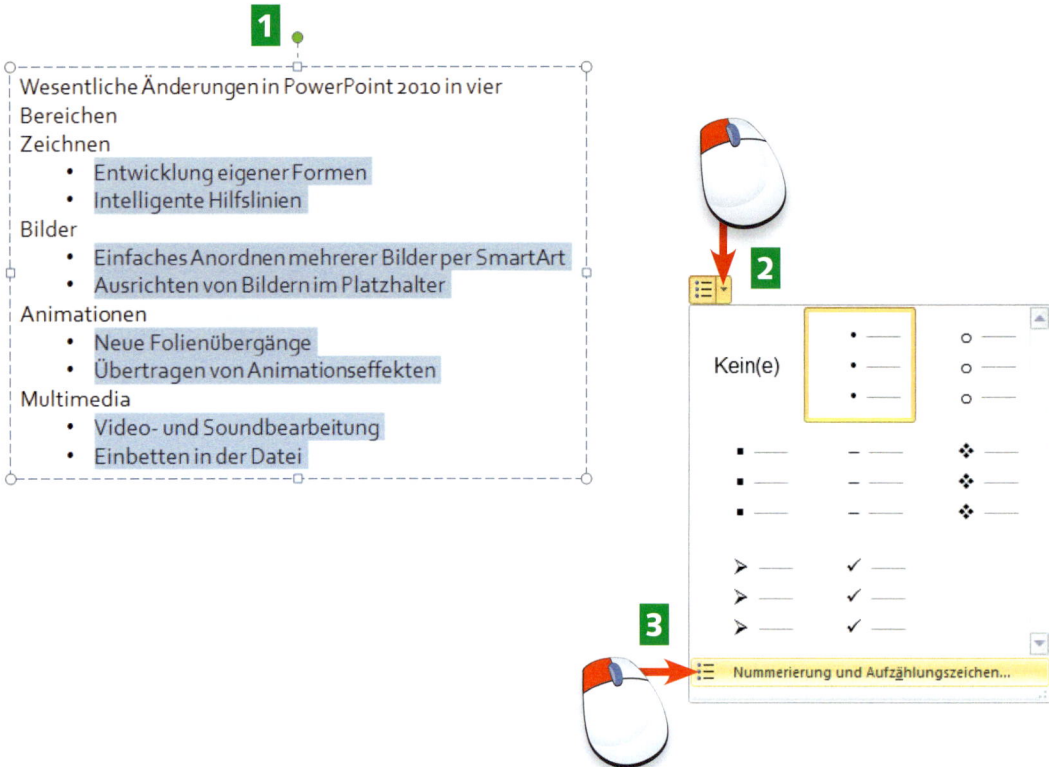

1 Markieren Sie den Platzhalter oder die Absätze, die Sie formatieren möchten.

2 Klicken Sie auf den Pfeil der Schaltfläche *Aufzählungszeichen*.

3 Wenn im Katalog bereits das gesuchte Aufzählungszeichen angezeigt wird, weisen Sie es per Klick auf die Voreinstellung zu. Andernfalls klicken Sie auf den Befehl *Nummerierung und Aufzählungszeichen* am unteren Rand des Katalogs.

Aufzählungssymbole werden nicht in der Präsentation gespeichert, sondern über die jeweilige Schriftart bestimmt. Ist die Schriftart auf einem anderen Rechner nicht verfügbar, zeigt PowerPoint das Aufzählungszeichen mit einer Ersatzschrift an, die in der Regel einen völlig anderen Zeichensatz verwendet.

WISSEN

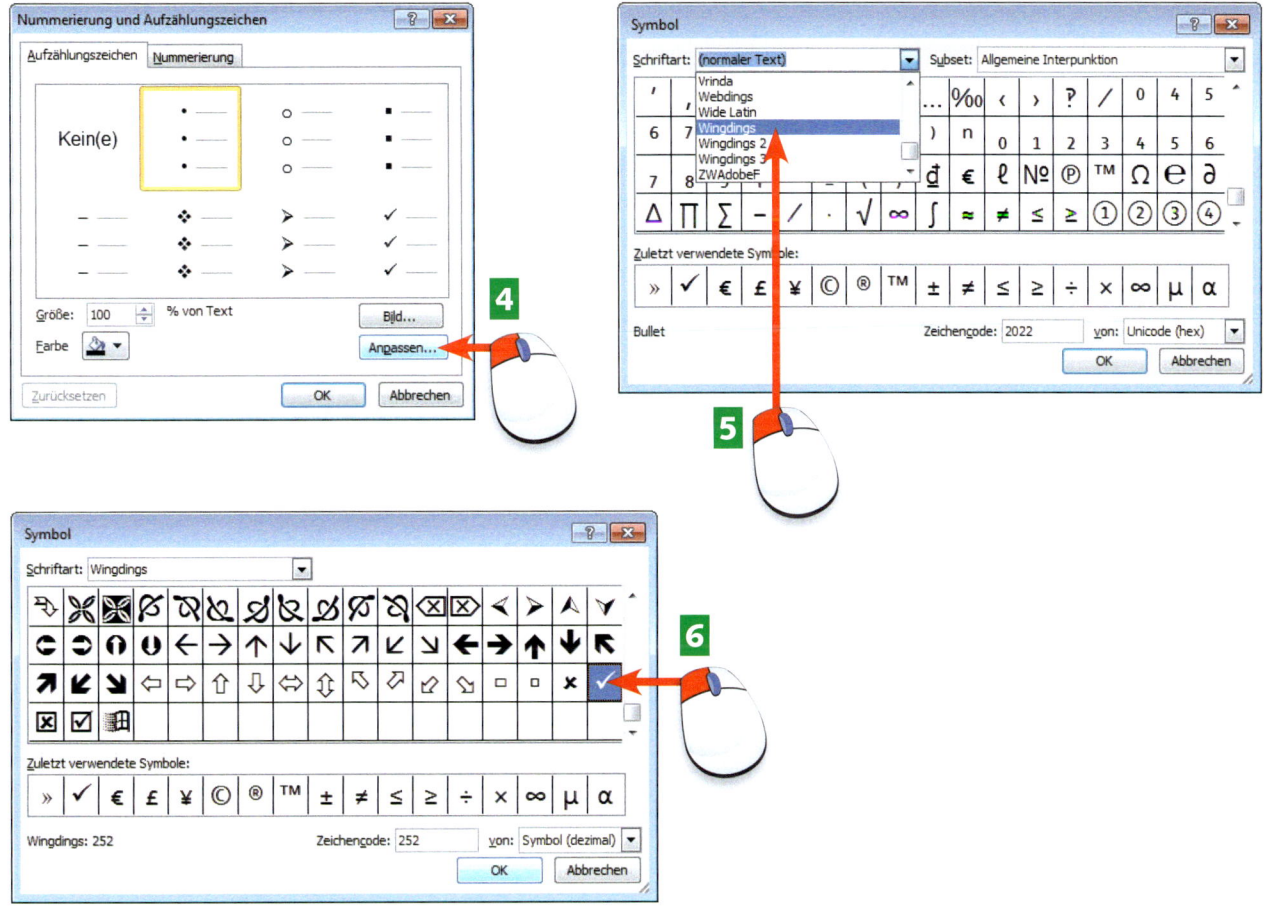

4 Klicken Sie im Dialogfeld *Nummerierung und Aufzählungszeichen* auf *Anpassen*.

5 Stellen Sie im Dialogfeld *Symbol* als *Schriftart* eine Symbolschrift wie Wingdings, Wingdings 2, Wingdings 3 oder Webdings ein.

6 Verwenden Sie bei Bedarf die Bildlaufleiste, um weitere Symbole zu sehen. Markieren Sie das gesuchte Symbol und wählen Sie es mit *OK* aus.

Mit Schriften wie Wingdings und Webdings gibt es in der Regel keine Probleme bei der Weitergabe von Präsentationen, da diese Schriften als Standardschriften überall zur Verfügung stehen.

Anstelle von Symbolen können Sie auch Bilder als Aufzählungszeichen verwenden. Klicken Sie dazu im Dialogfeld *Nummerierung und Aufzählungszeichen* auf die Schaltfläche *Bild* und wählen Sie im nächsten Dialogfeld ein Bild aus.

HINWEIS

TIPP

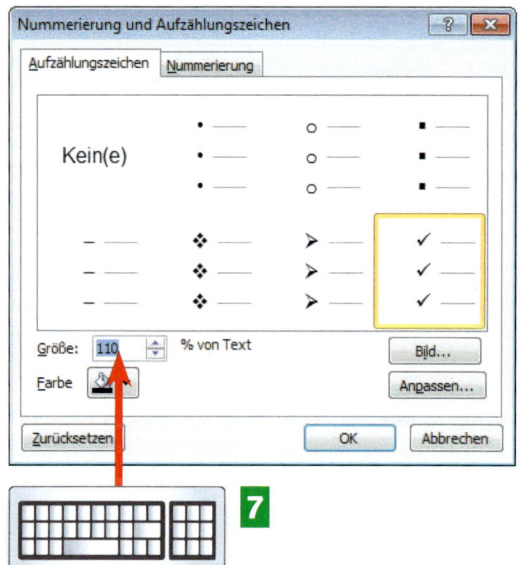

7 Nach der Auswahl des Symbols ist wieder das Dialogfeld *Nummerierung und Auf-zählungszeichen* aktiv. Geben Sie bei Bedarf für *Größe* einen anderen Wert ein, indem Sie den voreingestellten Wert überschreiben.

8 Weisen Sie unter *Farbe* eine andere Farbe zu.

9 Blenden Sie auf der Registerkarte *Ansicht* das *Lineal* ein.

In PowerPoint 2010 können Absätze der gleichen Gliederungs-ebene mit unterschiedlichen Einstellungen formatiert werden. Die Änderungen an einem Absatz werden also nicht – wie in früheren Programmversionen – allen Absätzen dieser Ebene zugewiesen.

WISSEN

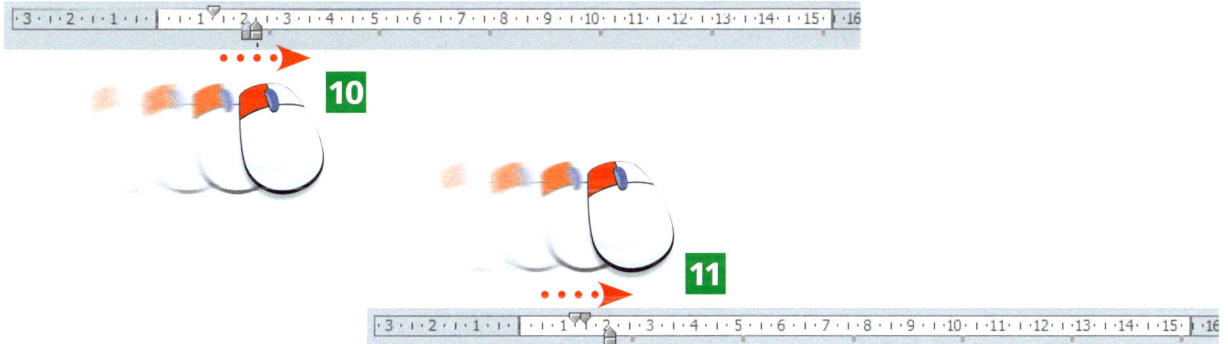

Wesentliche Änderungen in PowerPoint 2010 in vier Bereichen
Zeichnen
   ✓ Entwicklung eigener Formen
   ✓ Intelligente Hilfslinien
Bilder
   ✓ Einfaches Anordnen mehrerer Bilder per SmartArt
   ✓ Ausrichten von Bildern im Platzhalter
Animationen
   ✓ Neue Folienübergänge
   ✓ Übertragen von Animationseffekten
Multimedia
   ✓ Video- und Soundbearbeitung
   ✓ Einbetten in der Datei

10 Markieren Sie alle Absätze einer Ebene. Verschieben Sie auf dem Lineal die untere Markierung für den Text, um den Abstand zwischen Aufzählungszeichen und Text anzupassen.

11 Bestimmen Sie mit der oberen Markierung die Position des Aufzählungszeichens.

12 Wenn Sie den hier gezeigten Einstellungen gefolgt sind, ist Ihre Aufzählung jetzt wie abgebildet formatiert.

Die Größe von Aufzählungszeichen kann auf maximal 400 % proportional zur Schriftgröße erhöht werden. Optisch wirkungsvolle Ergebnisse erzielen Sie in der Regel mit Einstellungen zwischen 80 und 150 %.

Mit ⇧ + Alt + F9 können Sie das Lineal blitzschnell ein- und ausblenden.

Die Einzüge auf dem *Lineal* können Sie nur bearbeiten, wenn der Text – und nicht das Textfeld oder der Platzhalter als Objekt – markiert ist.

HINWEIS   **TIPP**   **HINWEIS**

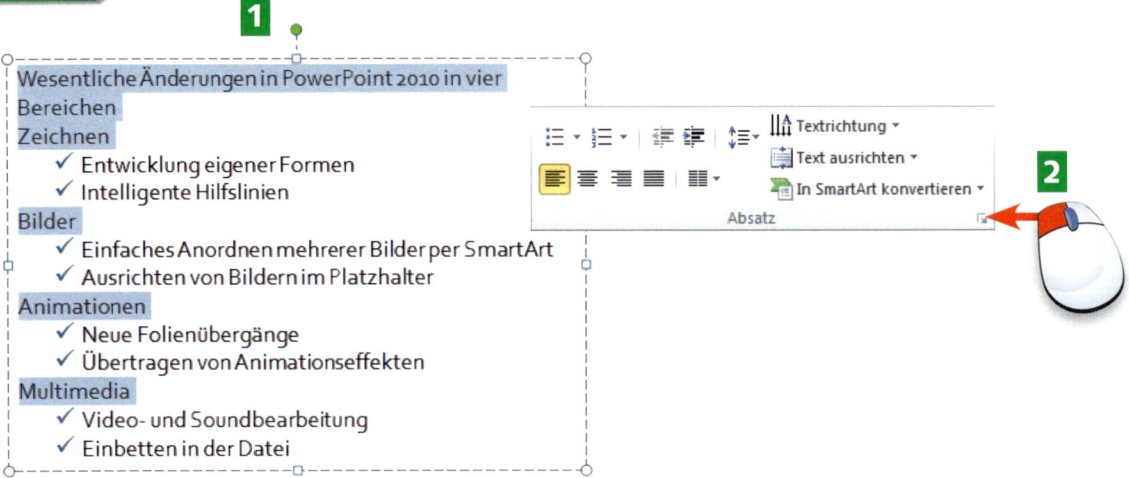

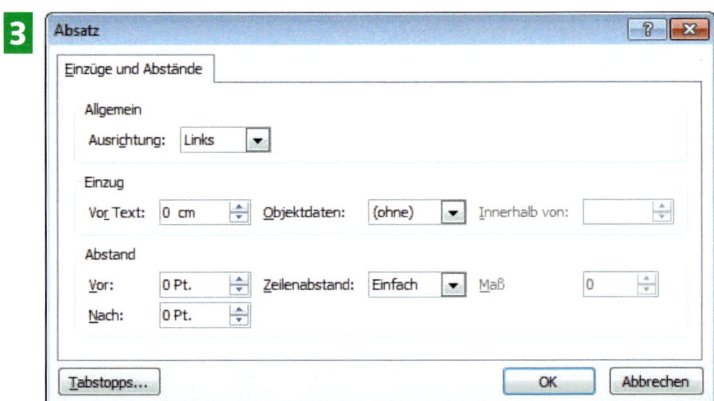

1 Markieren Sie Ihren Text.

2 Klicken Sie auf der Registerkarte *Start* auf den Pfeil der Gruppe *Absatz*.

3 Damit rufen Sie das gleichnamige Dialogfeld auf. Unter *Einzug* können Sie bei Bedarf die Positionen von Text und Aufzählungszeichen, die Sie bereits auf dem *Lineal* definiert haben, nachbearbeiten.

Der gegenüber dem Zeilenabstand größere Abstand zwischen zwei Absätzen ist ein optischer Hinweis darauf, dass ein neuer Gedanke folgt.

WISSEN

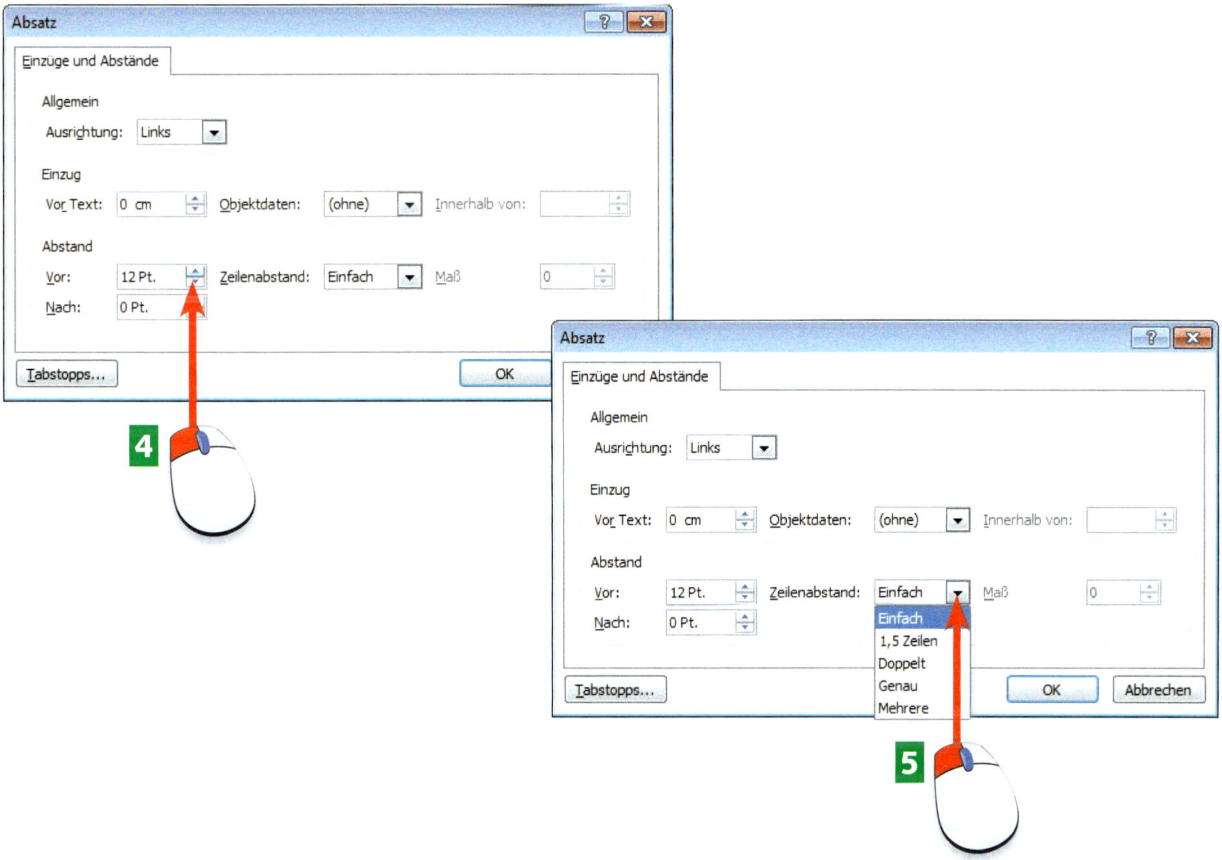

4 Geben Sie für *Abstand Vor* einen Wert von mindestens 6 Pt., besser 12 Pt. ein. Dieser Wert bestimmt den Abstand eines Absatzes zum vorherigen. Ändern Sie die Einstellung für *Abstand Nach* ggf. auf 0 Pt.

5 Passen Sie bei Bedarf den *Zeilenabstand* an. Dieser sollte mindestens *Einfach* sein. Einstellungen von 0,9 oder noch weniger führen zu einem überfrachteten Schriftbild.

Ende

Um manuell in eine neue Zeile zu schalten, ohne einen neuen Absatz zu erzeugen, drücken Sie am Ende der Zeile [H] + [Ü].

TIPP

Die Größenangaben in Dialogfeldern können wie in einem Textfeld markiert und überschrieben werden.

HINWEIS

Abstand Vor und *Abstand Nach* werden addiert. Es reicht also, wenn Sie eine der beiden Einstellungen vornehmen.

TIPP

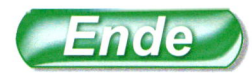

Start

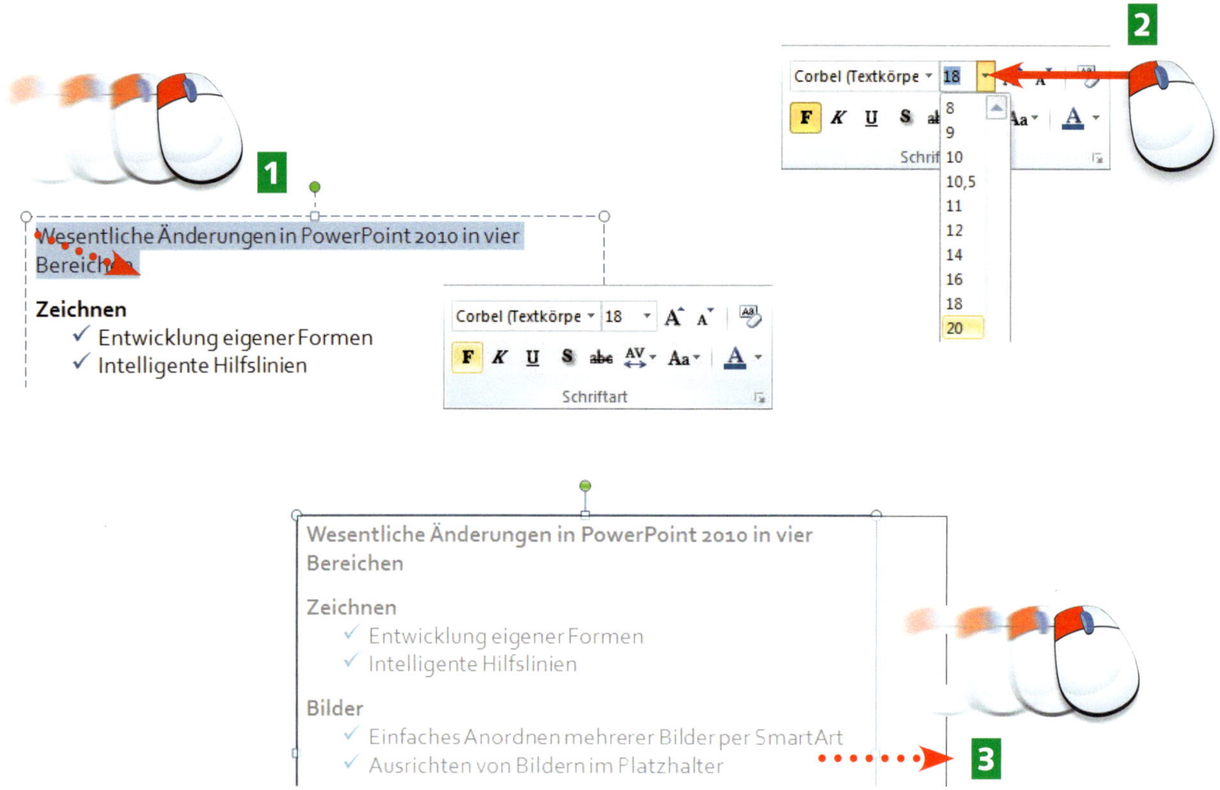

1 Um ein einzelnes Wort fett zu formatieren, genügt es, wenn Sie die Einfügemarke in dieses Wort setzen. Möchten Sie mehrere Worte formatieren, müssen Sie diese gezielt auswählen. Klicken Sie anschließend auf die Schaltfläche *Fett*.

2 Heben Sie den Zwischentitel außerdem durch eine größere Schrift hervor.

3 Ungünstige Zeilenumbrüche können Sie korrigieren, indem Sie das Textfeld oder den Platzhalter breiter ziehen.

Für Hervorhebungen sind kontrastreiche Farben und/oder die Einstellung *Fett* am besten geeignet. Kursiv gesetzte Schriften sind wegen ihrer schlechteren Lesbarkeit nicht empfehlenswert. Unterstreichungen als weit verbreitete Kennzeichnung für Hyperlinks werden unter Umständen mit einem Link verwechselt.

WISSEN

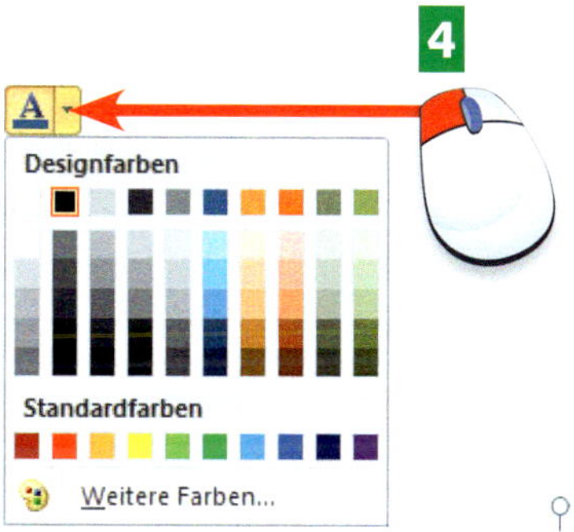

Designfarben

Standardfarben

Weitere Farben...

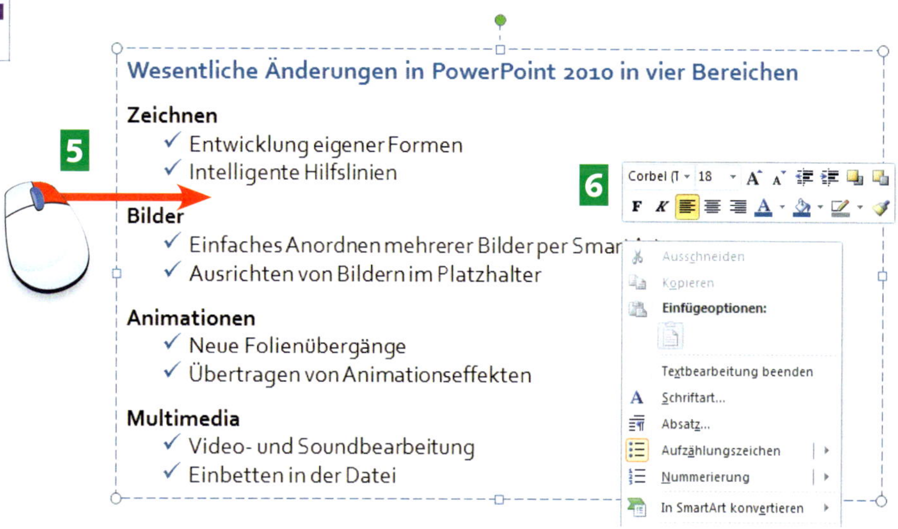

Wesentliche Änderungen in PowerPoint 2010 in vier Bereichen

Zeichnen
- ✓ Entwicklung eigener Formen
- ✓ Intelligente Hilfslinien

Bilder
- ✓ Einfaches Anordnen mehrerer Bilder per Smart...
- ✓ Ausrichten von Bildern im Platzhalter

Animationen
- ✓ Neue Folienübergänge
- ✓ Übertragen von Animationseffekten

Multimedia
- ✓ Video- und Soundbearbeitung
- ✓ Einbetten in der Datei

Corbel (T ▾ 18 ▾ A˄ A˅ ﹢ ﹢
F K E E E E A ▾ ᵃ ▾ ▾

- ✂ Ausschneiden
- 🗐 Kopieren
- 📋 Einfügeoptionen:
- A Textbearbeitung beenden
- A Schriftart...
- ≡ Absatz...
- ≔ Aufzählungszeichen ▸
- ≔ Nummerierung ▸
- 🔷 In SmartArt konvertieren ▸

4 Um die Schriftfarbe zu ändern, markieren Sie wieder den Text und klicken auf den Pfeil der Schaltfläche *Schriftfarbe*. Wählen Sie eine der Designfarben aus.

5 Die Gruppe *Schriftart* finden Sie nur auf der Registerkarte *Start*. Ist gerade eine andere Registerkarte aktiv, müssen Sie nicht wechseln. Rufen Sie per Klick der rechten Maustaste das Kontextmenü des Texts auf.

6 Im oberen Bereich des Kontextmenüs finden Sie in der Minisymbolleiste die wichtigsten Befehle aus den Gruppen *Schriftart* und *Absatz*.

Ende

Verwenden Sie die Einstellung *Fett* nicht mit Schriften, die Black, Bold, Medium o. Ä. im Namen haben. Dabei handelt es sich bereits um fette Schriften. Weisen Sie zusätzlich Fett zu, wirkt die Schrift verschwommen und schlecht lesbar.

Farbe ist ein nützliches Hilfsmittel beim Strukturieren von Informationen. Verwenden Sie für gleichartige Informationen immer die gleiche Farbe.

HINWEIS

TIPP

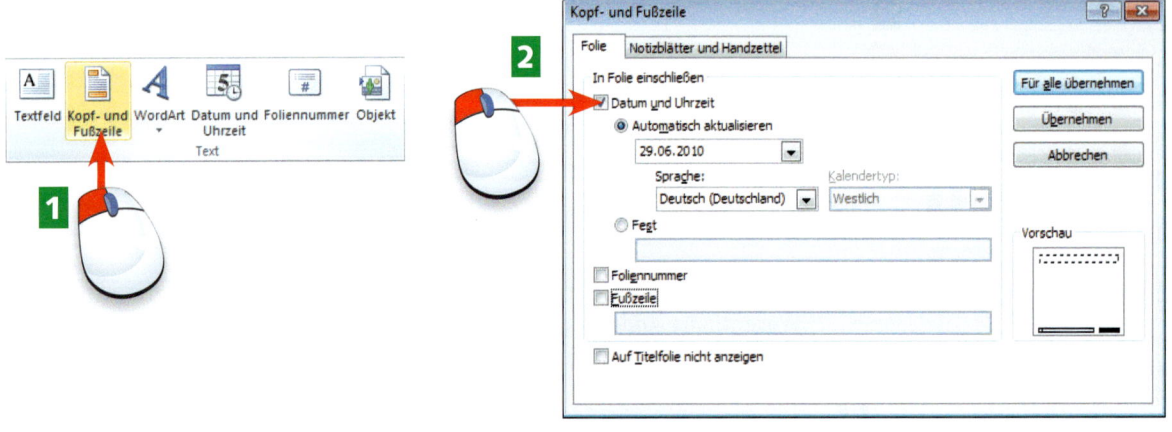

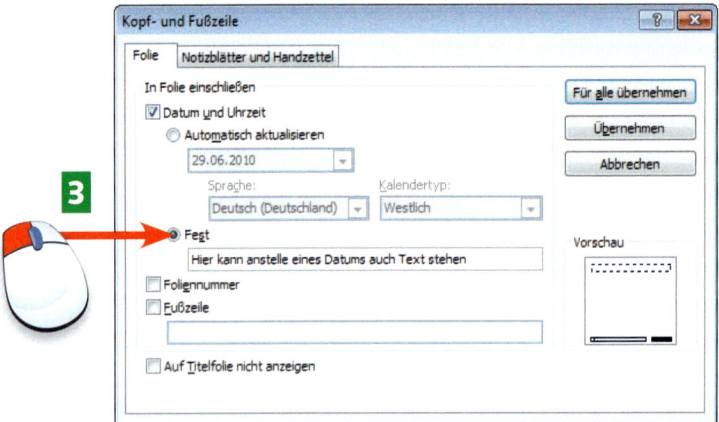

1 Klicken Sie auf der Registerkarte *Einfügen* auf *Kopf- und Fußzeile*.

2 Aktivieren Sie im Dialogfeld die Anzeige von *Datum und Uhrzeit*.

3 Wählen Sie, ob das Datum automatisch aktualisiert oder ein festes Datum verwendet werden soll.

Informationen wie Datum und Anlass der Präsentation, die auf allen Folien zu sehen sein sollen, werden als Kopf- und Fußzeile definiert. Enthält ein Folienlayout die entsprechenden Platzhalter, werden die Informationen angezeigt, ohne dass sie auf jeder Folie gesondert eingegeben werden müssen.

WISSEN

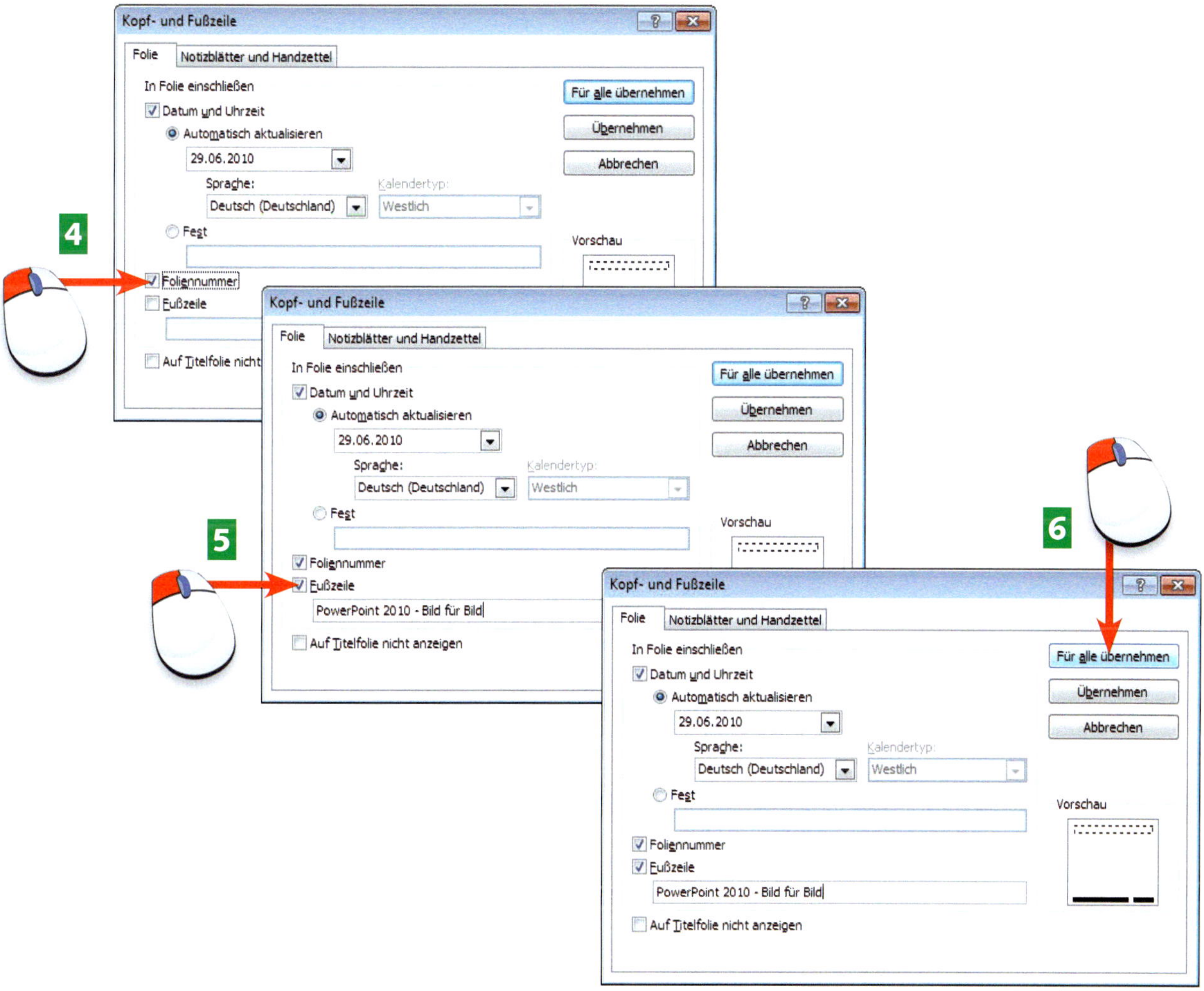

4 Aktivieren Sie die Anzeige der *Foliennummer*.

5 Setzen Sie ein Häkchen vor *Fußzeile* und geben Sie Text ein.

6 Klicken Sie auf *Fur alle übernehmen*, um die Änderungen im Dialogfeld für alle Folien der Präsentation zu übernehmen.

HINWEIS

Mit der Anzeige der *Folien-nummer* erleichtern Sie Ihren Zuhörern die Bezugnahme auf eine bestimmte Folie, wenn Fragen zum Vortrag gestellt werden.

TIPP

Platzhalter der Fußzeile, die Sie versehentlich verschoben haben, können Sie über *Start/Folien/Zurücksetzen* wieder an ihre ursprüngliche Position verschieben.

HINWEIS

Die Platzhalter für die Fußzeile können wie normale Textfelder bearbeitet, verschoben und gelöscht werden.

SmartArt: Schaubilder per Mausklick

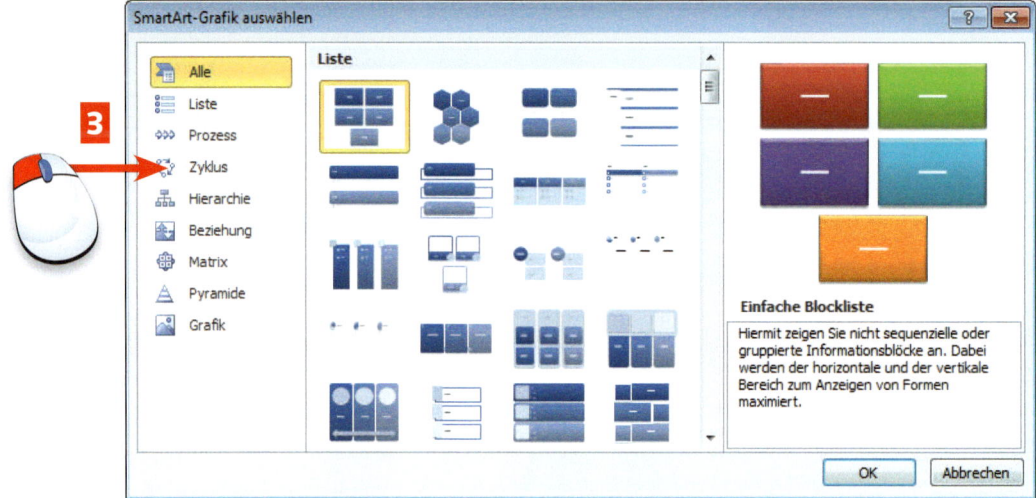

1 Fügen Sie eine neue Folie mit dem Layout *Titel und Inhalt* in Ihre Präsentation ein.

2 Klicken Sie auf das Symbol *SmartArt-Grafik einfügen* im Platzhalter.

3 Das Dialogfeld *SmartArt-Grafik auswählen* besteht aus drei Bereichen: In der linken Spalte filtern Sie die SmartArt-Grafiken nach Kategorien. Klicken Sie auf die Kategorie *Zyklus*.

SmartArt-Grafiken können wie in Kapitel 1 beschrieben durch Konvertierung von Textfolien erstellt werden. Der zweite Weg besteht darin, erst die Grafik zu erstellen und anschließend den Text einzugeben.

WISSEN

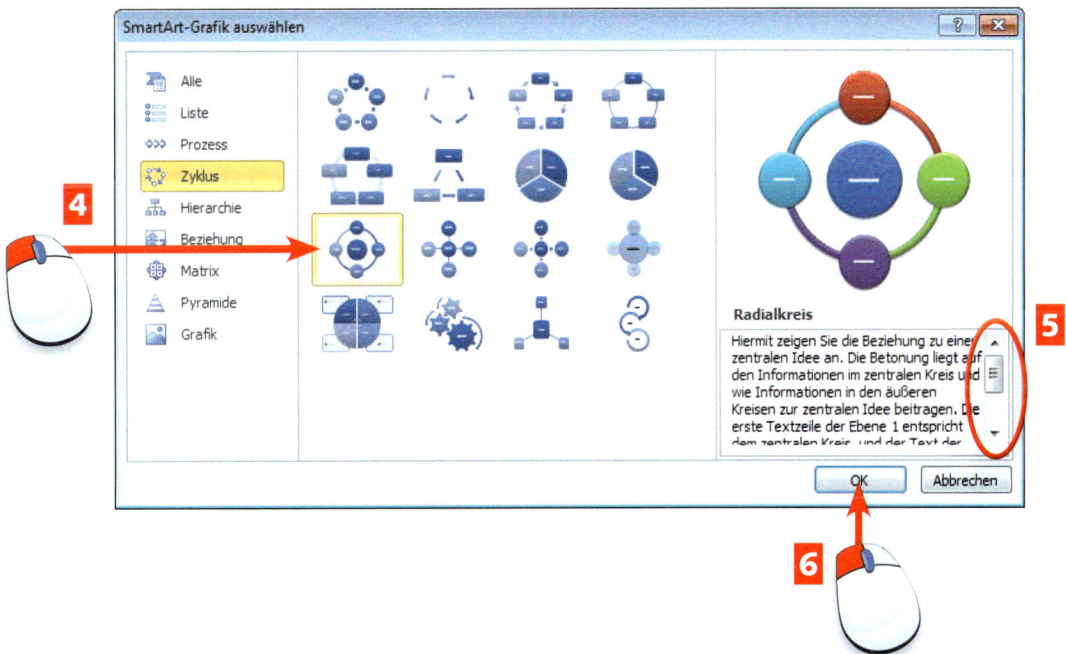

4 In der mittleren Spalte sehen Sie Miniaturen der in der gewählten Kategorie vorhandenen Grafiklayouts. Wählen Sie den *Radialkreis* aus.

5 Rechts zeigt das Dialogfeld ein größeres Bild des markierten Schaubilds zusammen mit einer Beschreibung, wie Sie die SmartArt am besten einsetzen. Blättern Sie bei Bedarf nach unten, um die Beschreibung vollständig zu sehen.

6 Fügen Sie die SmartArt mit *OK* auf der Folie ein.

Ende

Viele SmartArt-Grafiken können um zusätzliche Formen erweitert werden. Die Vorschau zeigt lediglich den Standardtyp.

Wie Sie noch sehen werden, hängen der Aufbau einer SmartArt-Grafik und die Gliederungsebenen des Texts eng zusammen. Aus diesem Grund ist in den Beschreibungen im Dialogfeld von Ebenen die Rede.

Ist die Zahl der Formen einer SmartArt-Grafik begrenzt, nennt die Beschreibung die Zahl der möglichen Textzeilen.

HINWEIS **HINWEIS** **HINWEIS**

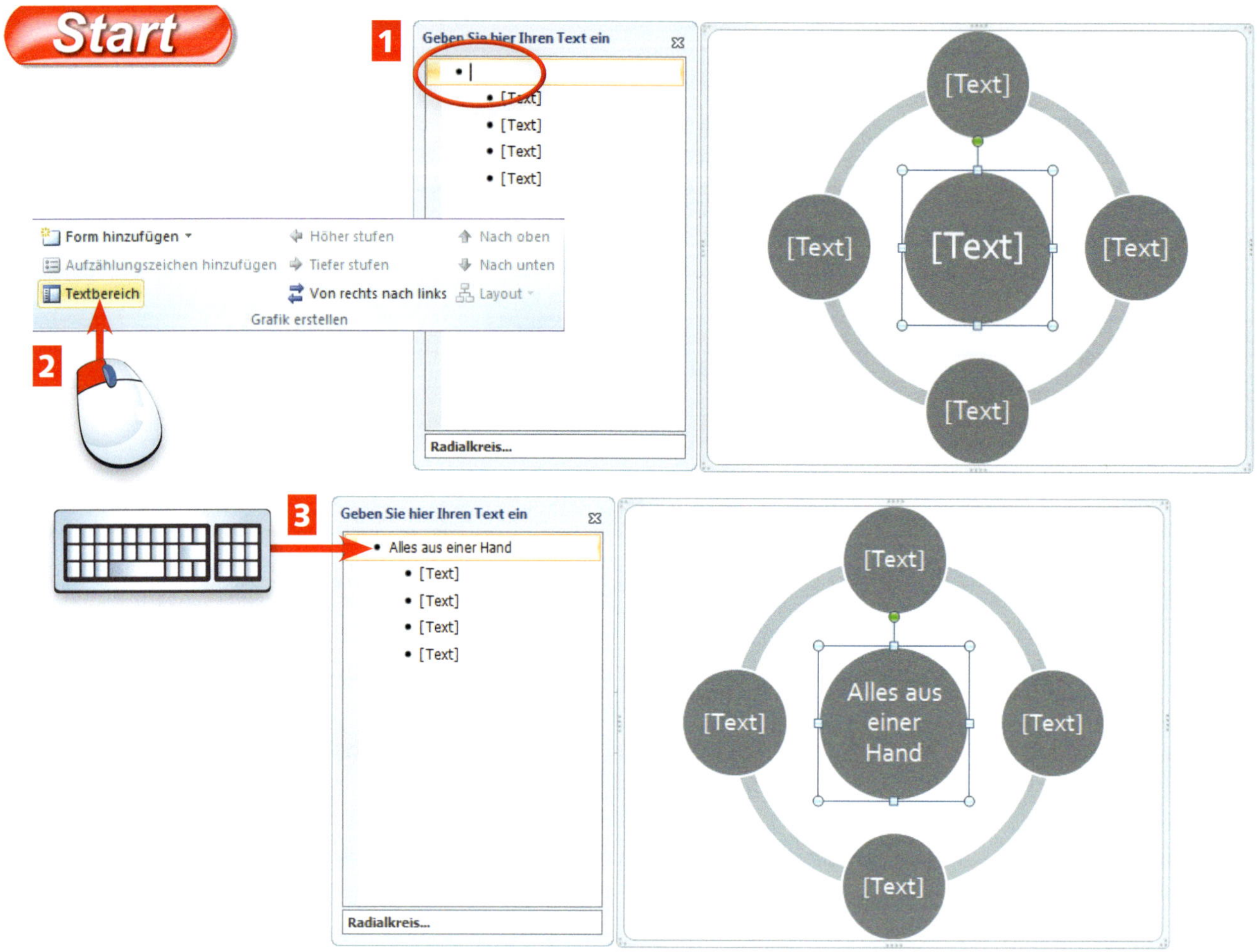

Start

1 Geben Sie hier Ihren Text ein

- |
  - [Text]
  - [Text]
  - [Text]
  - [Text]

Radialkreis...

- Form hinzufügen ▾
- Aufzählungszeichen hinzufügen
- Textbereich

⇨ Höher stufen
⇨ Tiefer stufen
⇄ Von rechts nach links

⬆ Nach oben
⬇ Nach unten
⧉ Layout ▾

Grafik erstellen

2

[Text] [Text] [Text]

[Text]

[Text]

3 Geben Sie hier Ihren Text ein

- Alles aus einer Hand
  - [Text]
  - [Text]
  - [Text]
  - [Text]

Radialkreis...

[Text]

[Text] Alles aus einer Hand [Text]

[Text]

1 Nach dem Einfügen blinkt die Einfügemarke im ersten Textplatzhalter der SmartArt-Grafik. Die dazugehörige Form ist im Schaubild markiert.

2 Wenn Sie den Textbereich nicht sehen, blenden Sie ihn per Klick auf die Schaltfläche *Textbereich* auf der Registerkarte *Entwurf/SmartArt-Tools* ein.

3 Geben Sie Text in den ersten Platzhalter im Textbereich ein. Er wird in die zum Platzhalter gehörende Form in der Grafik übernommen.

Die Beschriftung für eine SmartArt-Grafik kann sowohl in die Platzhalter des Textbereichs als auch unmittelbar in die Formen der Grafik eingegeben werden.

WISSEN

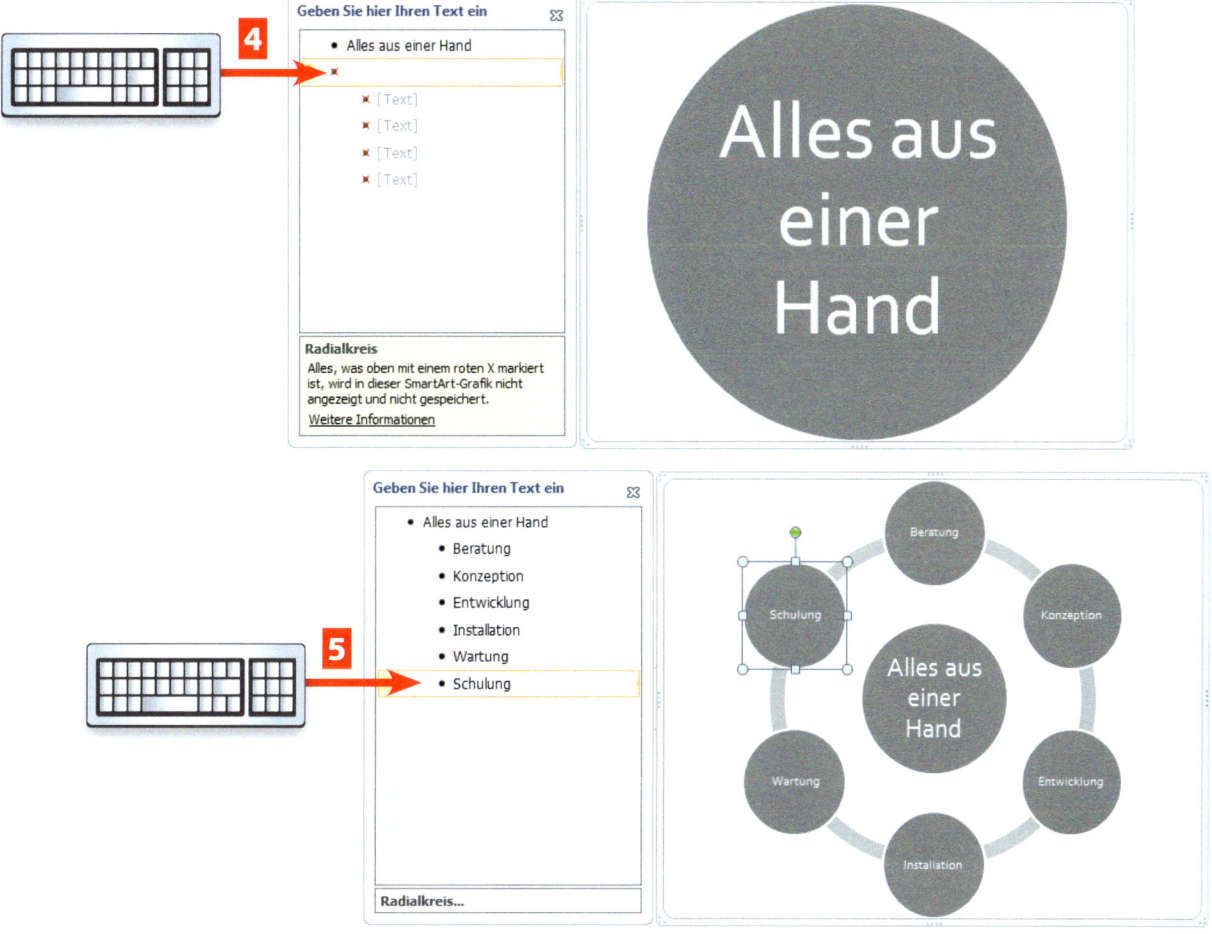

4 Wenn Sie nach dem Ausfüllen des ersten Platzhalters ⟵ drücken, sieht Ihr Schaubild plötzlich falsch aus, weil dabei ein weiterer Punkt der ersten Ebene entsteht, den die Grafik nicht verarbeiten kann. Drücken Sie ⇥, um den neuen Absatz einzurücken und eine weitere Form im Außenring des Radialkreises zu erzeugen.

5 Füllen Sie die Grafik Schritt für Schritt aus, indem Sie einen Platzhalter nach dem anderen beschriften. Löschen Sie nicht benötigte Platzhalter, indem Sie auf den Platzhalter klicken und dann die ⟵ -Taste drücken.

Ende

Per Klick auf das X in der rechten oberen Ecke können Sie den Textbereich schließen, wenn Sie ihn nicht (mehr) benötigen.	Absätze im Textbereich, die mit einem roten X gekennzeichnet sind, können in der Grafik nicht dargestellt werden, weil nicht genügend Formen zur Verfügung stehen oder weil die Gliederung des Texts nicht zur Struktur des Schaubilds passt.	Bei der Eingabe des Texts wird die Schriftgröße dynamisch an den in der Form verfügbaren Platz angepasst.
TIPP	**HINWEIS**	**HINWEIS**

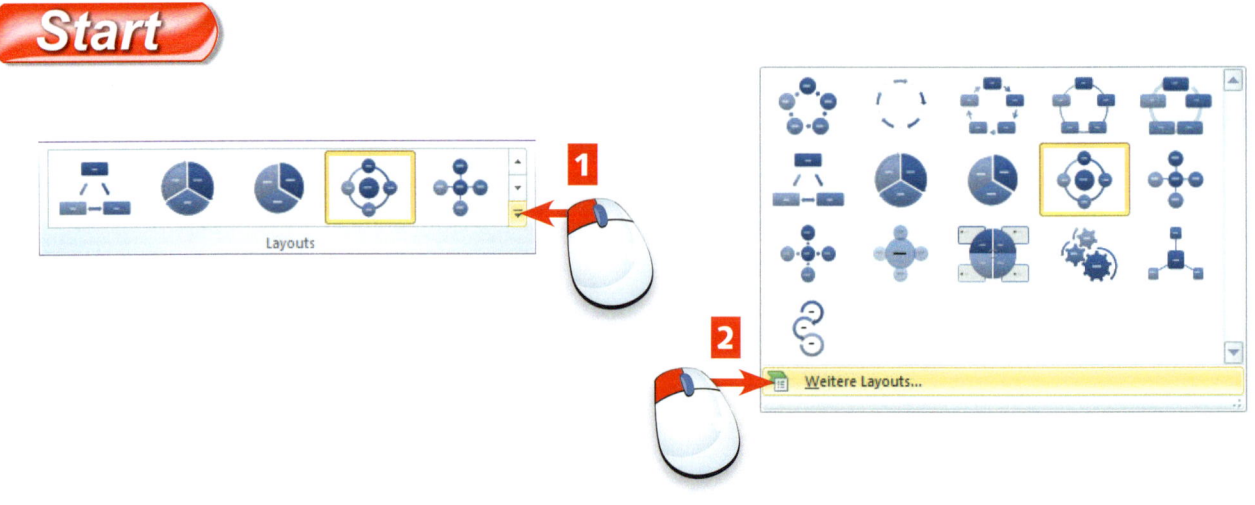

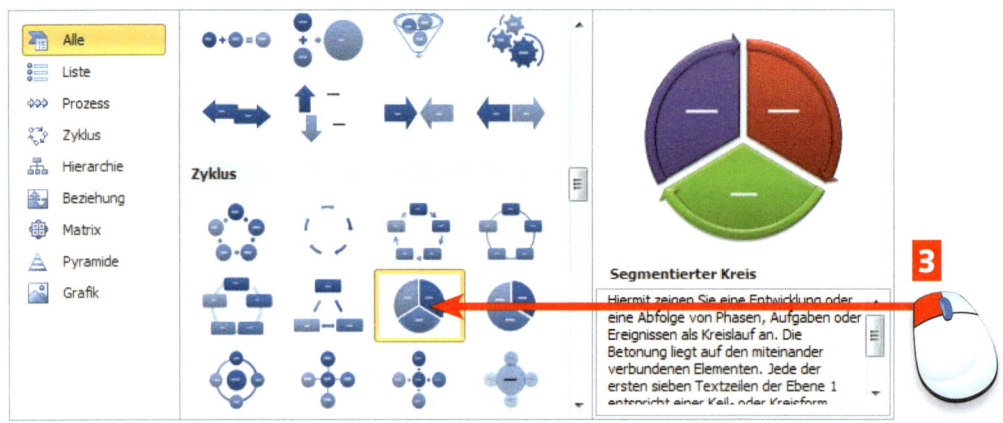

1 Öffnen Sie auf der Registerkarte *Entwurf* der *SmartArt-Tools* des SmartArt-Katalogs.

2 Klicken Sie am unteren Rand des Katalogs auf *Weitere Layouts*. PowerPoint öffnet wieder das Dialogfeld *SmartArt-Grafik auswählen* und springt in die Kategorie des bisherigen Schaubilds.

3 Ersetzen Sie den *Radialkreis* durch *Segmentierten Kreis*.

Die verschiedenen SmartArt-Layouts können beliebig gegeneinander ausgetauscht werden. Lediglich die Gliederung im Textbereich muss nachbearbeitet werden, wenn die neue Grafik einem anderen Aufbau folgt.

WISSEN

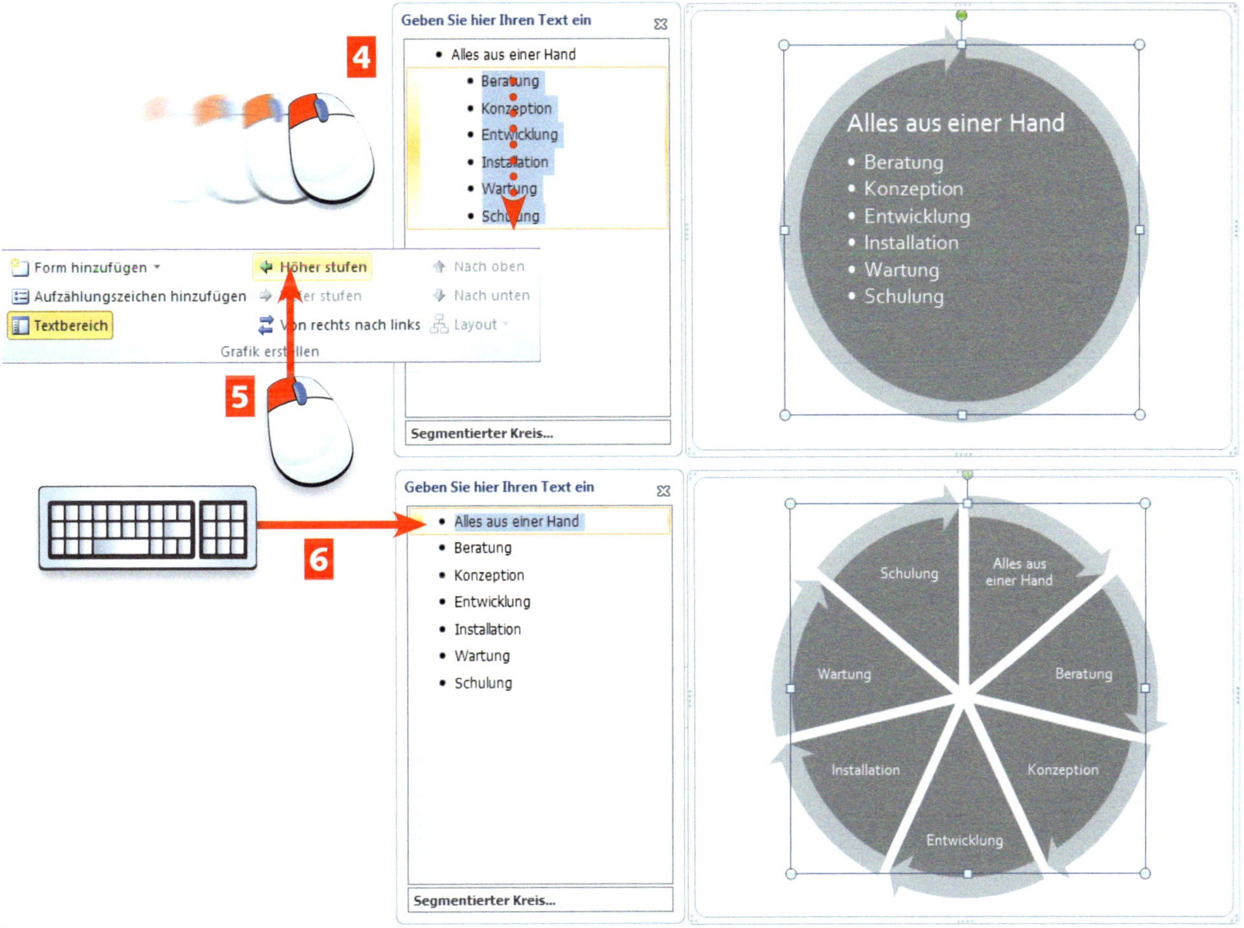

4 Der *Segmentierte Kreis* zeigt nur den Text einer Ebene an. Damit das Schaubild funktioniert, müssen Sie die Gliederung im Textbereich bearbeiten. Markieren Sie im Textbereich alle Einträge der zweiten Ebene.

5 Klicken Sie auf der Registerkarte *Entwurf/SmartArt-Tools* auf *Höher stufen*.

6 Markieren Sie den obersten Absatz der (alten) ersten Ebene und drücken Sie [Entf] auf der Tastatur. Fügen Sie den jetzt fehlenden Text ggf. als Zwischentitel in ein Textfeld ein.

Ende

Um die viel zu kleine Schrift kümmern Sie sich im nächsten Abschnitt. Entscheiden Sie sich zuerst für den Schaubildtyp. Sonst müssen Sie viele Formatierungsschritte mehrfach vornehmen.

HINWEIS

Die Formen des *Segmentierten Kreises* überlappen, sodass es schwierig ist, eine Form gezielt auszuwählen. Solche Grafiken bearbeiten Sie einfacher über den Textbereich.

HINWEIS

In vielen SmartArt-Grafiken können Sie Formen löschen, indem Sie eine Form in der Grafik anklicken und [Entf] drücken.

HINWEIS

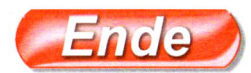

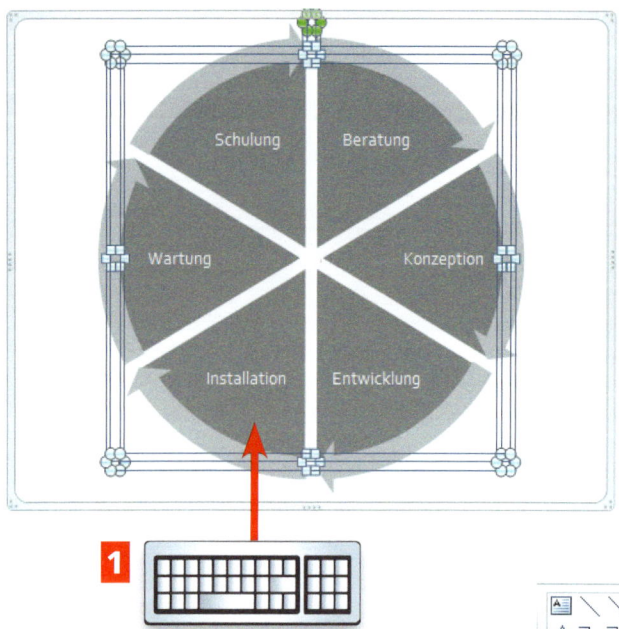

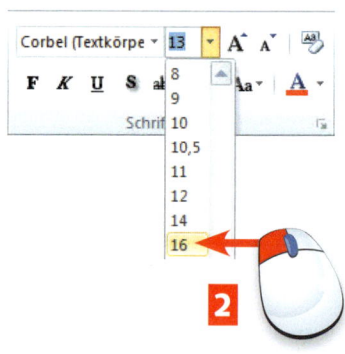

1 Klicken Sie in eine beliebige Form des *Segmentierten Kreises*. Drücken Sie [Strg]+[A], um alle Formen auszuwählen.

2 Erhöhen Sie die Schriftgröße über *Start/Schriftart* auf 16 Pt. Dass in manchen Formen ungünstig getrennt wird, korrigieren Sie in den nächsten Schritten.

3 Klicken Sie auf den Pfeil der Gruppe *Zeichnung* auf der Registerkarte *Start*.

In SmartArt-Grafiken wird der Schriftgrad zum Teil stärker reduziert als nötig. Mit den hier beschriebenen Techniken lässt sich die Schriftgröße in vielen Fällen anpassen, ohne dass manuelle Silbentrennungen erforderlich werden.

WISSEN

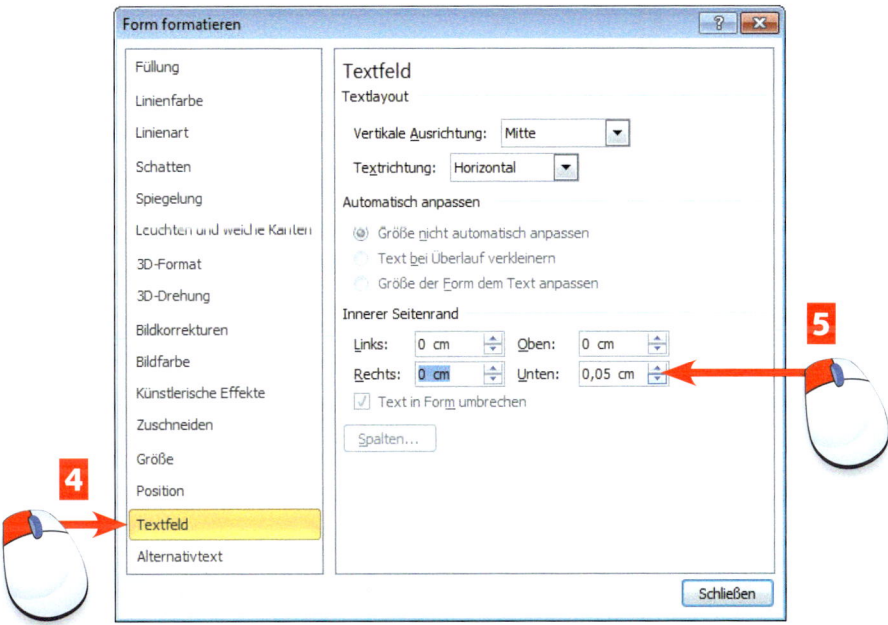

4 Wechseln Sie im Dialogfeld *Form formatieren* in die Kategorie *Textfeld*.

5 Reduzieren Sie die Abstände für *Innerer Seitenrand* auf 0.

6 Reicht dies immer noch nicht, um den Text ohne Umbruch anzuzeigen, versuchen Sie Folgendes: Klicken Sie auf der Registerkarte *Format/SmartArt-Tools* mehrmals auf *Größer*.

Ende

Das Dialogfeld *Form formatie-ren* können Sie auch über den Pfeil der Gruppe *Formenarten* unter *Forma/SmartArt-Tools* aufrufen.

Wenn beim Vergrößern der Formen das Schaubild „auseinanderfällt", nehmen Sie Ihre Änderungen über *Rückgängig* in der Schnell-zugriffsleiste zurück.

Inwieweit das Vergrößern der Formen einer SmartArt-Grafik gute Ergebnisse bringt, hängt vom jeweiligen Grafiktyp ab.

TIPP   **HINWEIS**   **HINWEIS**

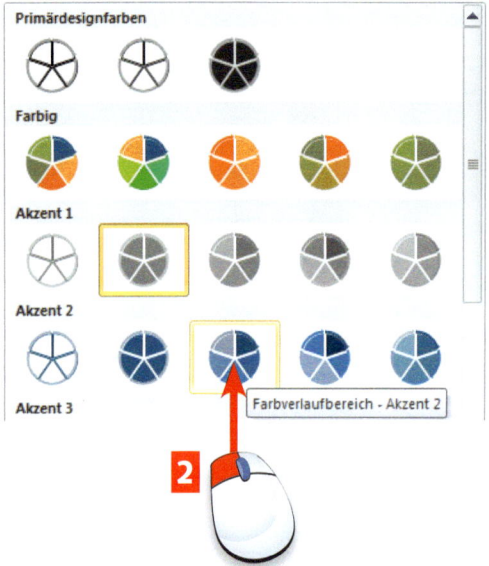

1 Öffnen Sie den Katalog *Farben ändern* auf der Registerkarte *Entwurf* der *SmartArt-Tools*.

2 Zeigen Sie mit der Maus auf die verschiedenen Voreinstellungen. Auf der Folie sehen Sie jeweils eine Vorschau, wie die Grafik mit dieser Voreinstellung aussehen wird. Weisen Sie den *Farbverlaufbereich* des Akzents 2 zu.

3 Dass nach dem Zuweisen der Farbe Rundpfeil und Kreissegment kaum noch voneinander zu unterscheiden sind, korrigieren Sie mit dem nächsten Schritt.

Das Aussehen einer SmartArt-Grafik wird nicht allein über die Farbe bestimmt. Nach dem Zuweisen eines Grafikformats wirken zum Teil auch die Farben völlig anders.

WISSEN

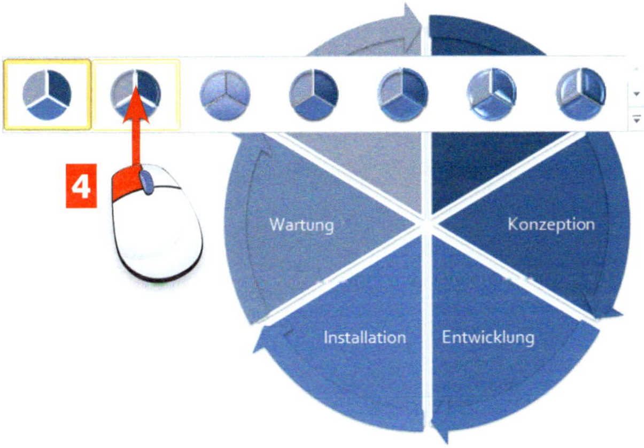

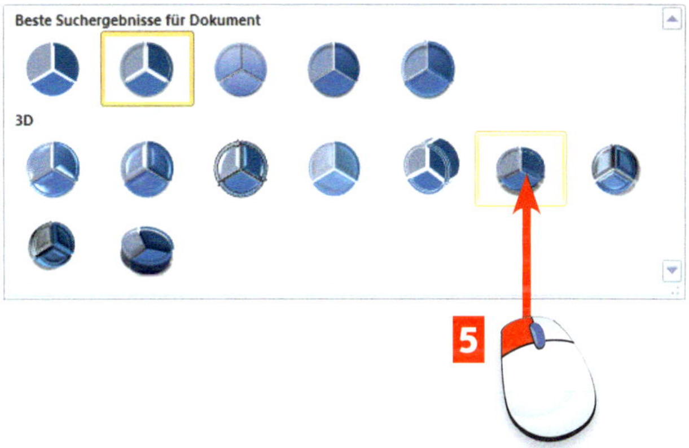

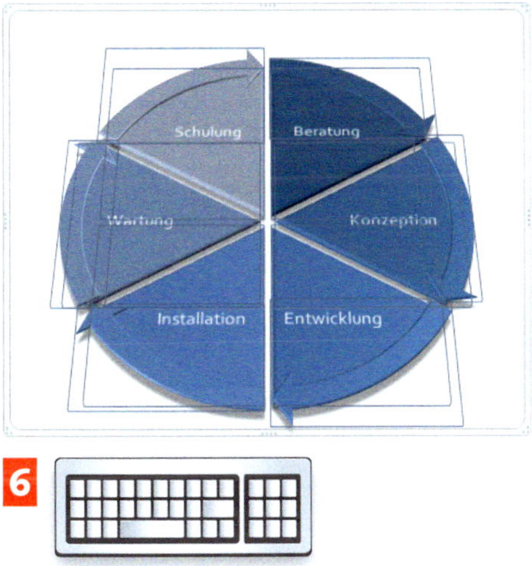

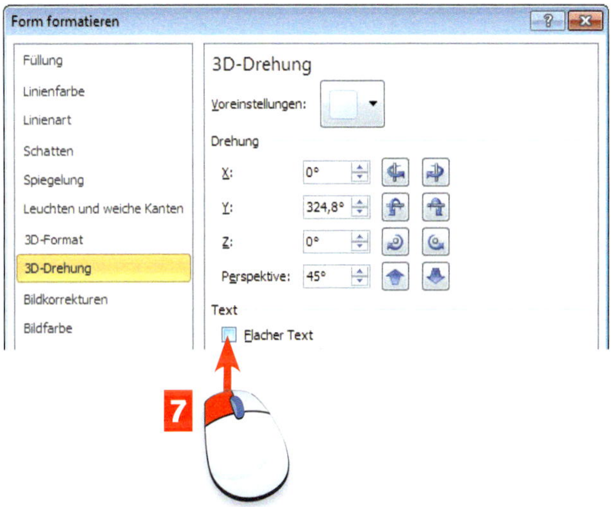

4 Weisen Sie die *Weiße Kontur* aus den Grafikformaten zu.

5 3D ist in: Versuchen Sie auch die *Flache Szene* aus den 3D-Formaten.

6 Markieren Sie mit ⌈Strg⌉+⌈A⌉ wieder alle Formen der Grafik. Rufen Sie das Dialogfeld *Form formatieren* auf.

7 Aktivieren Sie unter *3D-Drehung* die Option *Flacher Text*.

Experimentieren Sie mit unterschiedlichen Einstellungen für Farbe und Effekt – und entscheiden Sie sich dann für Ihre Lieblingskombination. Von Folie zu Folie wechselnde Grafikeinstellungen wären des Guten zu viel.

Mit der Option *Flacher Text* wird die Beschriftung in 2D dargestellt. Das ist perspektivisch nicht korrekt, dafür aber besser lesbar.

TIPP

HINWEIS

Start

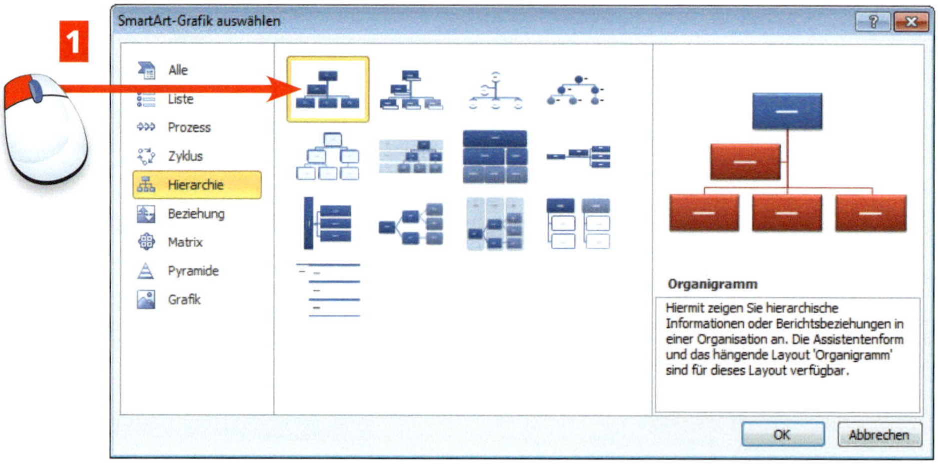

1

SmartArt-Grafik auswählen

- Alle
- Liste
- Prozess
- Zyklus
- **Hierarchie**
- Beziehung
- Matrix
- Pyramide
- Grafik

Organigramm

Hiermit zeigen Sie hierarchische Informationen oder Berichtsbeziehungen in einer Organisation an. Die Assistentenform und das hängende Layout 'Organigramm' sind für dieses Layout verfügbar.

OK   Abbrechen

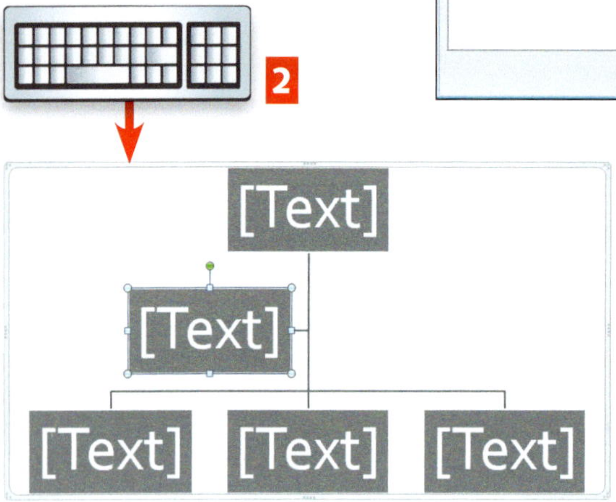

2

[Text]

[Text]

[Text] [Text] [Text]

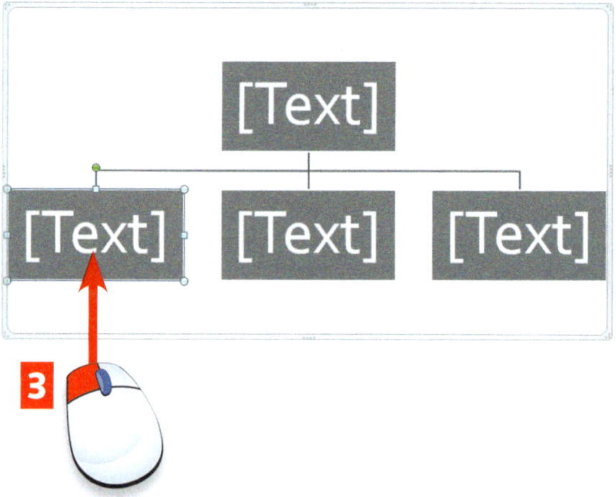

[Text]

[Text] [Text] [Text]

3

1 Fügen Sie aus der Kategorie *Hierarchie* das *Organigramm* in Ihre Präsentation ein.

2 Löschen Sie den Assistenten, wenn Sie ihn nicht benötigen. Klicken Sie dazu auf die Rahmenlinie der Form und drücken Sie ⌈Entf⌋.

3 Wenn Sie für Ihr Organigramm mehr als drei Bereiche benötigen, markieren Sie eine der Formen der zweiten Ebene.

Zusätzliche Formen können auch über den Befehl *Form hinzufügen* in der Gruppe *Grafik erstellen* der Registerkarte *Entwurf/SmartArt-Tools* eingefügt werden. Wo eine Form mit den Befehlen *Formen danach/davor … hinzufügen* erzeugt wird, hängt davon ab, welche Form in der Grafik gerade markiert ist.

WISSEN

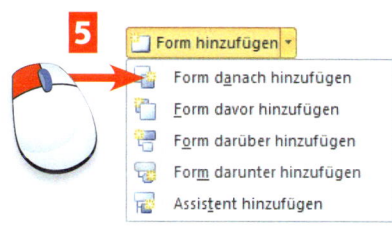

4 Klicken Sie auf den Pfeil der Schaltfläche *Form hinzufügen* auf der Registerkarte *Entwurf/SmartArt-Tools*.

5 Wählen Sie *Form danach hinzufügen*, um einen weiteren Bereich zu erstellen.

6 Wenn die Struktur Ihres Organigramms mit nur zwei Ebenen bereits fertig ist, nehmen Sie die Beschriftung und die Formatierung vor.

Achten Sie beim Löschen von Formen darauf, dass die Rahmenlinie als durchgezogene Linie angezeigt wird. Nur dann können Sie die Form mit [Entf] löschen.

Nicht alle Organigramm-Layouts verfügen über die gleichen Optionen. Im Layout *Hierarchie* gibt es z.B. keinen Assistenten und die Formen sind in gerader Linie und nicht hängend angeordnet.

Anders als beim Löschen von Formen ist es beim Hinzufügen gleichgültig, ob die Form oder der Text darin markiert ist.

TIPP   **HINWEIS**   **HINWEIS**

Start

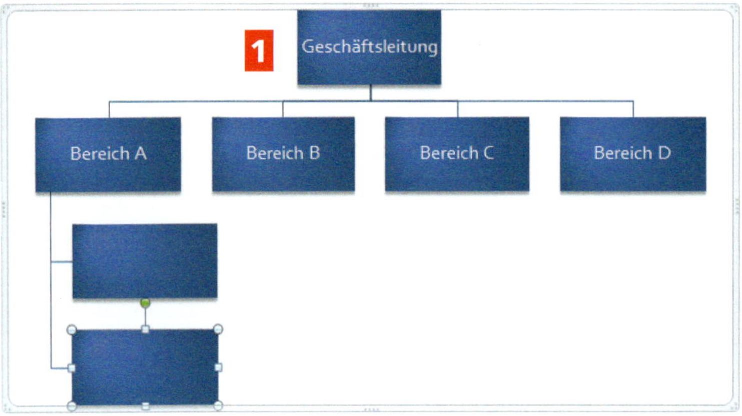

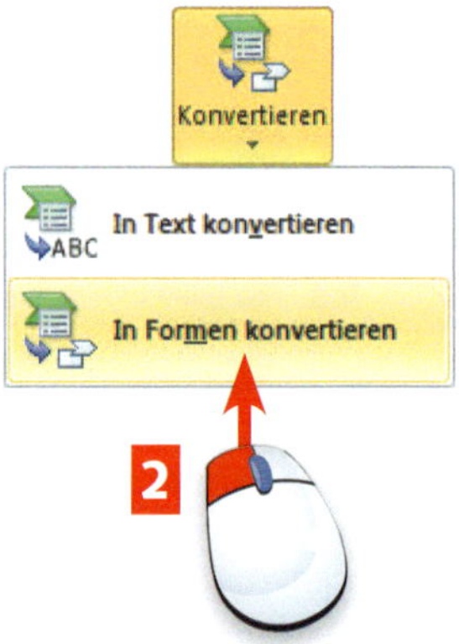

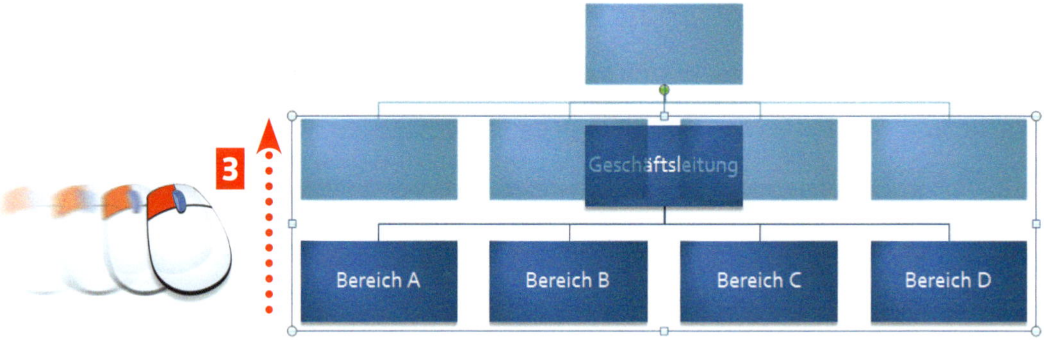

1 Wenn Sie weitere Ebenen in das im letzten Abschnitt erstellte Organigramm einfügen, nutzt PowerPoint den Layoutbereich in der Breite nicht mehr vollständig aus.

2 Löschen Sie die zusätzlichen Ebenen wieder und wählen Sie *Konvertieren/In Formen konvertieren* auf der Registerkarte *Entwurf/SmartArt-Tools*.

3 Verschieben Sie die Grafik bei gedrückter [H]-Taste nach oben, um mehr Platz für die weiteren Ebenen zu gewinnen.

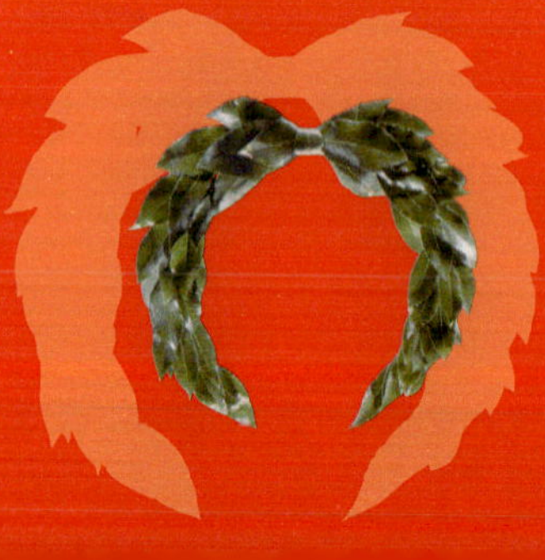

Beim Einfügen zusätzlicher Formen in eine SmartArt-Grafik werden Breite und Höhe der Formen und teilweise auch das Layout der Grafik automatisch angepasst. Wenn solche Automatismen Probleme bei der Bearbeitung der Grafik bereiten, ist die Konvertierung in Formen die einfachste Lösung.

WISSEN

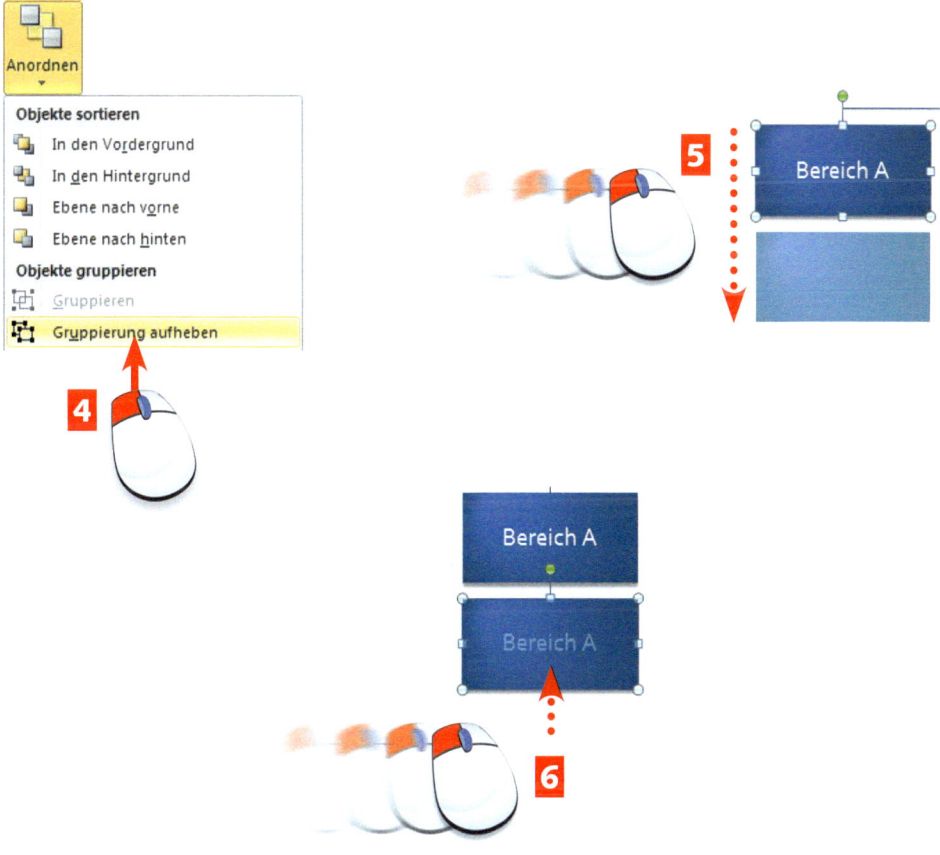

4 Zerlegen Sie das Organigramm über *Anordnen/Gruppierung aufheben* auf der Registerkarte *Start* in seine Bestandteile.

5 Erstellen Sie eine Kopie der Form für die erste Verzweigung, indem Sie sie bei gedrückter Strg + ⇧ -Taste nach unten verschieben.

6 Reduzieren Sie bei Bedarf die Höhe der Form, indem Sie den unteren mittleren Markierungspunkt etwas nach oben verschieben.

Beim Konvertieren in Formen wird zunächst ein gruppiertes Objekt erstellt. Platzhaltertexte werden entfernt.

Die ⇧ -Taste bewirkt beim Verschieben, dass das Objekt in gerader Linie verschoben wird. Mit der Strg -Taste erzeugen Sie beim Verschieben gleichzeitig eine Kopie des Objekts.

Nach dem Konvertieren stehen die SmartArt-Tools nicht mehr zur Verfügung – Sie bearbeiten jetzt ja ein Zeichnungsobjekt.

HINWEIS   **HINWEIS**   **HINWEIS**

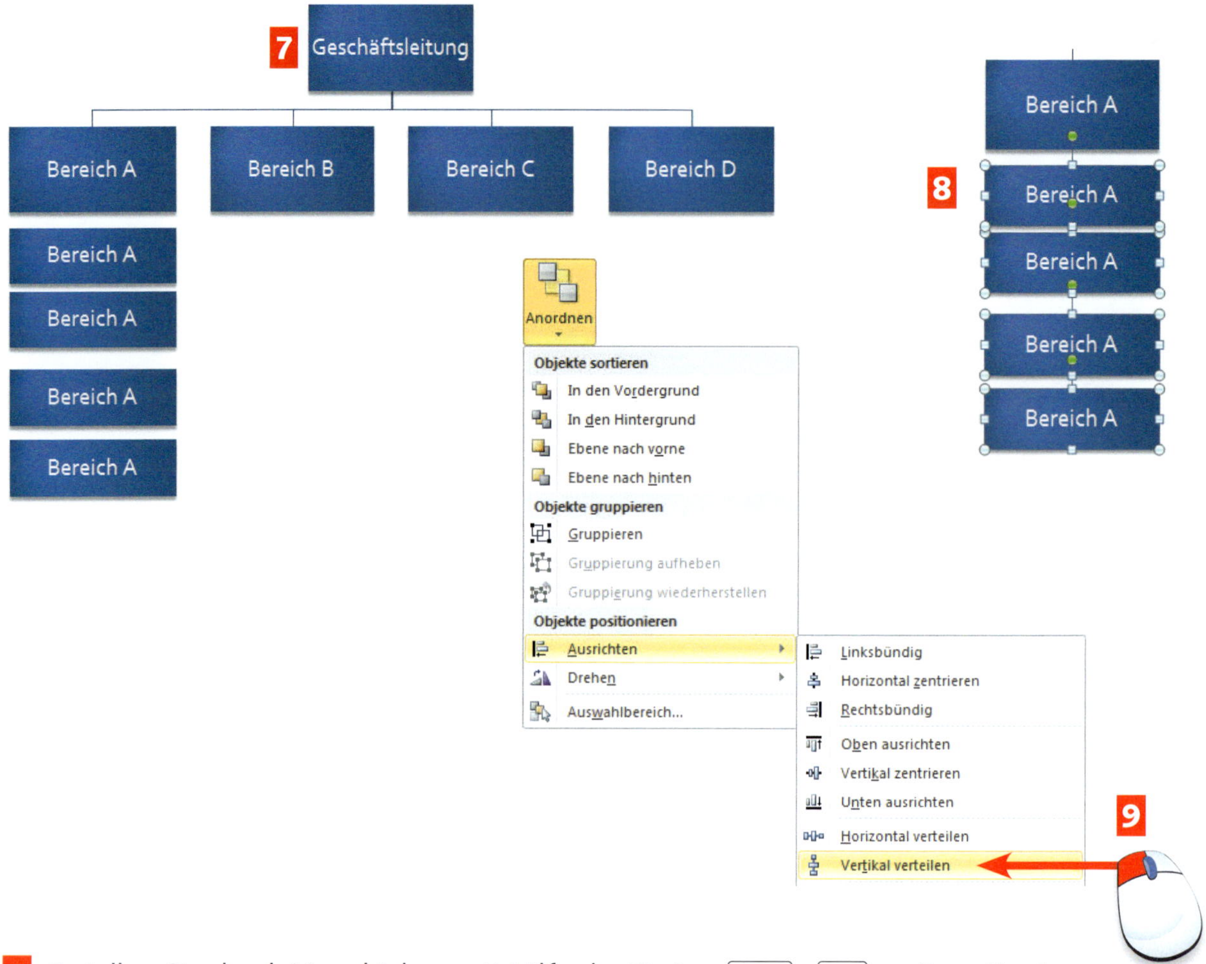

7 Geschäftsleitung

Bereich A · Bereich B · Bereich C · Bereich D

Bereich A

Bereich A

Bereich A

Bereich A

8 Bereich A

Bereich A

Bereich A

Bereich A

Bereich A

Anordnen

Objekte sortieren
- In den Vordergrund
- In den Hintergrund
- Ebene nach vorne
- Ebene nach hinten

Objekte gruppieren
- Gruppieren
- Gruppierung aufheben
- Gruppierung wiederherstellen

Objekte positionieren
- Ausrichten
- Drehen
- Auswahlbereich...

Ausrichten:
- Linksbündig
- Horizontal zentrieren
- Rechtsbündig
- Oben ausrichten
- Vertikal zentrieren
- Unten ausrichten
- Horizontal verteilen
- Vertikal verteilen **9**

7 Erstellen Sie durch Verschieben mit Hilfe der Tasten ⟨Strg⟩+⟨⇧⟩ weitere Kopien.

8 Markieren Sie alle Kopien, indem Sie eine Form nach der anderen bei gedrückter ⟨⇧⟩-Taste anklicken.

9 Wählen Sie *Anordnen/Ausrichten/Vertikal verteilen*.

Das manuelle Positionieren von Folienobjekten ist mühsam. PowerPoint stellt für solche Aufgaben gleich mehrere Hilfsmittel zur Verfügung: Tastaturhilfen, Befehle zum Ausrichten und Verteilen sowie „intelligente" Hilfslinien.

WISSEN

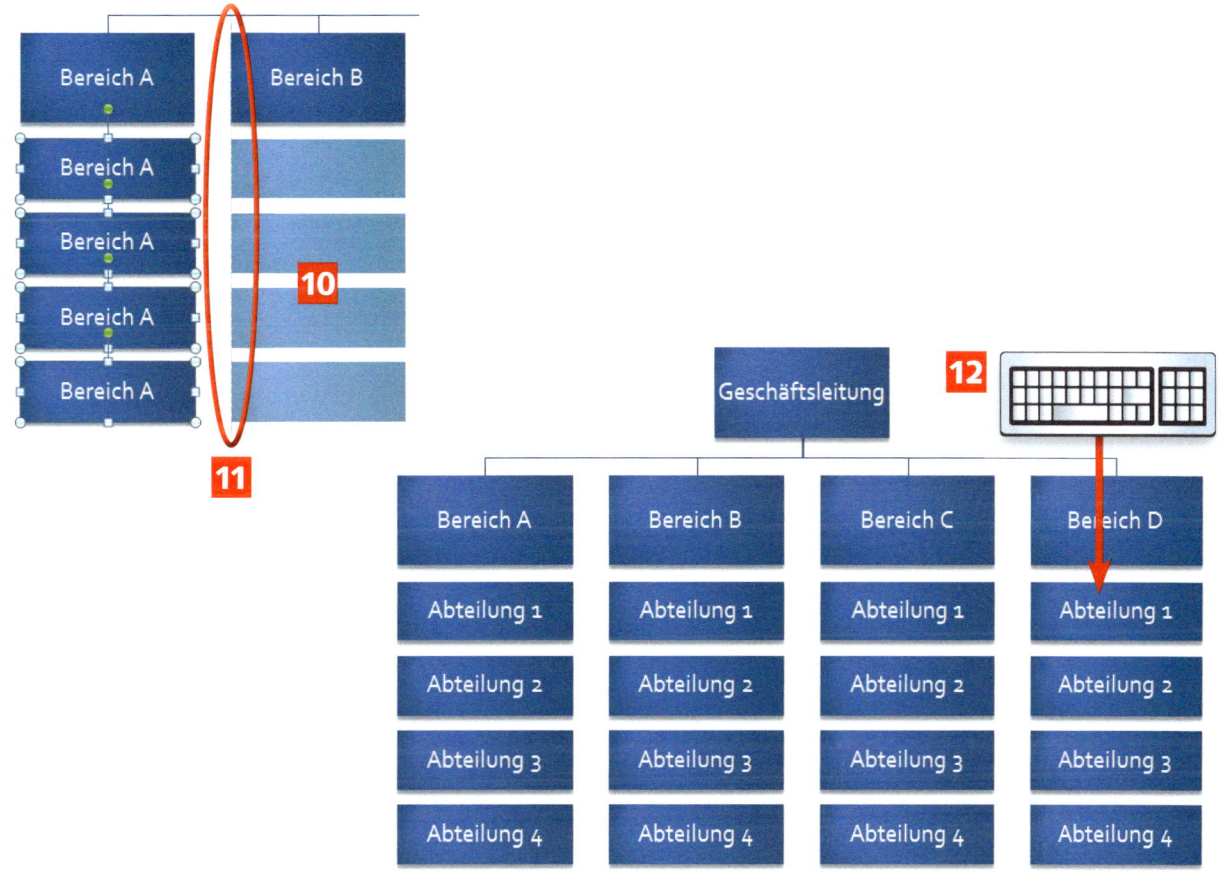

10 Verschieben/Kopieren Sie die immer noch markierten Objekte wieder mit den Tasten `Strg`+`⇧` nach rechts unter die bereits vorhandene Form für die zweite Verzweigung.

11 Achten Sie beim Verschieben auf die Hilfslinien, die PowerPoint einblendet. Lassen Sie die Maus los, wenn die Hilfslinien Ihnen anzeigen, dass die kopierten Objekte bündig unter der darüber angeordneten Form liegen.

12 Geben Sie die Beschriftung direkt in die Formen ein.

Ende

TIPP

Passen Sie vor dem Kopieren die Schriftgröße in den aus der Smart-Art erzeugten Formen an. In der Regel ist ein viel zu hoher Schriftgrad aktiv, den die kopierten Formen ebenfalls übernehmen.

FACHWORT

Beim Verschieben von Objekten blendet Power-Point **Hilfslinien** ein, die die Position der Ränder sowie den Mittelpunkt von benachbarten Objekten anzeigen.

HINWEIS

Über *Anordnen/Ausrichten/Verteilen* werden gleichmäßige Abstände zwischen den markierten Objekten erzeugt.

Zeichnen mit PowerPoint

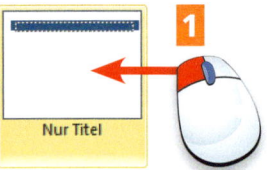

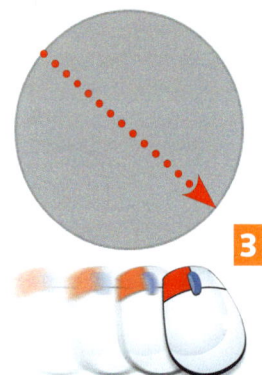

1 Fügen Sie eine *Neue Folie* mit dem Layout *Nur Titel* in Ihre Präsentation ein.

2 Wählen Sie aus den *Formen* die *Ellipse* per Klick auf das Symbol aus. Der Mauszeiger ändert sich daraufhin in ein Fadenkreuz.

3 Klicken Sie auf die Folie und halten Sie die Maustaste gedrückt. Halten Sie zusätzlich die Taste ⇧ gedrückt und ziehen Sie die Maus, bis der Kreis die gewünschte Größe hat.

SmartArt-Grafiken können zwangsläufig nicht für alle Präsentationsaufgaben die geeignete Abbildung bereitstellen. Individuelle Lösungen erstellen Sie durch Zusammensetzen gezeichneter Formen.

WISSEN

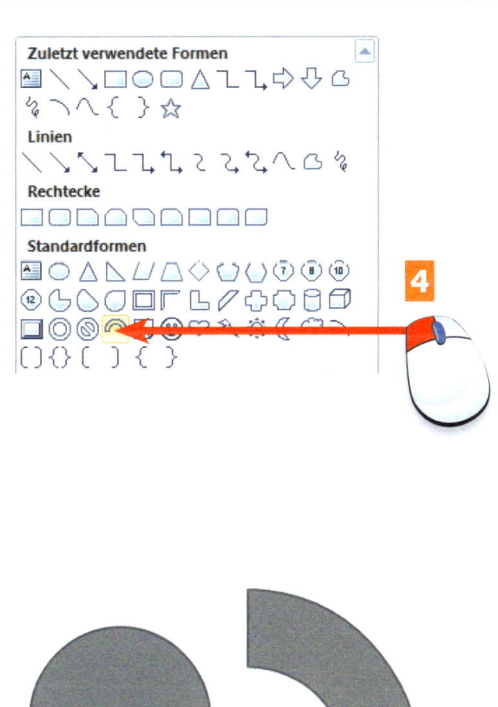

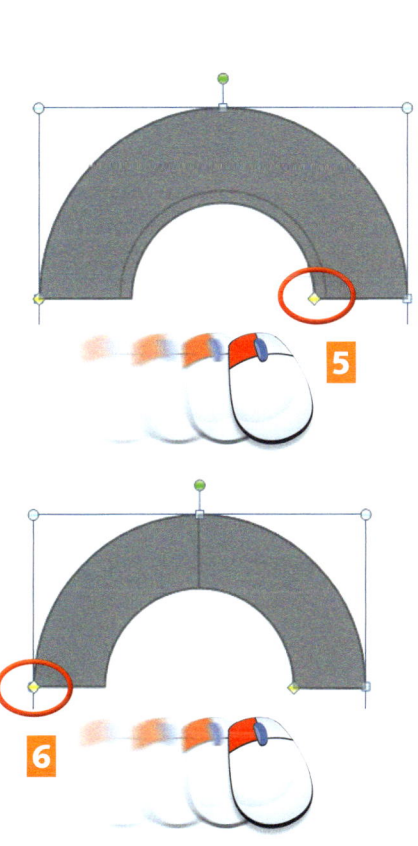

4 Zeichnen Sie in gleicher Weise den *Halbbogen* aus den Standardformen auf die Folie.

5 Ziehen Sie den rechten *Formkorrekturpunkt* in gerader Linie nach rechts, um den Innendurchmesser des Bogens zu erhöhen.

6 Ziehen Sie den linken *Formkorrekturpunkt* nach oben, bis er über dem mittleren oberen Markierungspunkt liegt.

7 Diese beiden Objekte sollten jetzt auf Ihrer Folie vorhanden sein.

Ende

Beim Ziehen von Formkorrekturpunkten gibt es keine Unterstützung durch die Tastatur – hier sind Sie auf eine ruhige „Maushand" angewiesen.

Wenn beim Markieren einer Form kleine gelbe Rauten zu sehen sind, können Sie durch Ziehen dieser **Formkorrekturpunkte** das Aussehen der Form verändern.

Beim Zeichnen von Formen bewirkt das Drücken der ⇧-Taste, dass Objekte mit gleicher Breite und Höhe, also Quadrate, Kreise usw., entstehen.

HINWEIS   **FACHWORT**   **HINWEIS**

Start

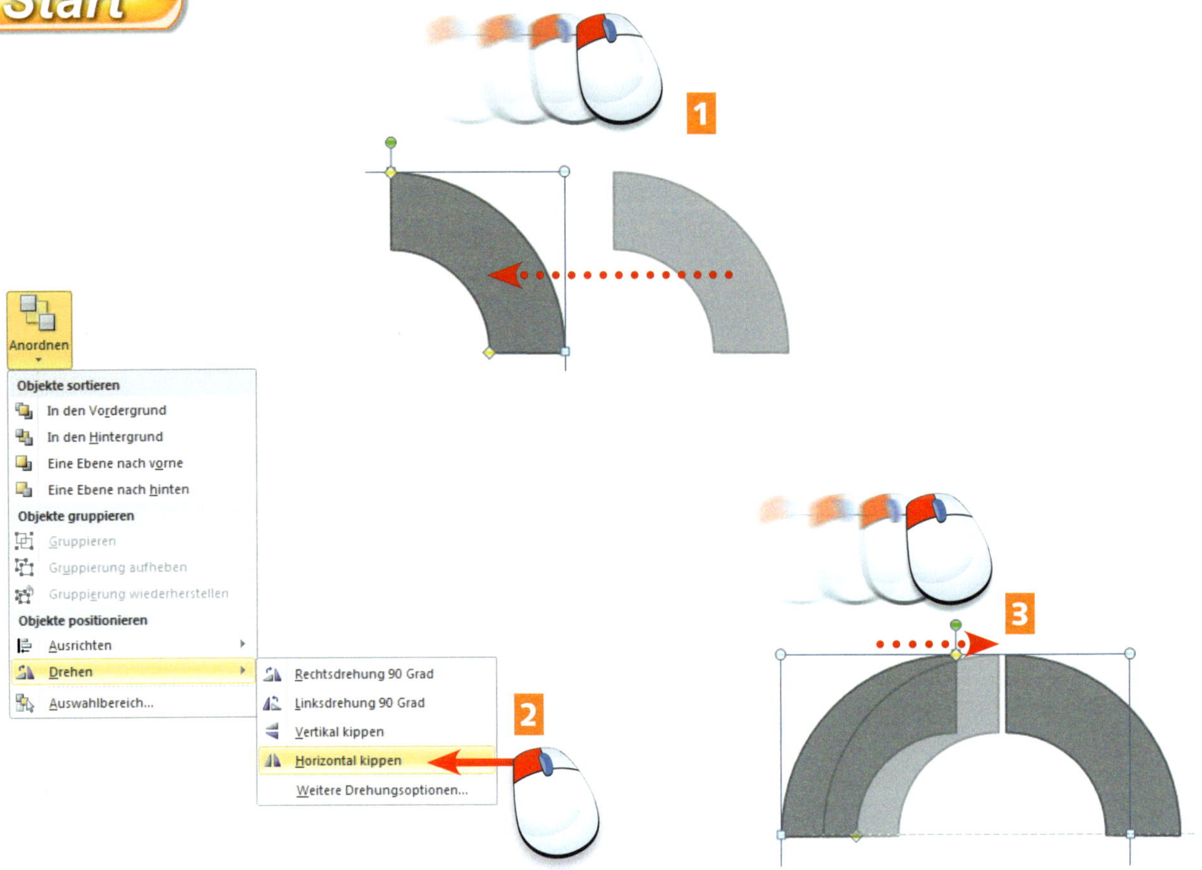

1

2

3

1 Kopieren Sie den Bogen, indem Sie ihn nach links schieben und gleichzeitig die Tasten `Strg`+`⇧` gedrückt halten.

2 Spiegeln Sie den kopierten Bogen über *Anordnen/Drehen/Horizontal kippen*.

3 Schieben Sie die gespiegelte Kopie nach rechts, bis die Kopie mit einem kleinen Abstand neben dem ersten Bogen liegt. Halten Sie auch dieses Mal beim Verschieben die Taste `⇧` gedrückt.

Wenn Sie eine Form auf der Folie markieren, wird im Menüband die Registerkarte *Format/Zeichentools* angezeigt. Sie enthält die gleichen Befehle wie die Gruppe *Zeichnung* der Registerkarte *Start* sowie zusätzlich die Befehle *Form bearbeiten*, die *WordArt-Formate* und die Gruppe *Größe*.

WISSEN

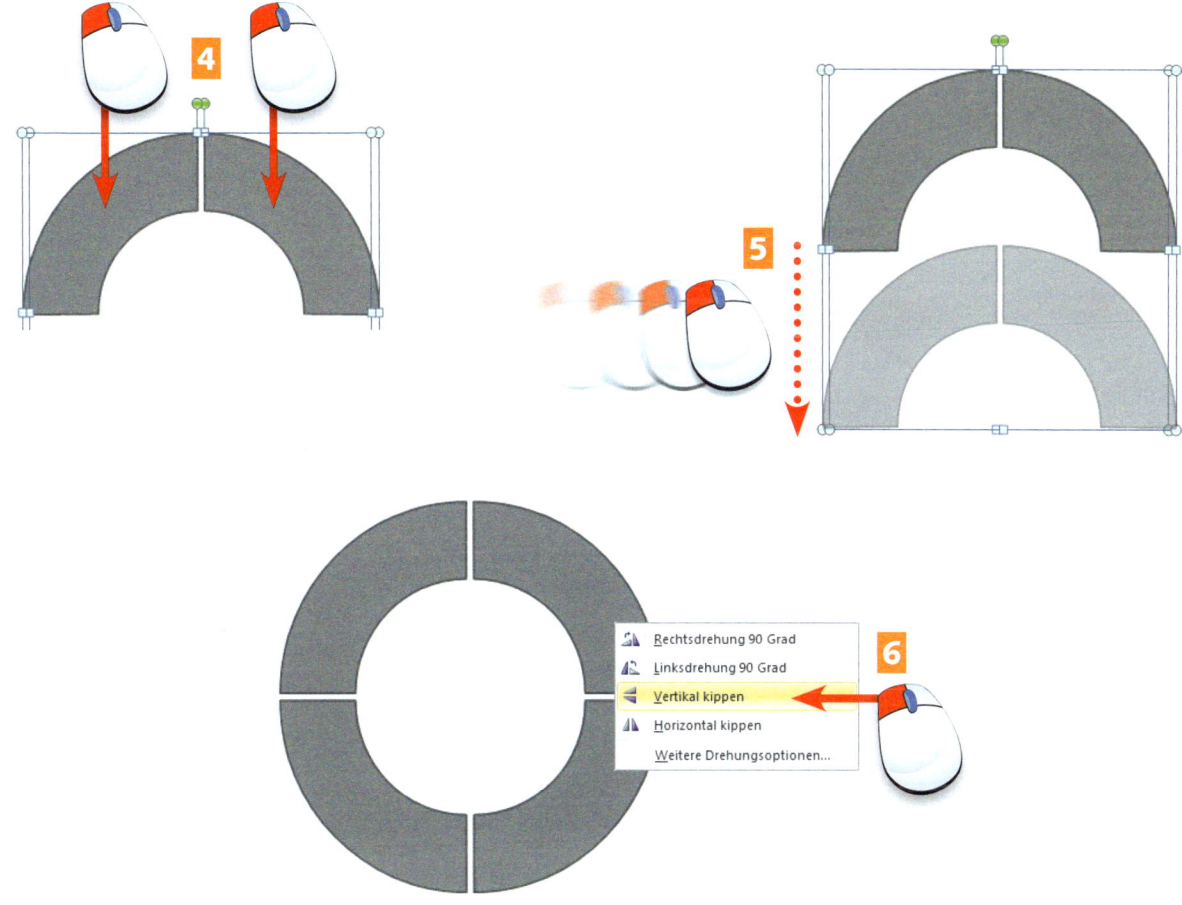

4 Markieren Sie beide Bögen, indem Sie einen nach dem anderen anklicken und gleichzeitig die ⇧ -Taste drücken.

5 Verschieben Sie die beiden Objekte nach unten und halten Sie wiederum die Tasten
Strg + ⇧ gedrückt.

6 Wählen Sie *Anordnen/Drehen/Vertikal kippen* und ordnen Sie die gekippten Kopien
mit einem kleinen Abstand unterhalb der Originale an.

Beim Verschieben von Objekten bewirkt die ⇧ -Taste, dass
das Objekt nur in exakt gerader
Linie horizontal oder vertikal
verschoben werden kann.

Beim Markieren von Objek-
ten bewirkt die ⇧ -Taste,
dass die Auswahl erweitert
und nicht ersetzt wird.

Die Strg -Taste bewirkt beim
Verschieben, dass gleichzeitig
eine Kopie des Originals
erzeugt wird. Das Original
bleibt an seiner ursprünglichen
Position.

HINWEIS   **HINWEIS**   **HINWEIS**

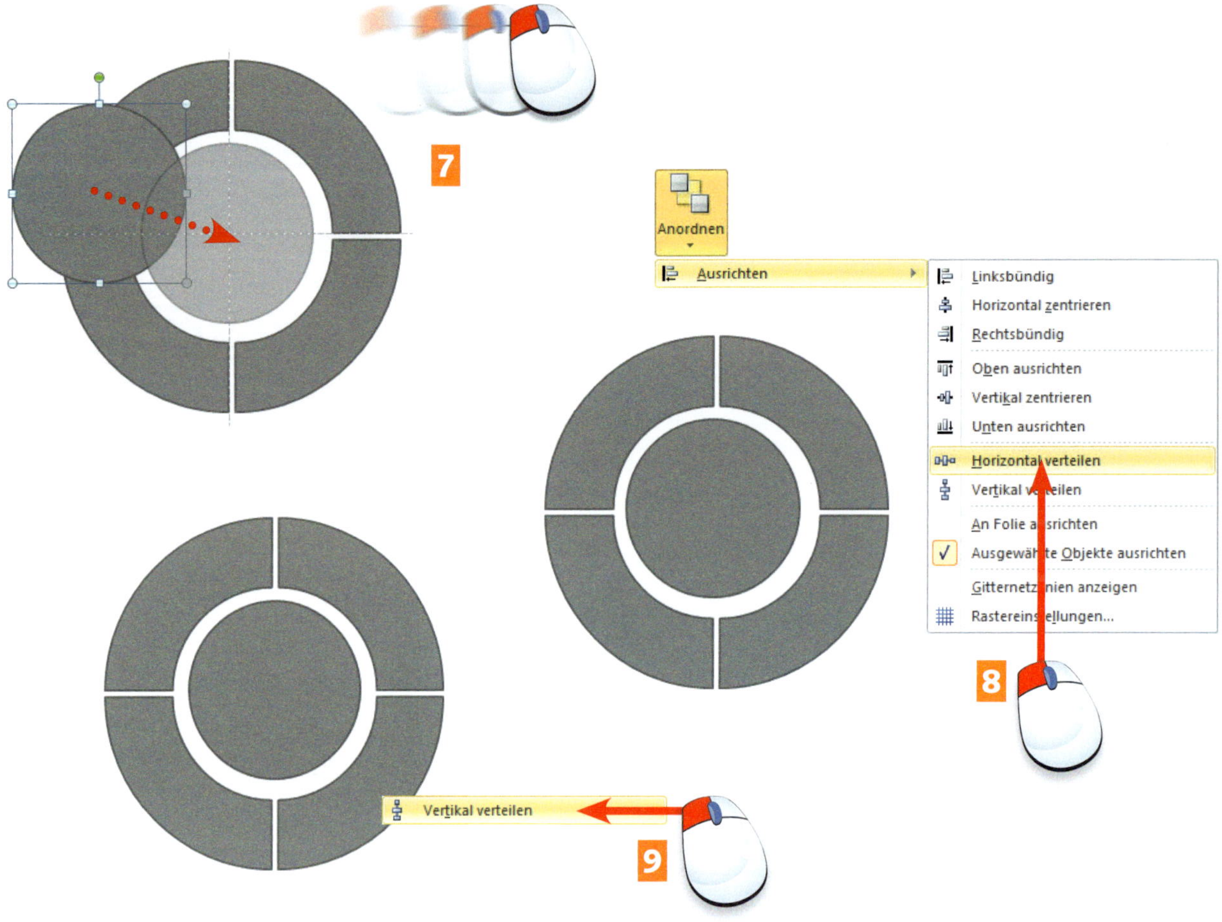

Anordnen

	Ausrichten				
				Linksbündig
				Horizontal zentrieren
				Rechtsbündig
				Oben ausrichten
				Vertikal zentrieren
				Unten ausrichten
				Horizontal verteilen
				Vertikal verteilen
				An Folie ausrichten
			✓	Ausgewählte Objekte ausrichten
				Gitternetzlinien anzeigen
				Rastereinstellungen...

Vertikal verteilen

7 Verschieben Sie den Kreis in das Zentrum der Bögen. Um die zentrierte Ausrichtung müssen Sie sich nicht kümmern, das erledigt PowerPoint im nächsten Schritt automatisch für Sie.

8 Markieren Sie den Kreis und die beiden oberen Bögen. Wählen Sie *Anordnen/Ausrichten/Horizontal verteilen*.

9 Markieren Sie den Kreis und die beiden linken Segmente und wählen Sie *Anordnen/ Ausrichten/Vertikal verteilen*.

Beim horizontalen und vertikalen Verteilen mehrerer Objekte entstehen gleichmäßige Abstände zwischen den Objekten. Die beiden Befehle stehen erst zur Verfügung, wenn mindestens drei Objekte markiert sind.

WISSEN

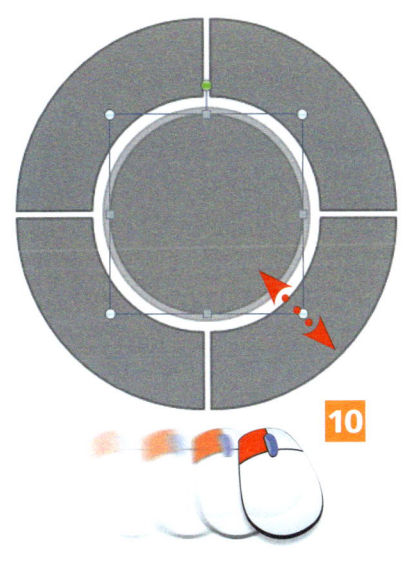

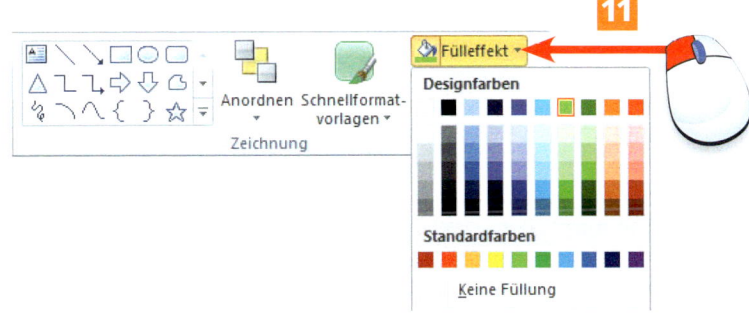

10 Passen Sie bei Bedarf die Größe des Kreises in der Mitte an, indem Sie die Tasten `Strg` + `⇧` gedrückt halten und einen der Eckmarkierungspunkte nach innen oder außen ziehen.

11 Markieren Sie nacheinander den Kreis und die vier Bögen und öffnen Sie jeweils per Klick auf den Pfeil der Schaltfläche *Fülleffekt* die Designfarben.

12 Weisen Sie dem Kreis und den vier Bögen unterschiedliche Farben zu, indem Sie auf das jeweilige Farbfeld in den Designfarben klicken.

Wenn Sie die Rahmenlinien von Objekten entfernen möchten, rufen Sie per Klick auf den Pfeil der Schaltfläche *Formkontur* den Befehl *Kein Rahmen* auf.	Wenn Sie Probleme haben, die richtige Größe zu treffen, ist das Raster aktiv. Deaktivieren Sie es vorübergehend, indem Sie zusätzlich zu `Strg` und `⇧` die `Alt`-Taste drücken.	Beim Vergrößern und Verkleinern bewirkt die `Strg`-Taste, dass das Objekt aus der Mitte heraus angepasst wird.
TIPP	**TIPP**	**HINWEIS**

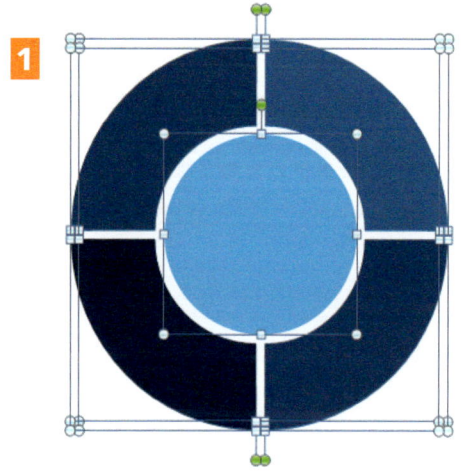

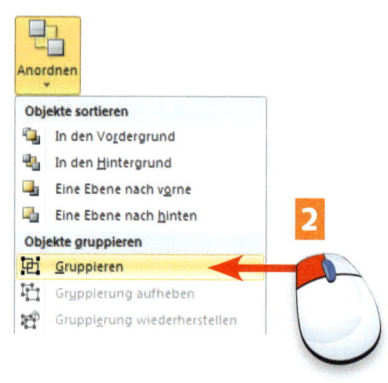

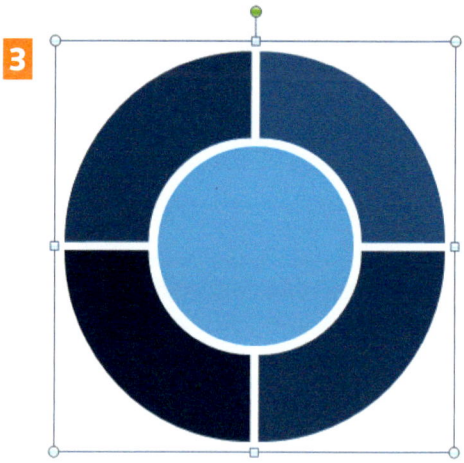

1 Markieren Sie den Kreis und die vier Bögen. Dass alle Formen markiert sind, sehen Sie an der Zahl der Markierungsrahmen bzw. der grünen Punkte.

2 Rufen Sie über *Anordnen* den Befehl *Gruppieren* auf.

3 PowerPoint behandelt den Kreis und die vier Bögen jetzt als einzelnes Objekt: Nur noch ein Markierungsrahmen wird angezeigt.

Gruppierte Objekte können Sie beliebig verschieben, vergrößern, verkleinern oder mit 3D-Effekten formatieren, ohne dass die Ausrichtung der Objekte zueinander verloren geht. Formatierungen, die für alle Objekte gelten sollen, können mit nur einem Arbeitsschritt zugewiesen werden.

WISSEN

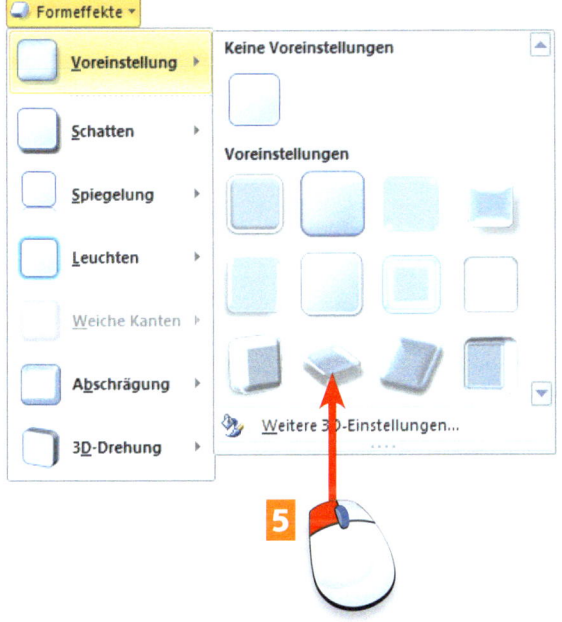

4 Klicken Sie auf *Formeffekte*.

5 Zeigen oder klicken Sie mit der Maus auf den Befehl *Voreinstellung*.

6 PowerPoint blendet daraufhin eine Auswahl von Effektkombinationen ein. Weisen Sie die *Voreinstellung 10* zu.

Ende

Über *Gruppierung aufheben* können Sie eine Gruppierung wieder in ihre Einzelteile zerlegen.

Die Bestandteile einer Gruppierung können Sie ohne Aufheben der Gruppierung bearbeiten, indem Sie zuerst in die Gruppierung und dann auf das gewünschte Objekt klicken.

Wenn Sie die Gruppierung eines Objekts mit 3D-Drehung aufheben, geht die perspektivisch korrekte Ausrichtung der Objekte zueinander verloren.

HINWEIS   **HINWEIS**   **HINWEIS**

Start

Titel durch Klicken hinzufügen

▪ Text durch Klicken hinzufügen

Titel durch Klicken hinzufügen

9,20

1 Fügen Sie eine neue Folie mit dem Layout *Titel und Inhalt* ein.

2 Blenden Sie mit ⟨Alt⟩+⟨F9⟩ die Führungslinien ein.

3 Erstellen Sie eine Kopie der vertikalen Führungslinie. Halten Sie dazu die ⟨Strg⟩-Taste gedrückt und ziehen Sie die Führungslinie auf eine der Begrenzungslinien des Platzhalters. Lassen Sie erst die Maus und dann die ⟨Strg⟩-Taste los.

Beim Zeichnen können Sie nicht auf Layouts zurückgreifen, die für die Einhaltung einheitlicher Abstände zum Rand und zum Folientitel sorgen. Mit Führungslinien kennzeichnen Sie auf Folien mit Zeichnungen den Layoutbereich Ihrer Präsentation. Einmal eingerichtet, werden die Führungslinien auf allen Folien angezeigt.

WISSEN

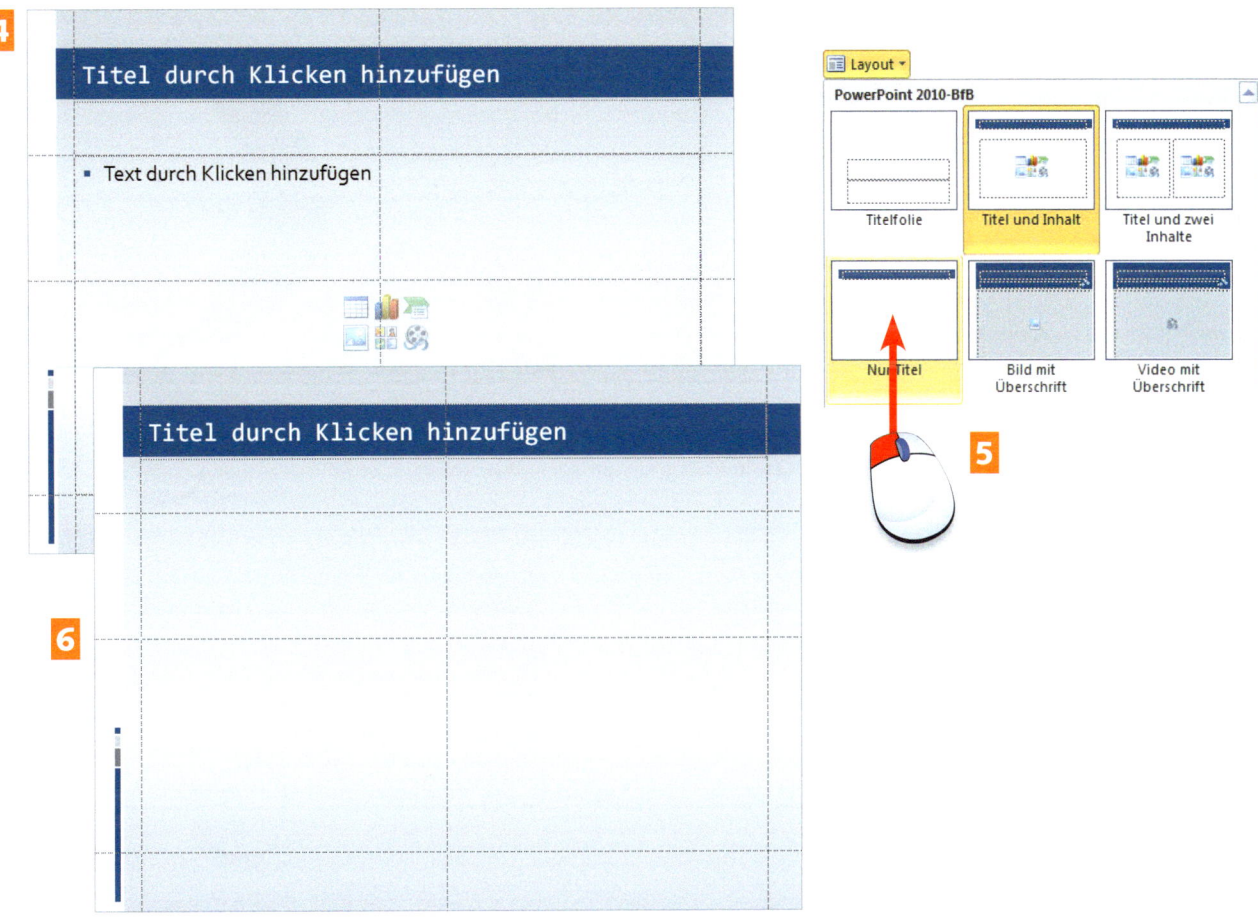

4 Erstellen Sie in gleicher Weise weitere Kopien der Führungslinien, bis alle vier Seiten des Platzhalters markiert sind.

5 Danach benötigen Sie den Platzhalter nicht mehr. Ändern Sie das Layout der Folie, indem Sie auf die Schaltfläche *Layout* klicken und das Layout *Nur Titel* wählen.

6 Beim Zeichnen sehen Sie jetzt anhand der Führungslinien, wo die Randbereiche der Folie liegen. Wenn Sie die Führungslinien nicht benötigen, blenden Sie sie mit [Alt]+[F9] wieder aus.

Ende

TIPP

Nicht benötigte Führungslinien entfernen Sie, indem Sie sie über den Rand der Folie hinaus verschieben.

HINWEIS

Führungslinien wirken wie Magnete. Wenn Sie Objekte ausrichten und sich eine Führungslinie in der Nähe befindet, wird das Objekt an der Linie ausgerichtet.

HINWEIS

Wenn Sie eine Führungslinie verschoben haben, können Sie sie nur manuell wieder neu ausrichten. Der Befehl *Rückgängig* funktioniert nicht mit verschobenen Führungslinien.

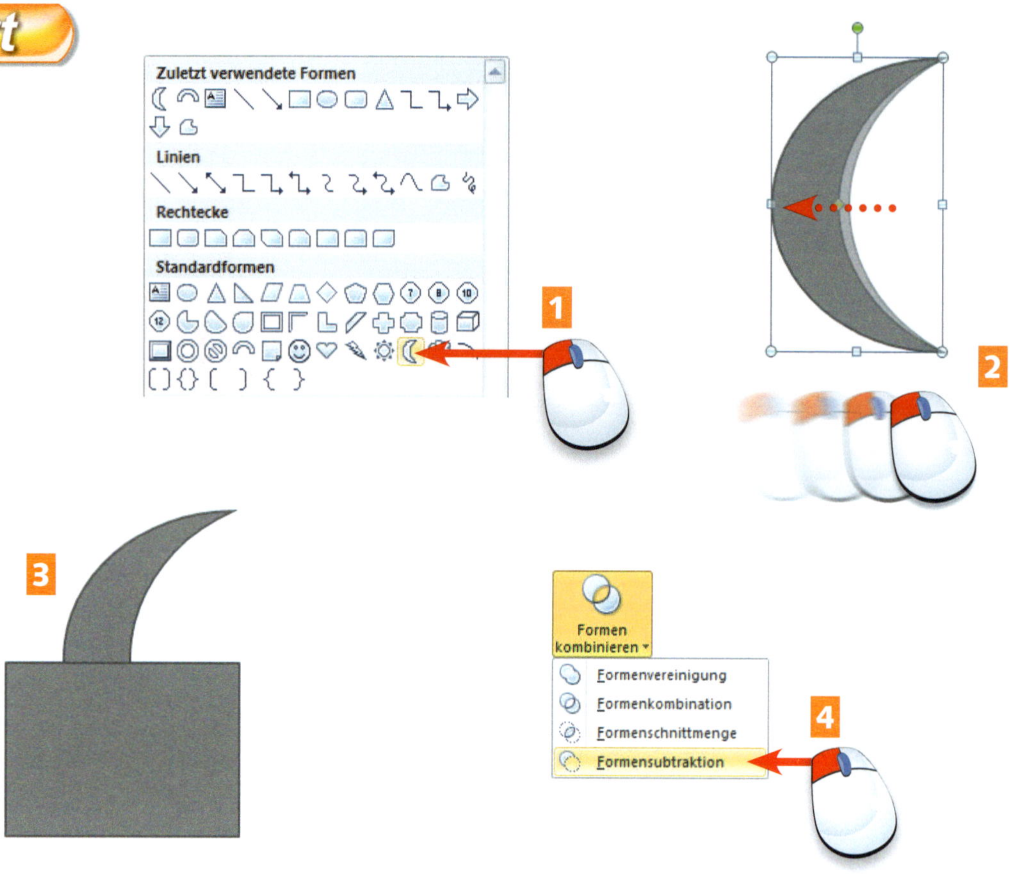

1. Zeichnen Sie den *Mond* aus den Standardformen auf die Folie.

2. Ziehen Sie den Mond bei Bedarf am gelben *Formkorrekturpunkt* breiter oder schmäler.

3. Zeichnen Sie ein *Rechteck* auf die Folie und ordnen Sie es über dem Mond an. Der Teil des Monds, der entfernt werden soll, muss vom Rechteck vollständig abgedeckt sein.

4. Markieren Sie zuerst den Mond, dann das Rechteck. Wählen Sie *Formen kombinieren/Formensubtraktion*.

Mit den Befehlen *Formen kombinieren* können Sie Formen zuschneiden und verschmelzen. Die Befehle sind voreingestellt nicht in das Menüband integriert. Um sie zu nutzen, müssen Sie sie – wie in Kapitel 2 beschrieben – auf der Schnellzugriffsleiste oder in einer eigenen Gruppe im Menüband ablegen.

WISSEN

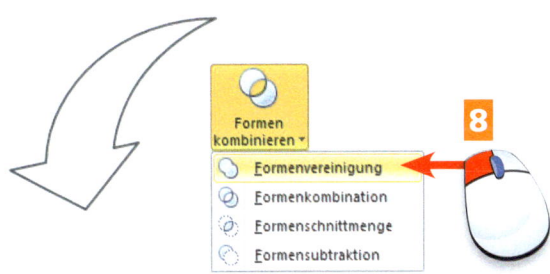

5 Zeichnen Sie ein *Gleichschenkliges Dreieck* auf die Folie.

6 Ziehen Sie am grünen Drehpunkt, bis das Dreieck in etwa auf dem Kopf steht.

7 Ordnen Sie das Dreieck so am zugeschnittenen Mond an, dass beide Formen etwas überlappen.

8 Wählen Sie *Formen kombinieren/Formenvereinigung*.

HINWEIS	TIPP	HINWEIS
Bei der *Formensubtraktion* kommt es auf die Reihenfolge an, in der Sie markieren. Das Objekt, das Sie als Erstes markieren, wird zugeschnitten. Das zweite Objekt wird beim Zuschneiden entfernt.	Wenn Sie Objekte um exakt 180 Grad drehen möchten, halten Sie beim Drehen die ⇧-Taste gedrückt.	Anders als beim Gruppieren gehen bei der Formenvereinigung die einzelnen Objekte verloren.

Start

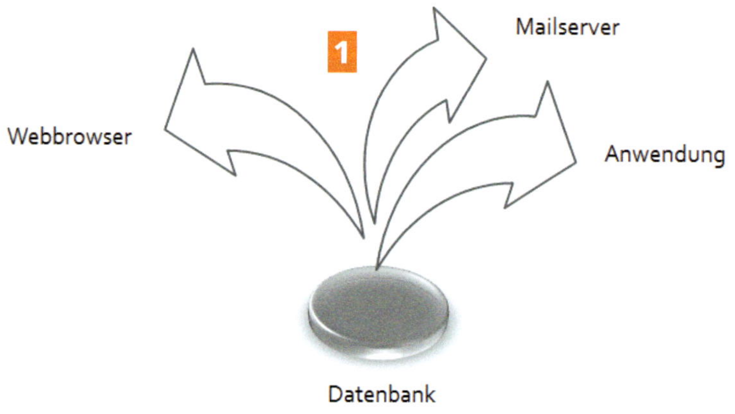

Mailserver

1

Webbrowser

Anwendung

Datenbank

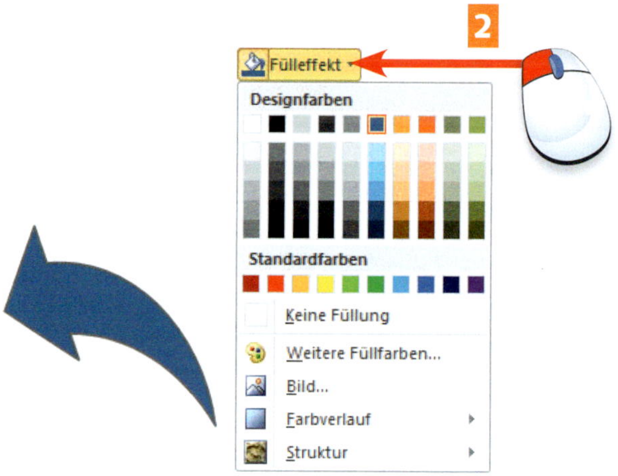

2

Fülleffekt

Designfarben

Standardfarben

Keine Füllung

Weitere Füllfarben...

Bild...

Farbverlauf ▸

Struktur ▸

1 Ordnen Sie die im letzten Abschnitt erstellten Pfeile zum Schaubild an, indem Sie sie drehen, spiegeln und vergrößern oder verkleinern.

2 Um einen Farbverlauf zuzuweisen, wählen Sie zunächst über *Fülleffekt* die Grundfarbe für den Verlauf aus.

In den *Fülleffekten* stehen Voreinstellungen für Farbverläufe zur Verfügung, die auf der Füllfarbe des Objekts basieren. Die Schnellformatvorlagen enthalten neben Fülleffekten auch Voreinstellungen für die Rahmenlinie und Grafikeffekte. Welche Farbverläufe und Effekte in den Schnellformatvorlagen verfügbar sind, hängt vom Design ab.

WISSEN

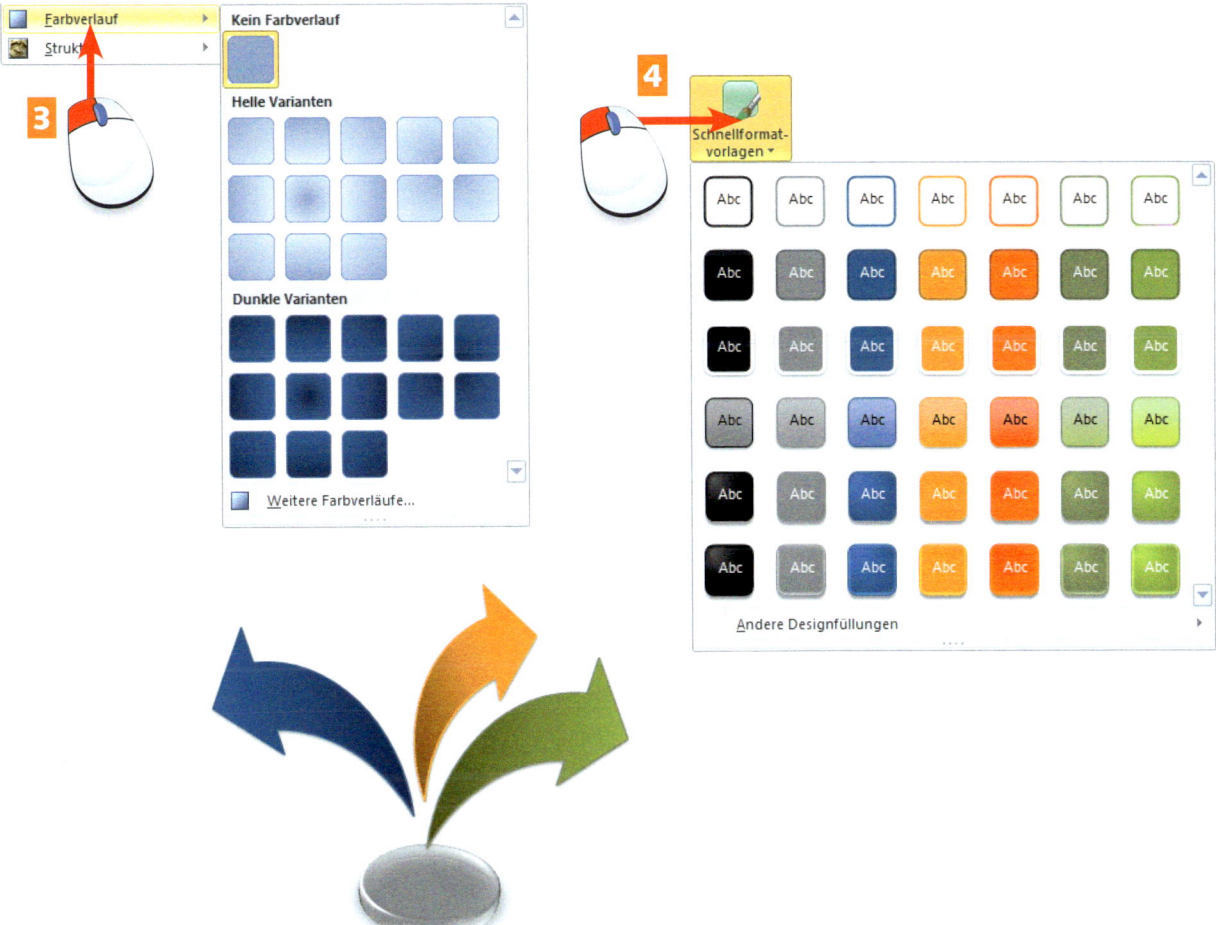

3 Rufen Sie erneut die *Fülleffekte* auf und zeigen Sie mit der Maus auf *Farbverlauf*. PowerPoint blendet dann einen Katalog ein, in der Sie aus hellen und dunklen Farbverlaufsvarianten wählen können.

4 Alternativ zu den Farbverlaufsvarianten können Sie aus den *Schnellformatvorlagen* eine Voreinstellung wählen, die nicht nur den Fülleffekt, sondern auch Grafikeffekte wie Schatten definiert.

Ende

Bei der „Datenbank" handelt es sich um einen Kreis, der mit der *Voreinstellung 10* aus den *Formeffekten* formatiert wurde.	Farbverläufe werden mit der Form gedreht. Anhand der Livevorschau sehen Sie, welche der Voreinstellungen die richtige ist.	*Schnellformatvorlagen* enthalten Voreinstellungen für Füll- und Formeffekte sowie die Formkontur. Beim Zuweisen einer Schnellformatvorlage werden alle vorhandenen Formatierungen ersetzt.
HINWEIS	**HINWEIS**	**HINWEIS**

Informationen mit Tabellen strukturieren

1

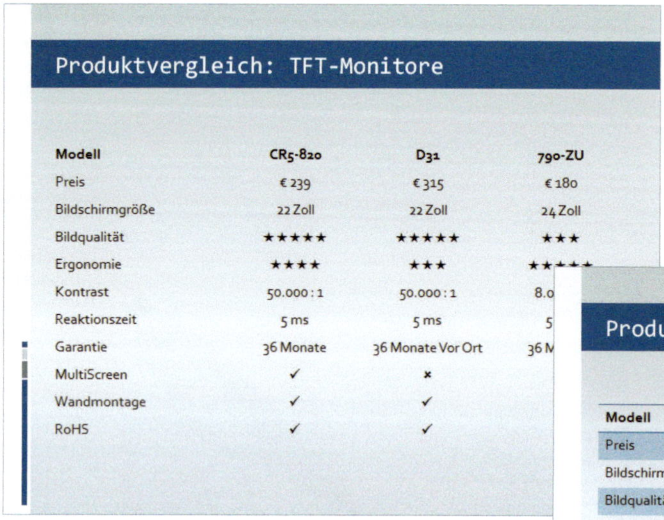

Produktvergleich: TFT-Monitore

Modell	CR5-820	D31	790-ZU
Preis	€ 239	€ 315	€ 180
Bildschirmgröße	22 Zoll	22 Zoll	24 Zoll
Bildqualität	★★★★★	★★★★★	★★★
Ergonomie	★★★★	★★★	★★★★★
Kontrast	50.000 : 1	50.000 : 1	8.0
Reaktionszeit	5 ms	5 ms	5
Garantie	36 Monate	36 Monate Vor Ort	36 M
MultiScreen	✓	✗	
Wandmontage	✓	✓	
RoHS	✓	✓	

Produktvergleich: TFT-Monitore

Modell	CR5-820	D31	790-ZU
Preis	€ 239	€ 315	€ 180
Bildschirmgröße	22 Zoll	22 Zoll	24 Zoll
Bildqualität	★★★★★	★★★★★	★★★
Ergonomie	★★★★	★★★	★★★★★
Kontrast	50.000 : 1	50.000 : 1	8.000 : 1
Reaktionszeit	5 ms	5 ms	5 ms
Garantie	36 Monate	36 Monate Vor Ort	36 Monate
MultiScreen	✓	✗	✗
Wandmontage	✓	✓	✗
RoHS	✓	✓	✗

2

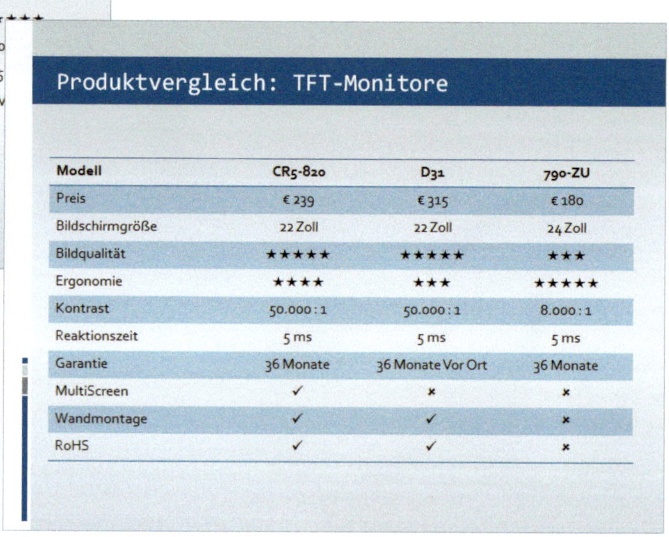

1 Listen mit Tabulatoren zu erstellen oder aus Formen zusammenzusetzen ist echte Fleißarbeit. Hinzu kommt, dass sich spätere Änderungen nur mit großem Aufwand einarbeiten lassen.

2 Einfacher geht's mit Tabellen, die sich mithilfe von Schnellformatvorlagen auch noch per Mausklick übersichtlich formatieren lassen.

Tabellen benötigen Sie immer dann, wenn Sie Informationen in Spalten anordnen möchten. In eine Tabelle können Sie problemlos weitere Zeilen und Spalten einfügen, die Spaltenbreite und Zeilenhöhe automatisch gleichmäßig ausrichten lassen sowie Zellen verbinden oder auch teilen.

WISSEN

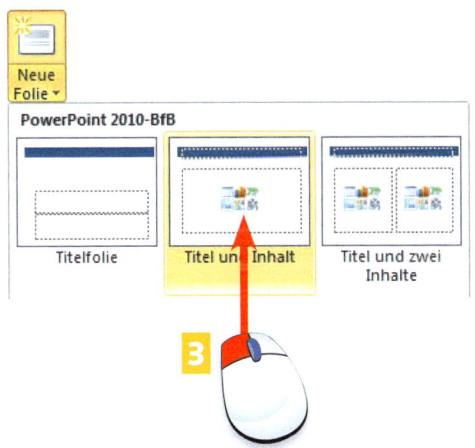

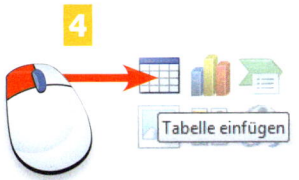

3 Erstellen Sie eine neue Folie mit dem Layout *Titel und Inhalt*.

4 Klicken Sie auf das Symbol für *Tabelle einfügen*.

5 Geben Sie im Dialogfeld *Tabelle einfügen* die Zahl der benötigten Spalten und Zeilen ein.

Die Zahl der Zeilen und Spalten können Sie entweder per Klick auf die Drehfelder anpassen oder durch Überschreiben der voreingestellten Werte über die Tastatur eingeben.	Für die Zeilenhöhe wird ein Standardwert verwendet. Das ist praktisch, wenn mehrere Tabellen aufeinanderfolgen: Die Zeilen sind dann auf allen Folien gleich hoch.	Die Spaltenbreite in Tabellen, die Sie in einen Platzhalter einfügen, wird so angepasst, dass die Tabelle die volle Breite des Platzhalters nutzt.
TIPP	**HINWEIS**	**HINWEIS**

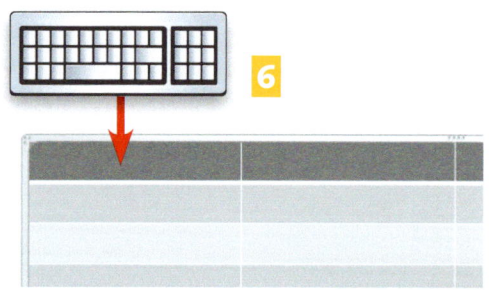

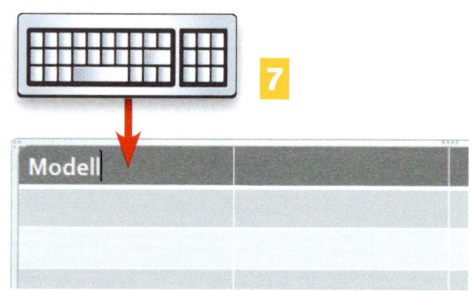

Modell	CR5-820	D31	790-ZU
Preis	€ 239	€ 315	€ 180
Bildschirmgröße	22 Zoll	22 Zoll	24 Zoll
Bildqualität	sehr gut	sehr gut	durchschnittlich
Ergonomie	gut	durchschnittlich	sehr gut
Kontrast	50.000 : 1	50.000 : 1	8.000 : 1
Reaktionszeit	5 ms	5 ms	5 ms
Garantie	36 Monate	36 Monate Vor Ort	36 Monate
MultiScreen	ja	nein	nein

6 Nach dem Einfügen blinkt die Einfügemarke in der ersten Tabellenzelle. Geben Sie Ihren Text ein.

7 Drücken Sie ⇥, um in die nächste Zelle zu springen. Füllen Sie auf diesem Weg eine Zelle nach der anderen aus.

8 Wenn Sie die letzte Zelle ausgefüllt haben und weitere Zeilen benötigen, drücken Sie nochmals ⇥. Die Tabelle wird dann um eine weitere Zeile erweitert.

Beim Einfügen weiterer Zeilen werden Tabellen dynamisch nach unten erweitert. Reicht der Platz nicht aus, läuft die Tabelle über den Platzhalter und ggf. auch über die Folie hinaus. Wie Sie in solchen Fällen die Tabellenstruktur anpassen, lesen Sie im übernächsten Abschnitt.

WISSEN

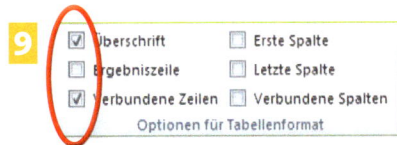

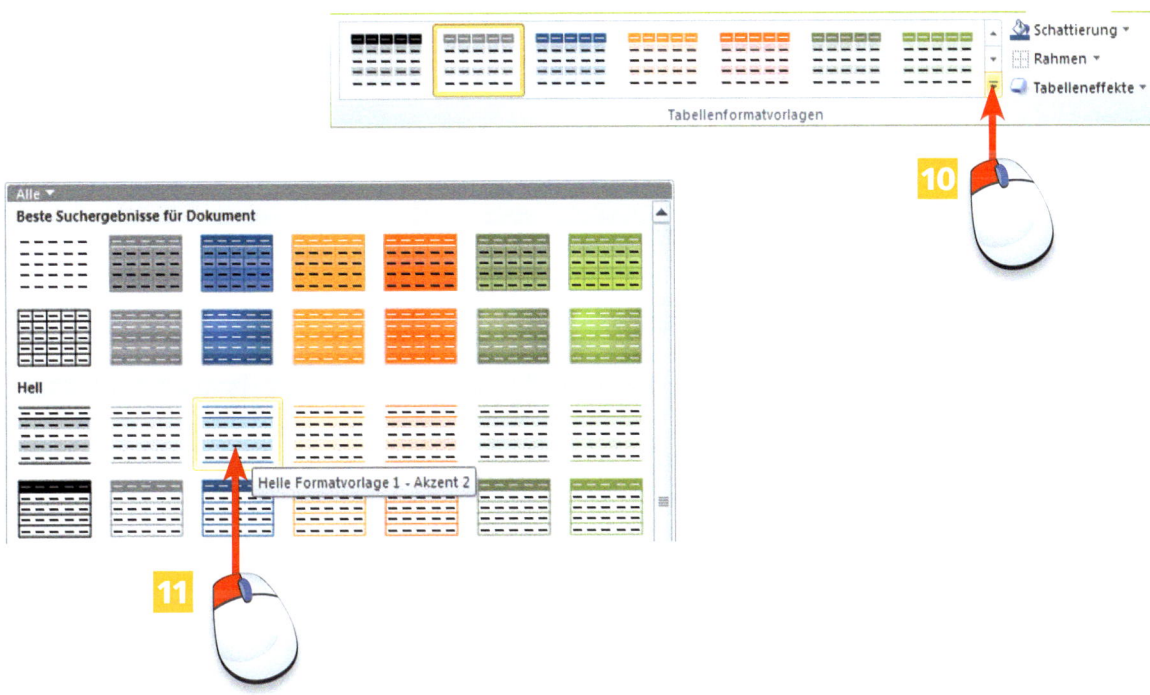

9 Aktivieren Sie auf der Registerkarte *Entwurf/Tabellentools* in den *Optionen für Tabellenformat* die Elemente, für die Sie eine besondere Formatierung benötigen.

10 Öffnen Sie den Katalog mit den *Tabellenformatvorlagen*.

11 Weisen Sie *Helle Formatvorlage 1 – Akzent 2* zu.

Ende

Wie sich die *Optionen für Tabellenformat* auswirken, sehen Sie an den Miniaturansichten der *Tabellenformatvorlagen*.

Ergebniszeile und **Letzte Spalte** benötigen Sie, wenn Sie für Zeilen oder Spalten Summen bilden. **Überschrift** und **Erste Spalte** bedeuten hervorgehobene Formatierungen für Spalten- und Zeilenköpfe.

Verbundene Zeilen bzw. **Verbundene Spalten** bedeutet, dass jede zweite Zeile oder Spalte in einer anderen Farbe formatiert ist.

TIPP **FACHWORT** **FACHWORT**

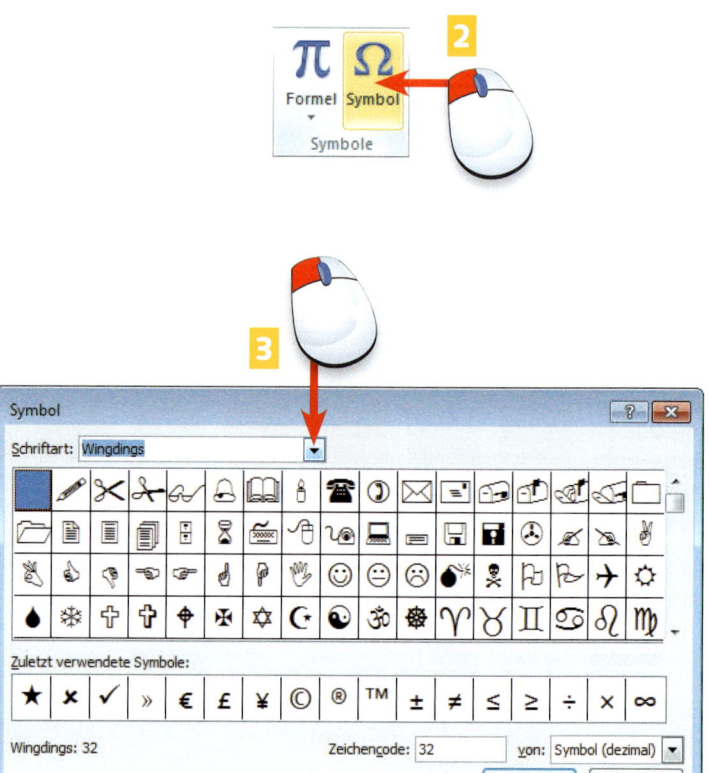

1 Markieren Sie den Text, den Sie durch ein Symbol ersetzen möchten.

2 Klicken Sie auf der Registerkarte *Einfügen* auf *Symbol*.

3 Stellen Sie im gleichnamigen Dialogfeld eine Symbolschrift wie *Wingdings* als *Schriftart* ein.

Je weniger Text eine Folie enthält, desto übersichtlicher wirkt sie. Bewertungen, die Sie in einer Gegenüberstellung vornehmen, oder die Kennzeichnung vorhandener bzw. fehlender Funktionen lassen sich mit Symbolen besser darstellen als durch eine Beschreibung.

WISSEN

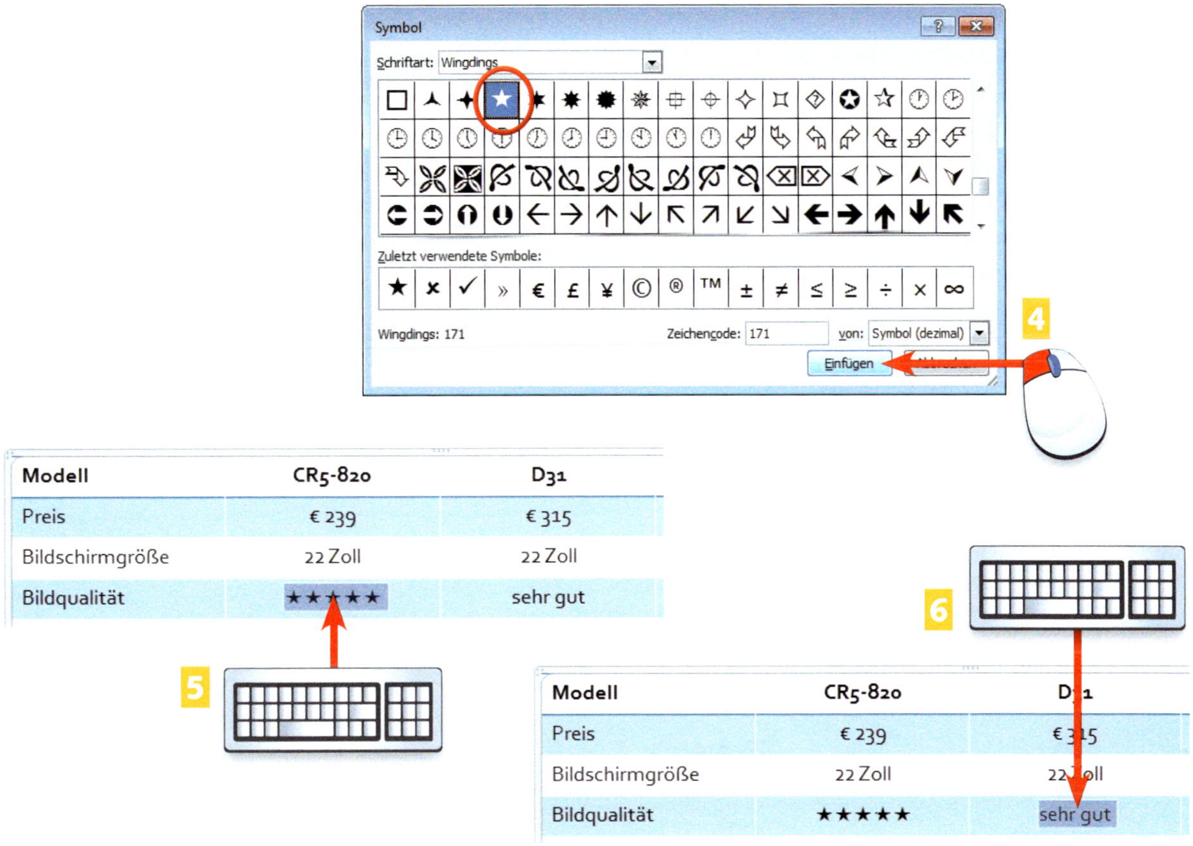

4 Blättern Sie nach unten, um weitere Schriftzeichen zu sehen. Wählen Sie beispielsweise den Stern aus und klicken Sie auf *Einfügen*. Klicken Sie mehrmals auf *Einfügen*, wenn Sie drei, vier oder fünf Sterne vergeben möchten.

5 Wenn Sie die gleichen Symbole in weiteren Zellen benötigen, markieren Sie sie. Drücken Sie Strg + C , um die Symbole zu kopieren.

6 Klicken Sie in eine andere Zelle, markieren und überschreiben Sie den vorhandenen Text, indem Sie die Symbole mit Strg + V einfügen.

Ende

Symbole können nicht nur in Tabellen, sondern auch in Platzhalter, Formen und Textfelder eingefügt werden.	Die Symbole für Ja und Nein finden Sie ebenfalls in der Schriftart *Wingdings*, wenn Sie im Dialogfeld ganz nach unten blättern.	Die korrekte Anzeige von Symbolen ist davon abhängig, dass auf dem Rechner, auf dem die Präsentation gezeigt wird, die verwendete Symbolschrift ebenfalls zur Verfügung steht.
HINWEIS	**TIPP**	**HINWEIS**

Modell	CR5-820
Preis	€ 239
Bildschirmgröße	22 Zoll

1

Modell	CR5-820	D31	790-ZU
Preis	€ 239	€ 315	€ 180

2

3

↕▯ Höhe:	1,03 cm	⇕	▦ Zeilen verteilen
🔲 Breite:		⇕	▦ Spalten verteilen
	Zellengröße		

	CR5-820	D31	790-ZU
Preis	€ 239	€ 315	€ 180
Bildschirmgröße	22 Zoll	22 Zoll	24 Zoll

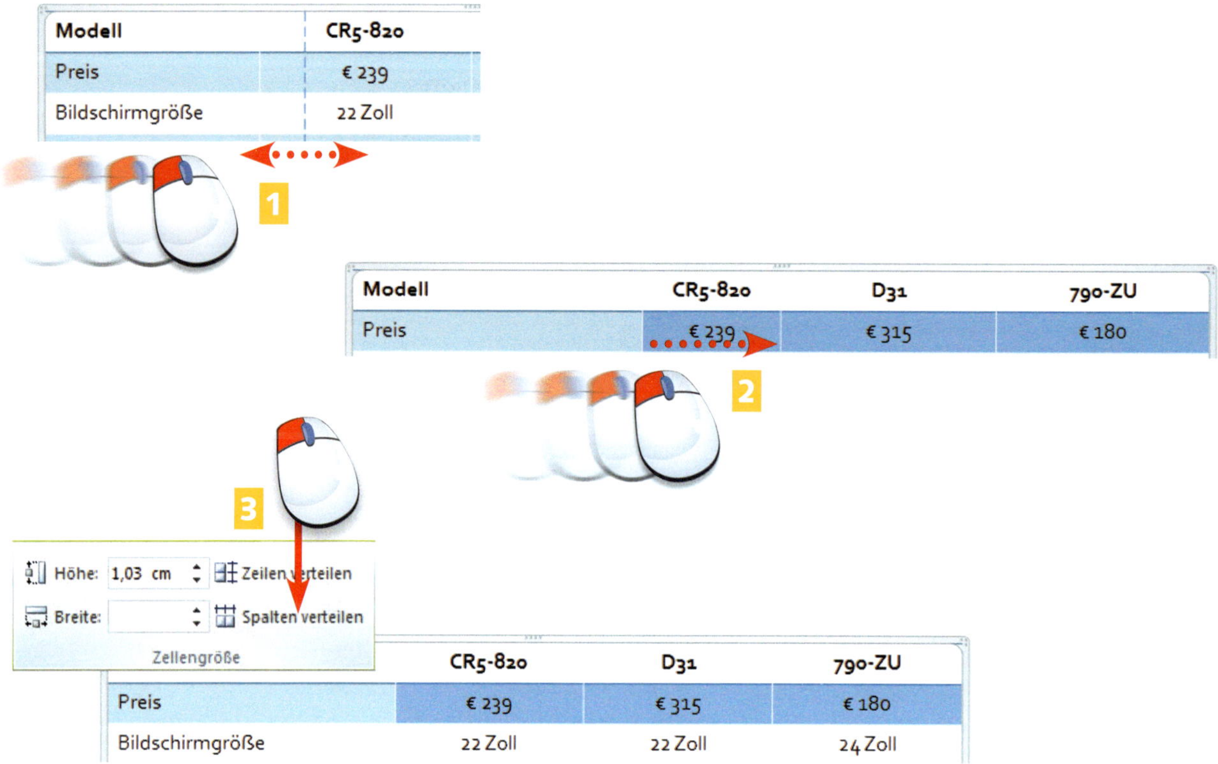

1 Um die Breite einer Spalte anzupassen, zeigen Sie mit der Maus auf die Trennlinie zwischen den Zellen. Wenn sich der Mauszeiger in einen Doppelpfeil ändert, klicken Sie und ziehen die Trennlinie an die gewünschte Position.

2 Um die Breite von Spalten auszugleichen, markieren Sie die betreffenden Zellen einer Zeile.

3 Klicken Sie auf *Spalten verteilen* auf der Registerkarte *Layout/Tabellentools*.

Wenn die Höhe einer Tabellenzeile nicht weiter reduziert werden kann, obwohl eigentlich noch ein Abstand zwischen Text und Zellenrand vorhanden ist, liegt das an den Einstellungen für den Innenrand. Nach dem Verkleinern des Innenrands kann die Zeilenhöhe weiter reduziert werden.

WISSEN

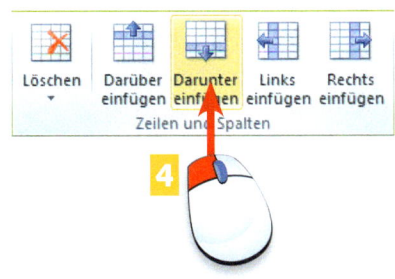

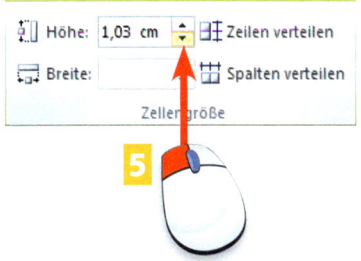

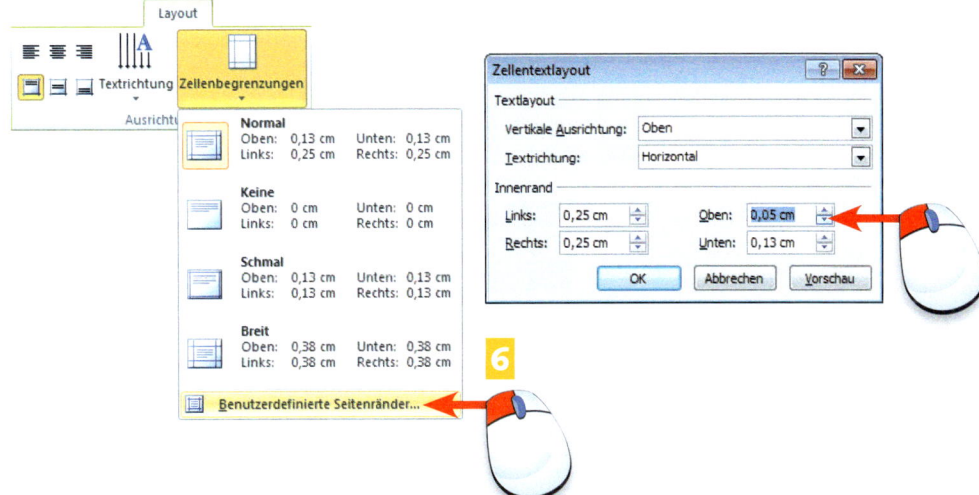

4 Weitere Zeilen und Spalten fügen Sie mit den Befehlen der Gruppe *Zeilen und Spalten* der Registerkarte *Layout/Tabellentools* ein.

5 Wenn der Platz nicht für alle Tabellenzeilen ausreicht, markieren Sie die Tabelle per Klick auf ihren Objektrahmen. Reduzieren Sie anschließend die Zeilenhöhe.

6 Wenn die Reduzierung der Zeilenhöhe nicht ausreicht, rufen Sie über *Zellenbegrenzungen/Benutzerdefinierte Seitenränder* das Dialogfeld *Zellentextlayout* auf und reduzieren die Innenränder.

Wo eine Zeile oder Spalte eingefügt wird, hängt davon ab, wo die Einfügemarke in der Tabelle steht.	Mit den Befehlen der Registerkarte *Entwurf* der *Tabellentools* nehmen Sie die Gestaltung einer Tabelle vor. Auf der Registerkarte *Layout* finden Sie die Befehle zum Bearbeiten der Struktur.	Um Zeilen oder Spalten zu entfernen, klicken Sie auf die Schaltfläche *Löschen* und wählen aus, ob die Zeile oder Spalte gelöscht werden soll.
HINWEIS	**HINWEIS**	**HINWEIS**

1

- Planung
- Kalkulation

- Vorlagen-Entwicklung
- Programmierung

- Installation
- Start der Schulungen

01.04.2010   30.06.2010   15.08.2010

2

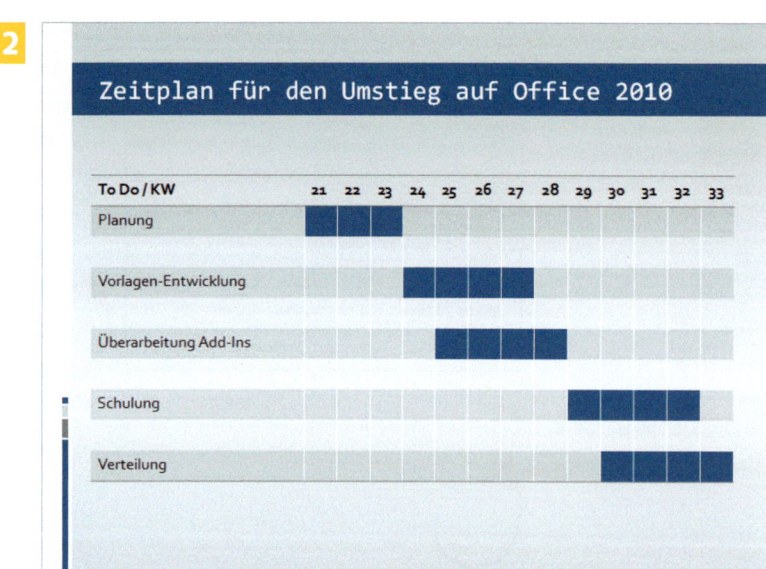

Zeitplan für den Umstieg auf Office 2010

To Do / KW	21	22	23	24	25	26	27	28	29	30	31	32	33
Planung	■	■	■										
Vorlagen-Entwicklung				■	■	■	■						
Überarbeitung Add-Ins					■	■	■	■					
Schulung									■	■	■		
Verteilung										■	■	■	

1 Für einfache Terminübersichten finden Sie in der Kategorie *Prozesse* der *SmartArt-Grafiken* eine große Auswahl unterschiedlichster Layouts.

2 Wenn Sie zeigen möchten, wie viel Zeit für bestimmte Aufgaben zur Verfügung steht und wie diese voneinander abhängen, ist ein sogenanntes Gantt-Diagramm, das Sie recht einfach mit einer Tabelle erstellen können, die bessere Lösung.

In Tabellen wird Text automatisch und ohne Silbentrennung umbrochen, wenn der Platz nicht ausreicht. Um eine Tabelle wie das oben gezeigte Gantt-Diagramm sinnvoll beschriften zu können, müssen Sie vorab die Spaltenbreiten anpassen.

WISSEN

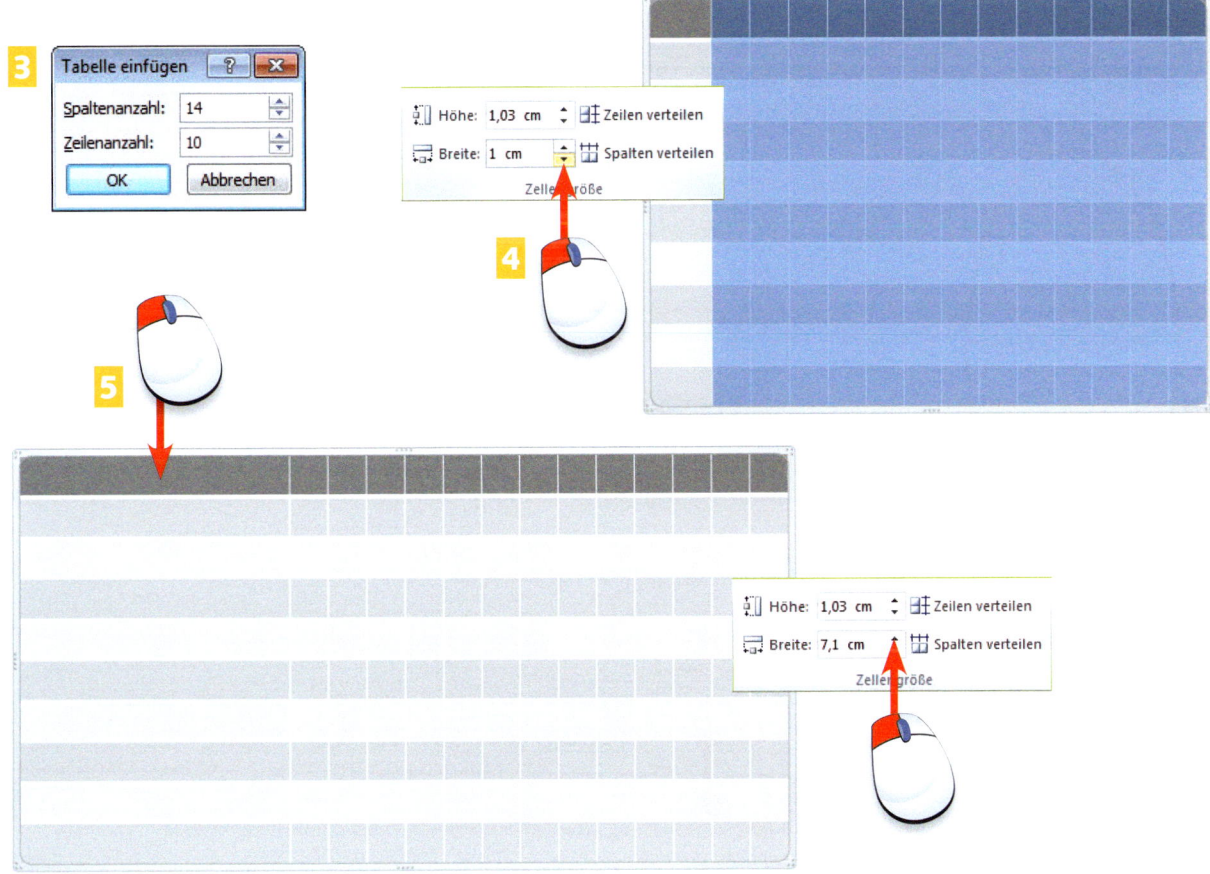

3 Fügen Sie eine neue Tabelle ein. Wählen Sie für die Zahl der Spalten die Zeiteinheiten, die Sie abbilden möchten, plus eine zusätzliche Spalte für die Beschriftung auf der linken Seite.

4 Markieren Sie die Spalten für die Zeiteinheiten und reduzieren Sie ihre Breite.

5 Setzen Sie die Einfügemarke in die Spalte für die Beschriftung und erhöhen Sie die Breite.

Sobald Sie die Breite von Spalten durch Eingabe exakter Werte anpassen, wird die Breite der Tabelle selbst nicht mehr automatisch an den Layoutbereich der Folie angepasst. Dies korrigieren Sie in den nächsten Schritten.

Unter Umständen müssen Sie die Spaltenbreiten und auch die Schriftgröße mehrfach anpassen, bis Sie die optimale Raumaufteilung gefunden haben.

HINWEIS

HINWEIS

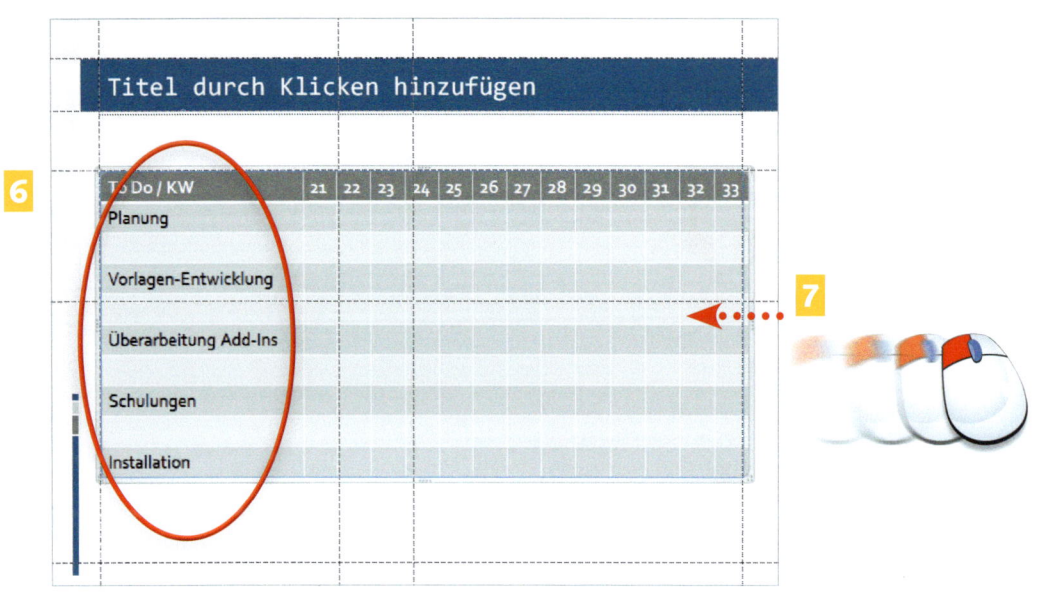

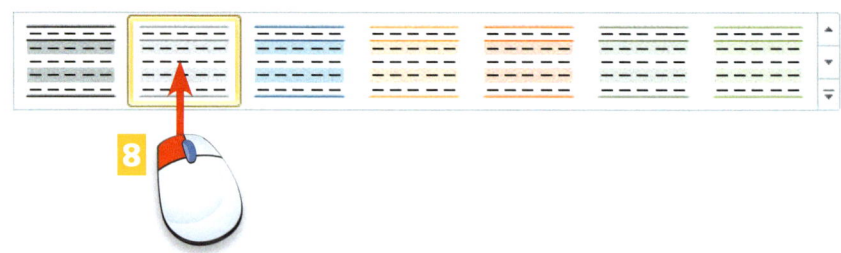

6 Geben Sie die Beschriftung ein und lassen Sie jede zweite Zeile frei.

7 Blenden Sie mit ⎡Alt⎤+⎡F9⎤ die Führungslinien ein. Ziehen Sie den rechten Rand der Tabelle auf die Führungslinie, die den rechten Rand des Layoutbereichs Ihrer Folie kennzeichnet.

8 Weisen Sie der Tabelle die Einstellung *Helle Formatvorlage 1 – Akzent 1* zu.

Beim Einzeichnen von Linien in Tabellen definieren Sie zuerst die Einstellungen für die Linie und wählen dann unter *Rahmen* aus, welche Linien (innen, oben, rechts, unten, links) des markierten Bereichs formatiert werden sollen.

WISSEN

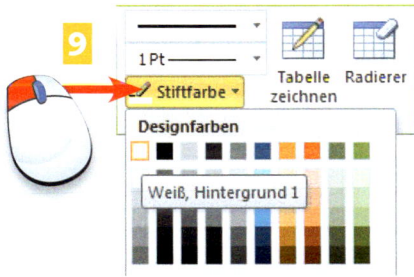

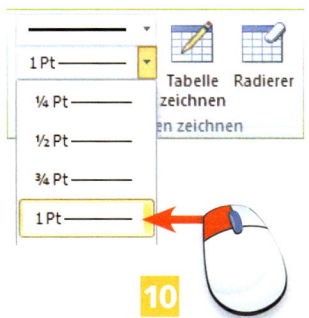

9 Zeichnen Sie als Nächstes vertikale Trennlinien ein. Markieren Sie die Tabelle per Klick auf ihren Rahmen. Klicken Sie auf *Stiftfarbe* und wählen Sie eine Farbe für die Trennlinien aus.

10 Wählen Sie für *Stiftstärke* 1 Pt.

11 Wählen Sie für *Stiftart* die durchgezogene Linie.

Wie Sie Führungslinien als Layouthilfe einsetzen, lesen Sie in Kapitel 5.	Trennlinien sind Hilfslinien, die der Orientierung dienen. Es reicht, wenn sie einen schwachen Kontrast zum Hintergrund der Tabelle haben.	Die Größe der Objektrahmen von Tabellen, SmartArt-Grafiken und Diagrammen passen Sie an, indem Sie an den Eckpunkten oder den Markierungspunkten in der Mitte der Seiten ziehen.
TIPP	**TIPP**	**HINWEIS**

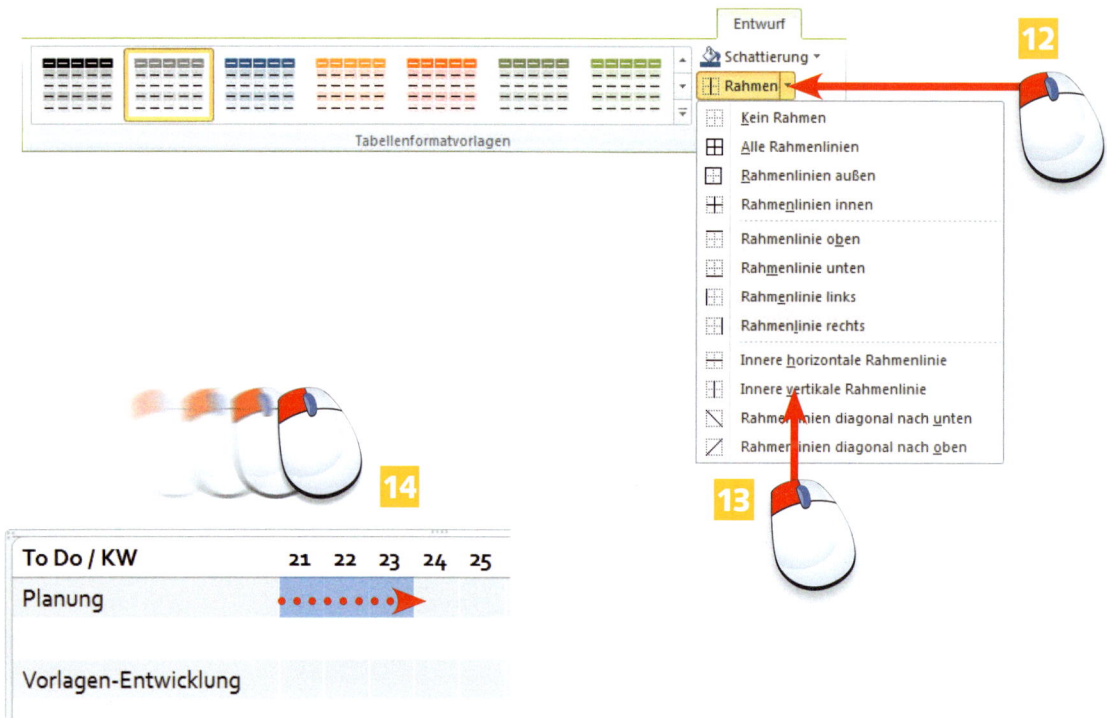

12 Nachdem Sie alle Einstellungen für die Linien definiert haben, klicken Sie auf den Pfeil der Schaltfläche *Rahmen*.

13 Klicken Sie auf *Innere vertikale Rahmenlinie*, um alle Trennlinien zwischen den Zellen zu formatieren. Dass die Trennlinien tatsächlich gezeichnet wurden, sehen Sie erst, wenn Sie die Markierung der Tabelle aufheben.

14 Markieren Sie die Zellen für den ersten Zeitabschnitt.

Viele Tabellenformatvorlagen verwenden transparente Füllfarben. Wenn Sie die Füllfarbe ändern, ist auch die neue Farbe transparent. Damit sich die neue Farbe gut von den übrigen Zellen abhebt, muss in der Regel die Transparenz entfernt werden.

WISSEN

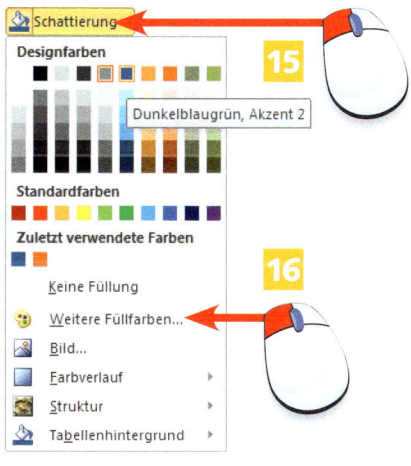

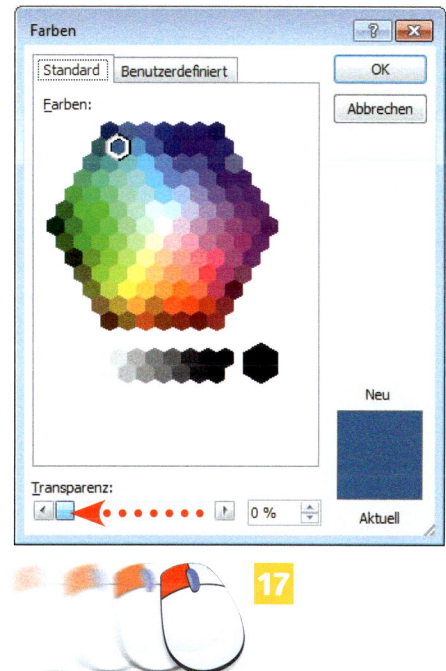

15 Klicken Sie auf der Registerkarte *Entwurf/Tabellentools* auf *Schattierung* und weisen Sie eine der Designfarben zu.

16 Klicken Sie ein weiteres Mal auf *Schattierung* und wählen Sie *Weitere Füllfarben*.

17 Reduzieren Sie im Dialogfeld *Farben* die Transparenz der Füllfarbe auf 0 %.

Wählen Sie erst die Tabellenformat-
vorlage aus und weisen Sie dann
alle manuellen Formatierungen zu.
Denn beim Zuweisen der Formatvorlage werden alle manuellen
Formatierungen wieder entfernt.

Über *Fülleffekt/Weitere
Füllfarben* können Sie auch
Formen mit Transparenz
formatieren.

TIPP   **HINWEIS**

Diagramme

Start

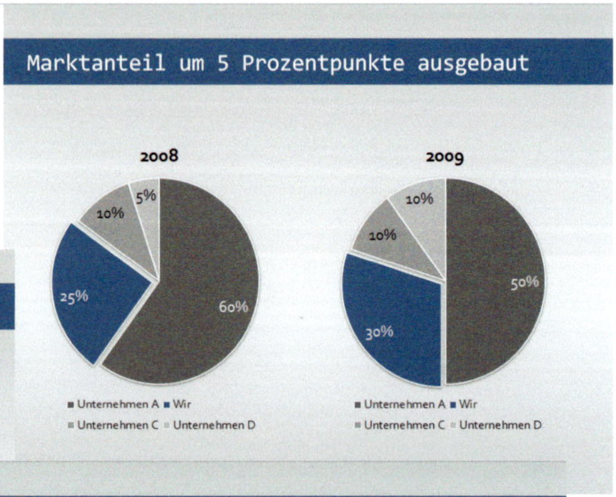

1

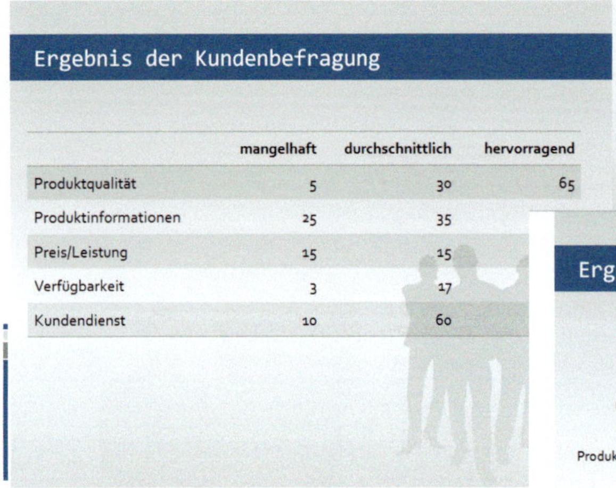

Ergebnis der Kundenbefragung

	mangelhaft	durchschnittlich	hervorragend
Produktqualität	5	30	65
Produktinformationen	25	35	
Preis/Leistung	15	15	
Verfügbarkeit	3	17	
Kundendienst	10	60	

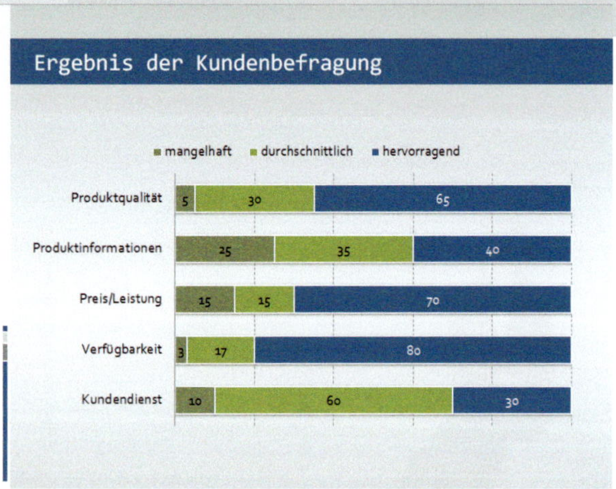

Marktanteil um 5 Prozentpunkte ausgebaut

2008

5%
10%
25%
60%

■ Unternehmen A ■ Wir
■ Unternehmen C ■ Unternehmen D

2009

10%
10%
50%
30%

■ Unternehmen A ■ Wir
■ Unternehmen C ■ Unternehmen D

Ergebnis der Kundenbefragung

2

■ mangelhaft ■ durchschnittlich ■ hervorragend

Produktqualität	5 / 30 / 65
Produktinformationen	25 / 35 / 40
Preis/Leistung	15 / 15 / 70
Verfügbarkeit	3 / 17 / 80
Kundendienst	10 / 60 / 30

1 In Listenform präsentierte Analysen sind schwer zu interpretieren. Solche Folien müssen Sie während Ihres Vortrags ausführlich erklären und bewerten. Für Ihre Zuhörer, die ohne visuelle Hilfe umfangreiche Informationen verarbeiten müssen, stellt dies eine enorme Herausforderung dar.

2 In Diagrammen dagegen ist das Ergebnis auf einen Blick zu erkennen. In diesem Kapitel lernen Sie die wichtigsten Techniken beim Erstellen und Formatieren von Diagrammen kennen.

PowerPoint unterstützt alle gängigen Diagrammtypen. Nach der Eingabe der Diagrammwerte in eine in der Präsentation eingebetteten Excel-Arbeitsmappe wird das Diagramm automatisch erzeugt.

WISSEN

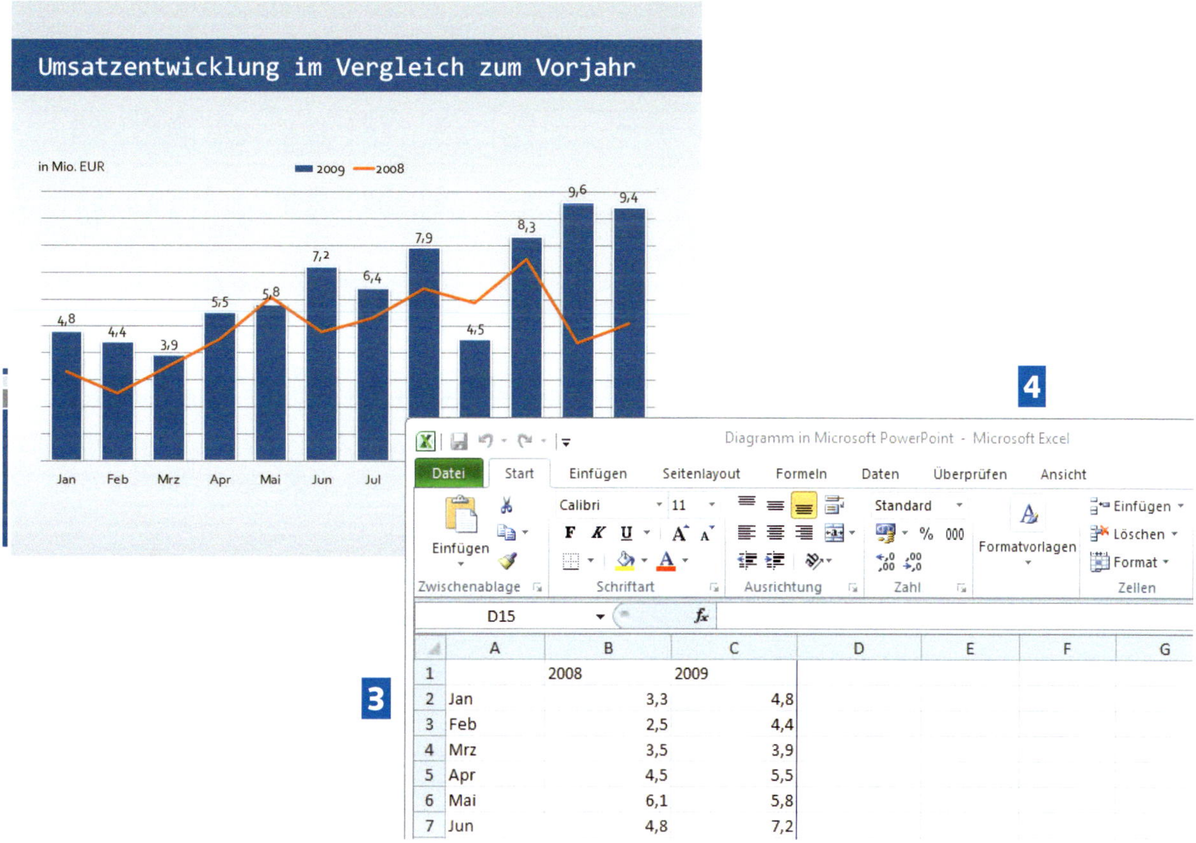

Umsatzentwicklung im Vergleich zum Vorjahr

in Mio. EUR — 2009 — 2008

	2008	2009
Jan	3,3	4,8
Feb	2,5	4,4
Mrz	3,5	3,9
Apr	4,5	5,5
Mai	6,1	5,8
Jun	4,8	7,2

3 Für jedes Diagramm, das Sie in Ihre Präsentation einfügen, wird eine eigene Excel-Arbeitsmappe mit den Diagrammdaten erstellt.

4 Die Excel-Arbeitsmappe wird in der Präsentation gespeichert. Die Diagrammdaten sind mit dem Diagramm verknüpft und können jederzeit geändert werden.

HINWEIS

Die Excel-Arbeitsmappe, in die Sie Ihre Diagrammdaten einbetten, steht nur in der Power-Point-Datei zur Verfügung und wird nicht als eigene Datei gespeichert.

TIPP

Umgekehrt können Sie in Excel bereits vorliegende Daten und Diagramme über die Zwischenablage in PowerPoint einfügen.

TIPP

Wenn Sie Ihre Diagrammdaten auch außerhalb der Präsentation benötigen, erzeugen Sie in Excel über *Datei/Speichern unter* eine von der Präsentation unabhängige Datei.

Diagramm einfügen

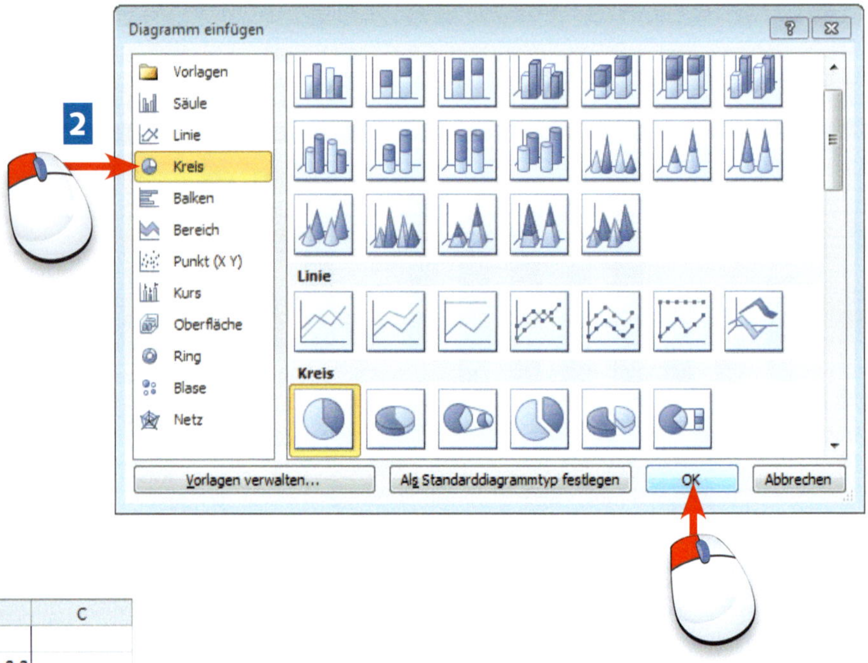

	A	B	C
1		Verkauf	
2	1. Quartal	8,2	
3	2. Quartal	3,2	
4	3. Quartal	1,4	
5	4. Quartal	1,2	
6			

1 Fügen Sie eine neue Folie mit dem Layout *Titel und zwei Inhalte* in Ihre Präsentation ein. Klicken Sie im Platzhalter auf das Symbol *Diagramm einfügen*.

2 Rufen Sie im gleichnamigen Dialogfeld die Kategorie *Kreis* auf und bestätigen Sie die Auswahl des voreingestellten einfachen Kreisdiagramms mit *OK*.

3 Mit der Auswahl des Diagrammtyps wird Excel mit Musterdaten für das Diagramm gestartet.

Kreisdiagramme werden verwendet, um die Anteile einzelner Werte an einem Ganzen zu zeigen. Beim Erstellen des Diagramms genügt es, die absoluten Werte einzugeben. Die Umrechnung in prozentuale Werte wird von Excel und PowerPoint automatisch erledigt.

WISSEN

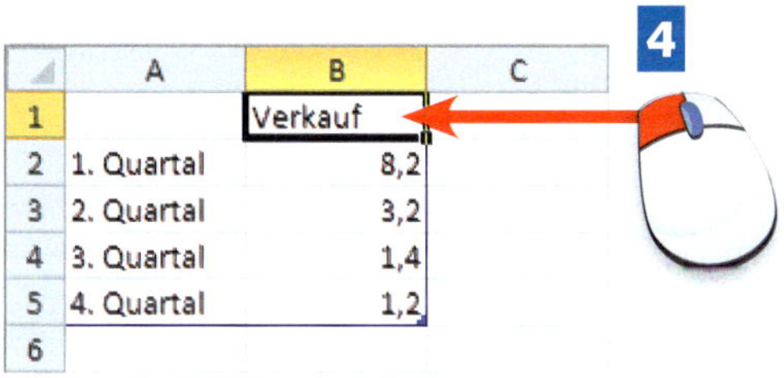

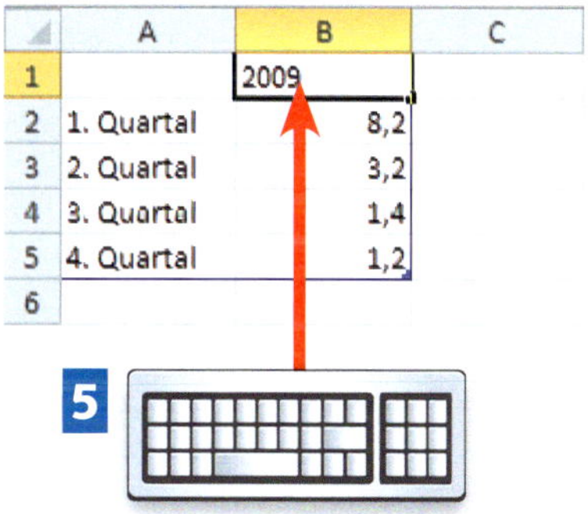

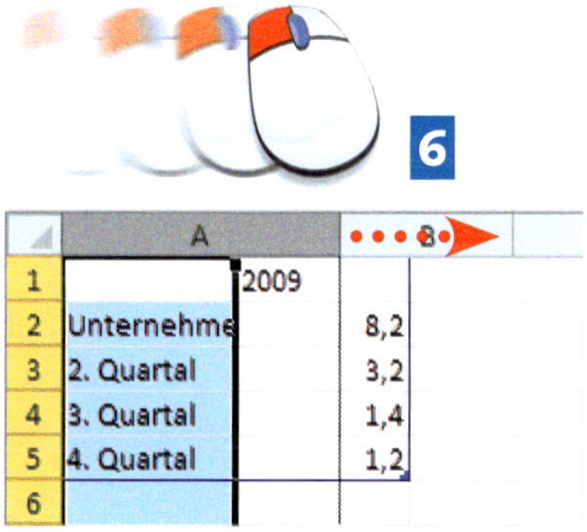

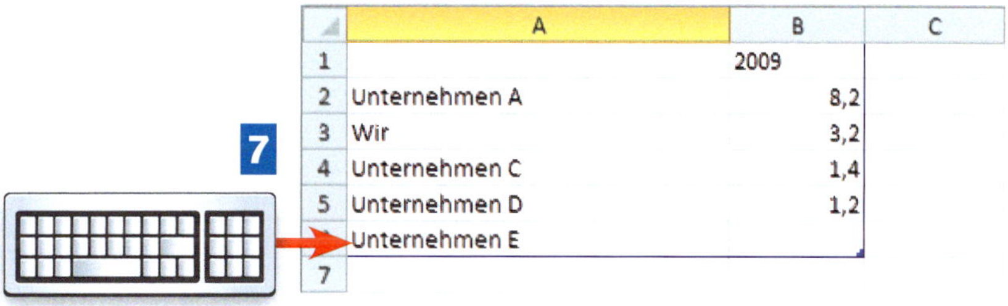

	A	B	C
1		Verkauf	
2	1. Quartal	8,2	
3	2. Quartal	3,2	
4	3. Quartal	1,4	
5	4. Quartal	1,2	
6			

4

	A	B	C
1		2009	
2	1. Quartal	8,2	
3	2. Quartal	3,2	
4	3. Quartal	1,4	
5	4. Quartal	1,2	
6			

5

6

	A		
1		2009	
2	Unternehme	8,2	
3	2. Quartal	3,2	
4	3. Quartal	1,4	
5	4. Quartal	1,2	
6			

	A	B	C
1		2009	
2	Unternehmen A	8,2	
3	Wir	3,2	
4	Unternehmen C	1,4	
5	Unternehmen D	1,2	
6	Unternehmen E		
7			

7

4 Klicken Sie in die Zellen mit den Musterdaten …

5 … und überschreiben Sie diese mit Ihren eigenen Daten.

6 Verbreitern Sie die Spalten, wenn Ihre Daten nicht vollständig angezeigt werden. Ziehen Sie dazu die Trennlinie zwischen zwei Spaltenköpfen nach rechts.

7 Wenn Sie weitere Daten eingeben, wird der Diagrammdatenbereich automatisch erweitert.

Ihre Eingaben in Excel werden in PowerPoint übernommen, sobald Sie die Markierung der jeweiligen Zelle aufgehoben haben.

Diagrammdatenbereich: Nur die Daten innerhalb der blauen Markierungslinie im Excel-Arbeitsblatt werden im Diagramm gezeichnet. Alle anderen Daten werden ignoriert.

Über *Daten bearbeiten* auf der Registerkarte *Entwurf/Diagrammtools* können Sie ein bereits geschlossenes Arbeitsblatt jederzeit wieder aufrufen.

HINWEIS　　　**FACHWORT**　　　**HINWEIS**

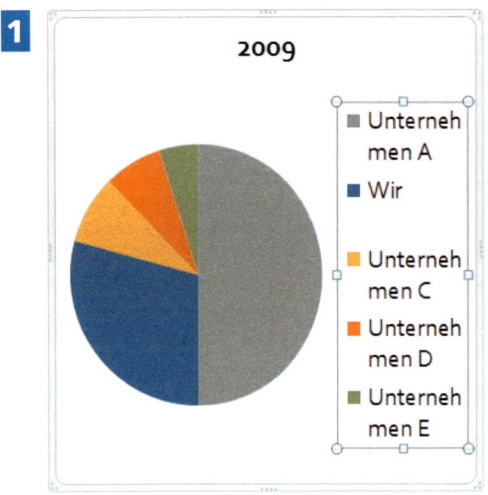

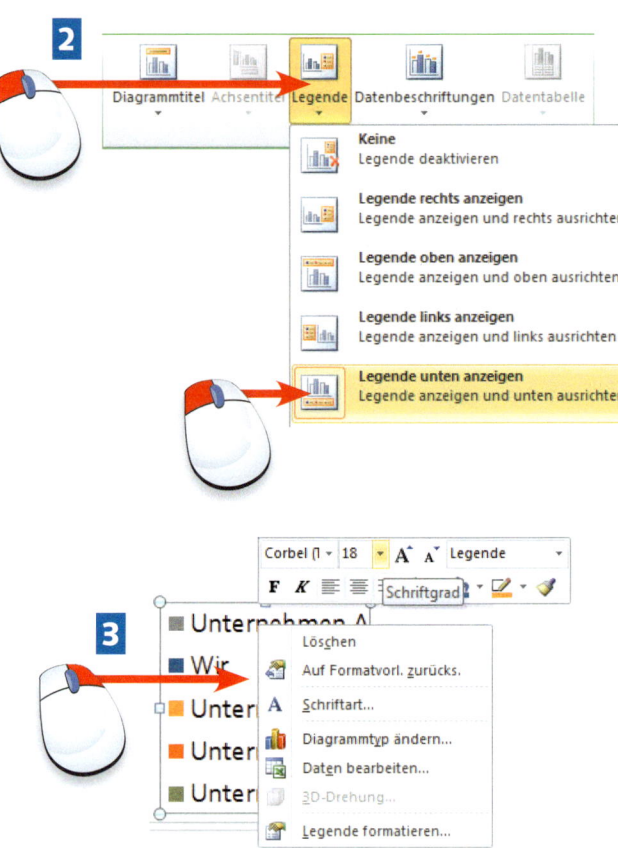

1 Voreingestellt ordnet PowerPoint die Legende immer neben einem Diagramm an. Häufig steht dadurch für das Diagramm – und im Beispiel auch für die Legende – nicht mehr genügend Platz zur Verfügung.

2 Rufen Sie dann auf der Registerkarte *Layout/Diagrammtools* die Legendenoptionen auf und ordnen Sie die Legende über oder unter dem Diagramm an.

3 Reduzieren Sie bei Bedarf zusätzlich die Schriftgröße, indem Sie das Kontextmenü der Legende mit der Minisymbolleiste aufrufen.

Diagramme sind nur in den seltensten Fällen schon nach dem Einfügen in der Standardformatierung perfekt. In der Regel muss nachformatiert werden, um die Diagrammaussage besser hervorzuheben oder die Lesbarkeit zu verbessern.

WISSEN

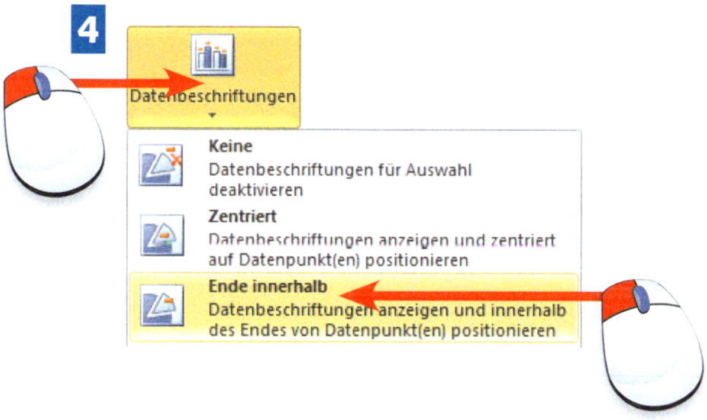

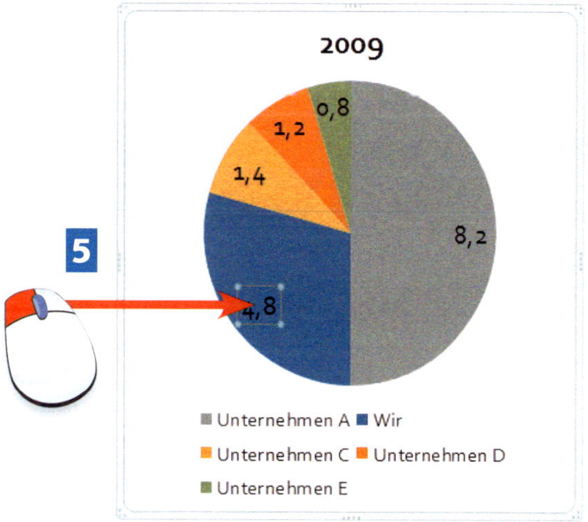

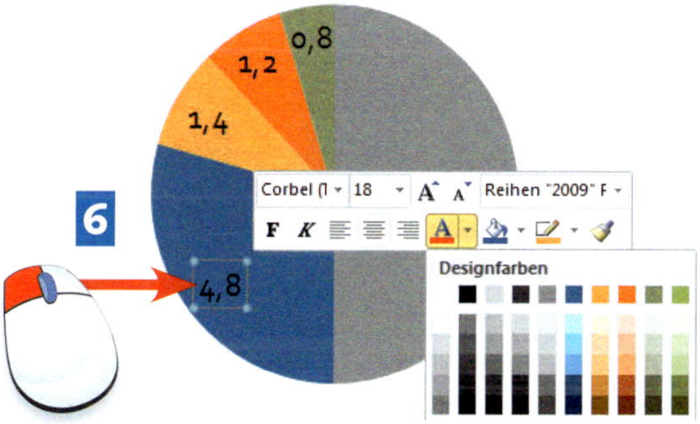

4 Blenden Sie über *Layout/Diagrammtools* die *Datenbeschriftungen* ein.

5 Passen Sie bei Bedarf die *Schriftfarbe* von zu dunklen oder zu hellen Datenbeschriftungen an. Klicken Sie auf eine Beschriftung, um die Beschriftungen insgesamt auszuwählen. Markieren Sie mit einem weiteren Klick diejenige, die Sie formatieren möchten.

6 Rufen Sie über das Kontextmenü der Datenbeschriftung die Minisymbolleiste auf und wählen Sie aus den Designfarben eine besser geeignete Schriftfarbe aus.

TIPP	HINWEIS	TIPP
Beim Einblenden der Datenbeschriftungen vermeiden Sie mit der Einstellung *Ende innerhalb*, dass das Diagramm verkleinert wird.	Die *Diagrammtools* werden im Menüband nur angezeigt, wenn auf der Folie ein Diagramm markiert ist.	Über das Kontextmenü der Datenpunkte können Sie mit dem Befehl *Datenbeschriftungen formatieren* die Optionen aufrufen und wahlweise den *Wert* oder den *Prozentsatz* einblenden.

2009

0,8
1,2
1,4
8,2
4,8

2009   **1**

0,8
1,2
1,4
8,2
4,8

3

0,8
1,2
1,4
8,2
4,8

2

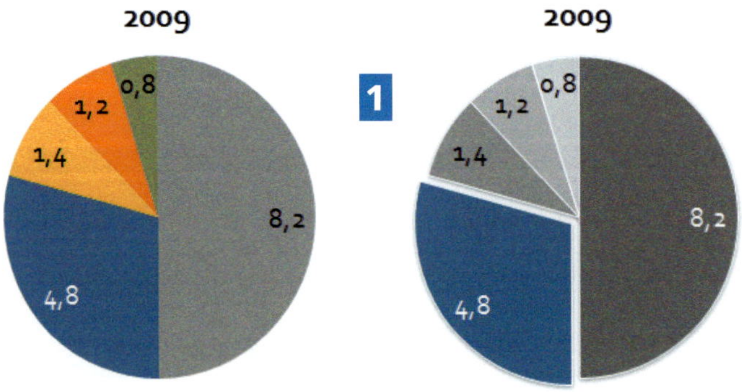

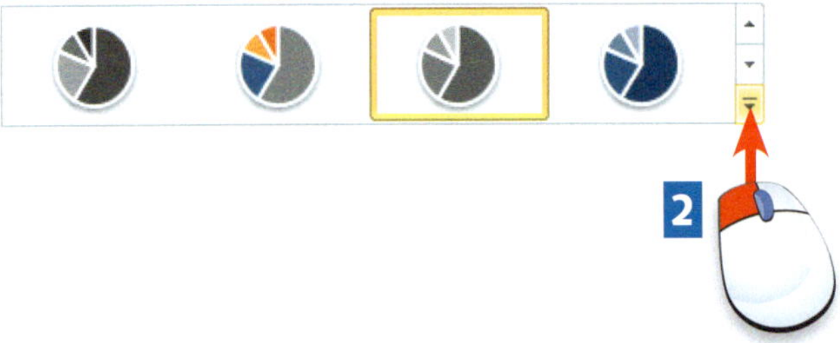

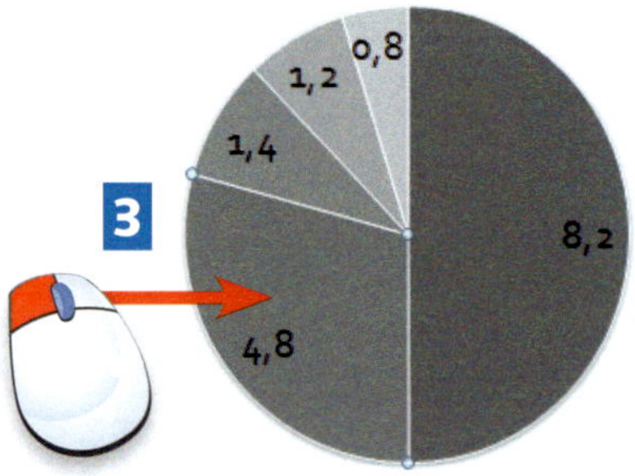

1 Links sind alle Daten gleich wichtig. Rechts wird dagegen sofort klar, auf welchen Wert es ankommt.

2 Um die Datenpunkte umzuformatieren, öffnen Sie auf der Registerkarte *Entwurf/ Diagrammtools* die *Diagrammformatvorlagen* und weisen Sie eine der einfarbig schattierten Voreinstellungen zu.

3 Markieren Sie den Datenpunkt, der abweichend formatiert werden soll, indem Sie zunächst in das Diagramm und dann ein weiteres Mal auf den Datenpunkt klicken.

Diagrammformatvorlagen definieren Farben, Schatten, Linien-stärken und Schriftgröße für alle Diagrammelemente. Manuelle Formatierungen, die vor der Auswahl der Formatvorlage zugewie-sen wurden, werden beim Zuweisen der Formatvorlage zurück-gesetzt. Änderungen am Layout wie die Position der Legende bleiben dagegen erhalten.

WISSEN

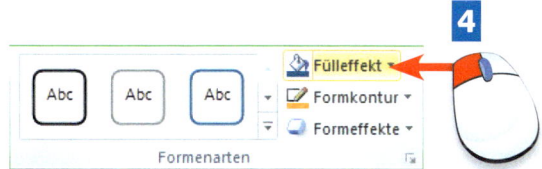

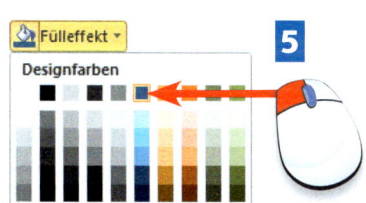

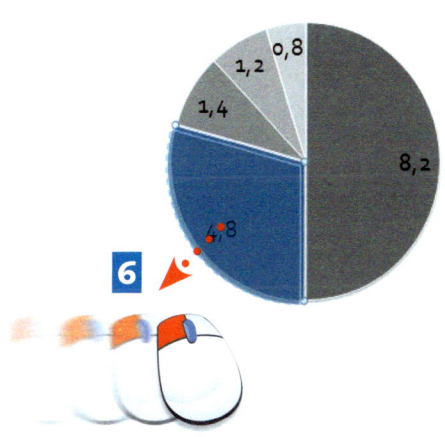

4 Wechseln Sie auf die Registerkarte *Format/Diagrammtools* und rufen Sie per Klick auf den Pfeil bzw. die Beschriftung der Schaltfläche *Fülleffekt* die Designfarben auf.

5 Weisen Sie die gewünschte Farbe per Klick auf das Farbfeld zu.

6 Ziehen Sie zum Schluss den Datenpunkt mit der Maus etwas aus dem Diagramm heraus.

Weisen Sie zuerst die *Diagrammformatvorlage* zu und nehmen Sie erst danach die weitere Formatierung eines Diagramms vor.

TIPP

Aus Kreisdiagrammen herausgezogene Datenpunkte können nur manuell wieder an ihre ursprüngliche Position verschoben werden. Eine Programmfunktion zum Zurücksetzen gibt es dafür nicht.

HINWEIS

Dass nur ein einzelner Datenpunkt und nicht die ganze Reihe markiert ist, erkennen Sie daran, dass nur noch drei Markierungspunkte zu sehen sind.

TIPP

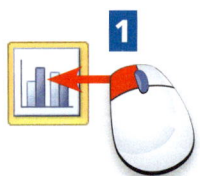

	A	B	C	D
1		2008	2009	
2	Jan	3,3	4,8	
3	Feb	2,5	4,4	
4	Mrz	3,5	3,9	
5	Apr	4,5	5,5	
6	Mai	6,1	5,8	
7	Jun	4,8	7,2	
8	Jul	5,3	6,4	
9	Aug	6,4	7,9	
10	Sep	5,9	4,5	
11	Okt	7,5	8,3	
12	Nov	4,4	9,6	
13	Dez	5,1	9,4	
14				

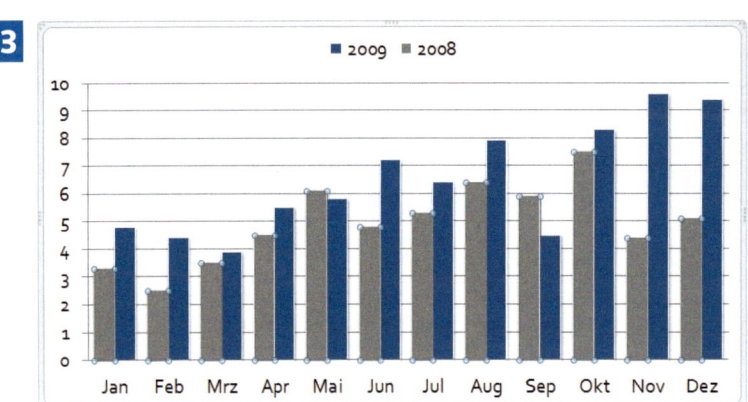

1 Erstellen Sie ein neues Diagramm mit dem Diagrammtyp *Säule/Gruppierte Säulen*.

2 Geben Sie Ihre Daten ein und blenden Sie bei Bedarf die dritte, nicht benötigte Datenreihe aus, indem Sie die rechte untere Ecke der blauen Markierungslinie um den Diagrammdatenbereich nach links ziehen.

3 Durch die Anzahl der Datenpunkte wirkt das Diagramm überfrachtet. Da die erste Datenreihe lediglich einen Vergleichswert liefert, können Sie hier die Zahl der Datenpunkte reduzieren, indem Sie diese Datenreihe in ein Liniendiagramm konvertieren.

Säulen- und Liniendiagramme zeigen die Entwicklung von Werten über einen bestimmten Zeitraum. Liniendiagramme verwendet man in der Regel dann, wenn die Datenmenge für ein Säulendiagramm zu umfangreich ist. In Verbunddiagrammen liefert die Linie den Vergleichswert (Branchendurchschnitt, Vorjahreswert etc.).

WISSEN

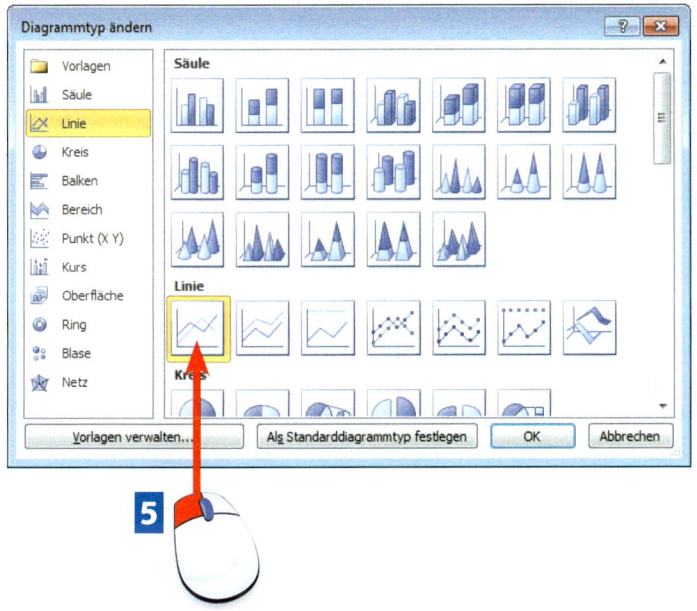

4 Klicken Sie auf der Registerkarte *Entwurf/Diagrammtools* auf die Schaltfläche *Diagrammtyp ändern*.

5 Wählen Sie im Dialogfeld die Kategorie *Linie* aus und als Diagrammtyp das einfache Liniendiagramm. Die zweite Datenreihe wird jetzt als über den Säulen liegende Linie gezeichnet.

6 Markieren Sie die Linie und weisen Sie über *Format/Diagrammtools*, Form- kontur eine Linienfarbe zu, die sich gut von der Farbe der Säulen abhebt.

Über *Formkontur/Stärke* bzw. *Striche* können Sie die Dicke der Linie anpassen oder die durchgezogene Linie durch eine gestrichelte Linie ersetzen.

TIPP

Diagramme, in denen die Daten durch zwei verschie- dene Diagrammtypen abge- bildet werden, nennt man **Verbunddiagramme**.

FACHWORT

Die Konvertierung in ein Liniendiagramm können Sie rückgängig machen, indem Sie den Diagrammtyp ein weiteres Mal ändern und wieder den Typ *Säule* auswählen.

TIPP

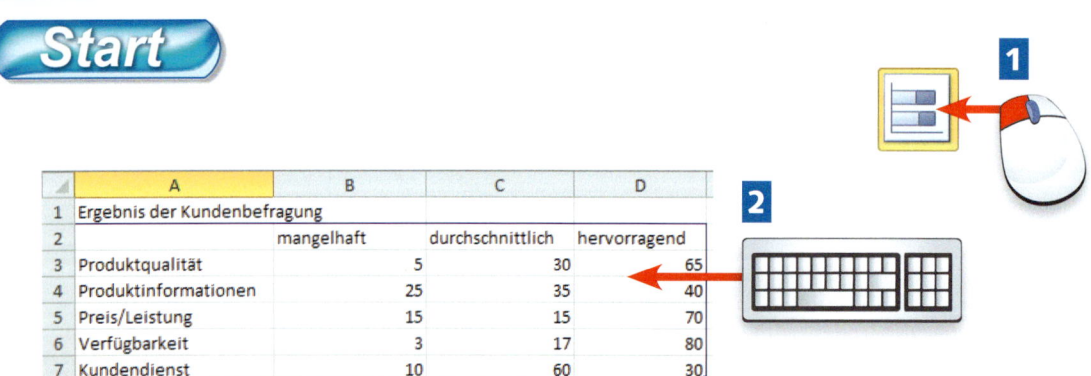

1	Ergebnis der Kundenbefragung			
2		mangelhaft	durchschnittlich	hervorragend
3	Produktqualität	5	30	65
4	Produktinformationen	25	35	40
5	Preis/Leistung	15	15	70
6	Verfügbarkeit	3	17	80
7	Kundendienst	10	60	30

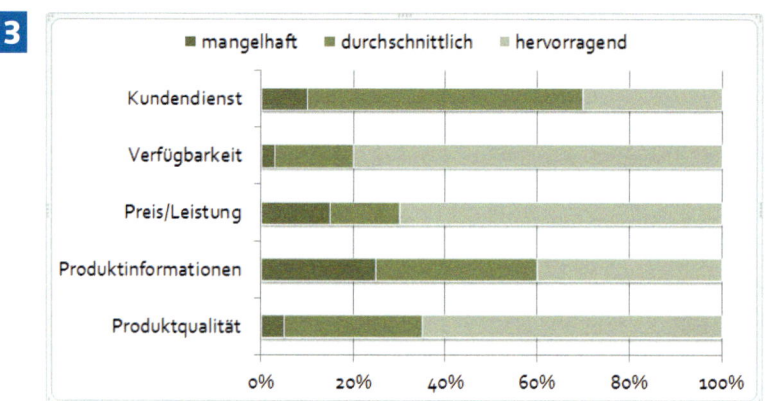

1 Fügen Sie ein neues Diagramm aus der Kategorie *Balken*, Diagrammtyp *Gestapelte Balken (100 %)*, in Ihre Präsentation ein.

2 Geben Sie Ihre Daten in das Tabellenblatt ein.

3 Vergleichen Sie die Anordnung der Kategorien in Excel mit dem Diagramm in Power-Point: Die Reihenfolge der Kategorien ist vertauscht. Um dies zu korrigieren, müssen Sie nicht Ihre Daten in Excel umsortieren.

Einfache Balkendiagramme werden zur Abbildung von Ranking-Ergebnissen verwendet, wobei der oberste Datenpunkt in der Regel derjenige mit dem höchsten Wert ist. Gestapelte 100 %-Balken zeigen dagegen wie Kreisdiagramme Anteile an einem Ganzen mit dem Vorteil, dass Sie mehrere Ergebnisse in einem Diagramm erfassen können.

WISSEN

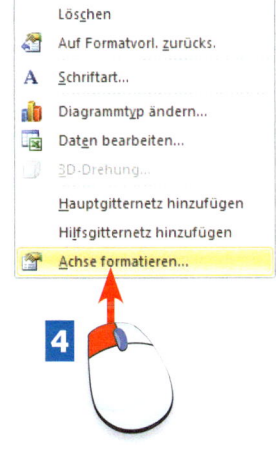

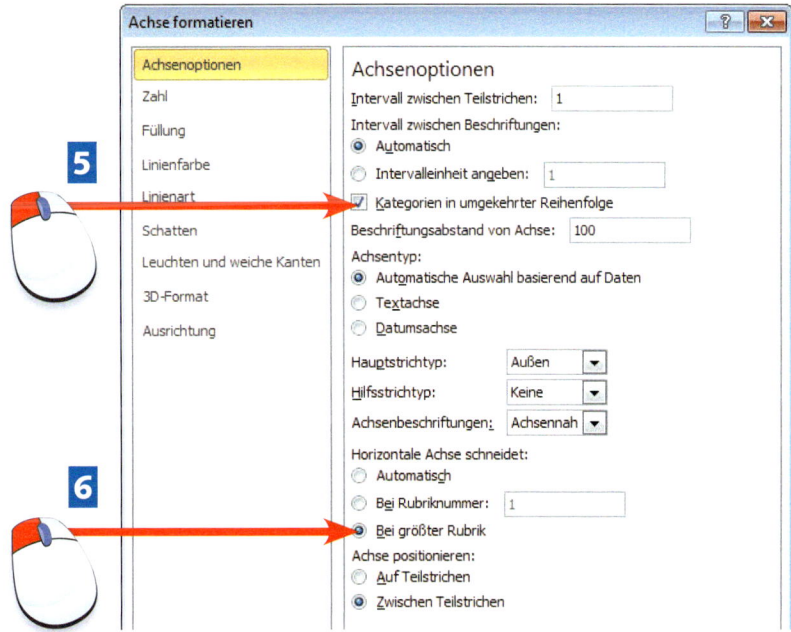

4 Rufen Sie per Klick der rechten Maustaste in die Kategorienachse das Kontextmenü mit dem Befehl *Achse formatieren* auf.

5 Aktivieren Sie in den *Achsenoptionen* zunächst *Kategorien in umgekehrter Reihenfolge*. PowerPoint tauscht daraufhin die Reihenfolge der Kategorien aus und ordnet gleichzeitig die Größenachse oberhalb des Diagramms an.

6 Aktivieren Sie – ebenfalls in den Achsenoptionen – die Einstellung *Horizontale Achse schneidet: Bei größter Rubrik*, um die Größenachse wieder unten anzuordnen.

Ende

Jedes Diagrammelement hat eigene Optionen, die Sie jeweils aus dem Kontextmenü des Elements mit dem Befehl *[Element] formatieren* aufrufen.

Lassen Sie sich nicht verwirren. Mit Kategorien und Rubriken sind hier ein- und dieselben Diagrammelemente gemeint: die Bezeichnungen der Werte auf der vertikalen Achse.

HINWEIS

TIPP

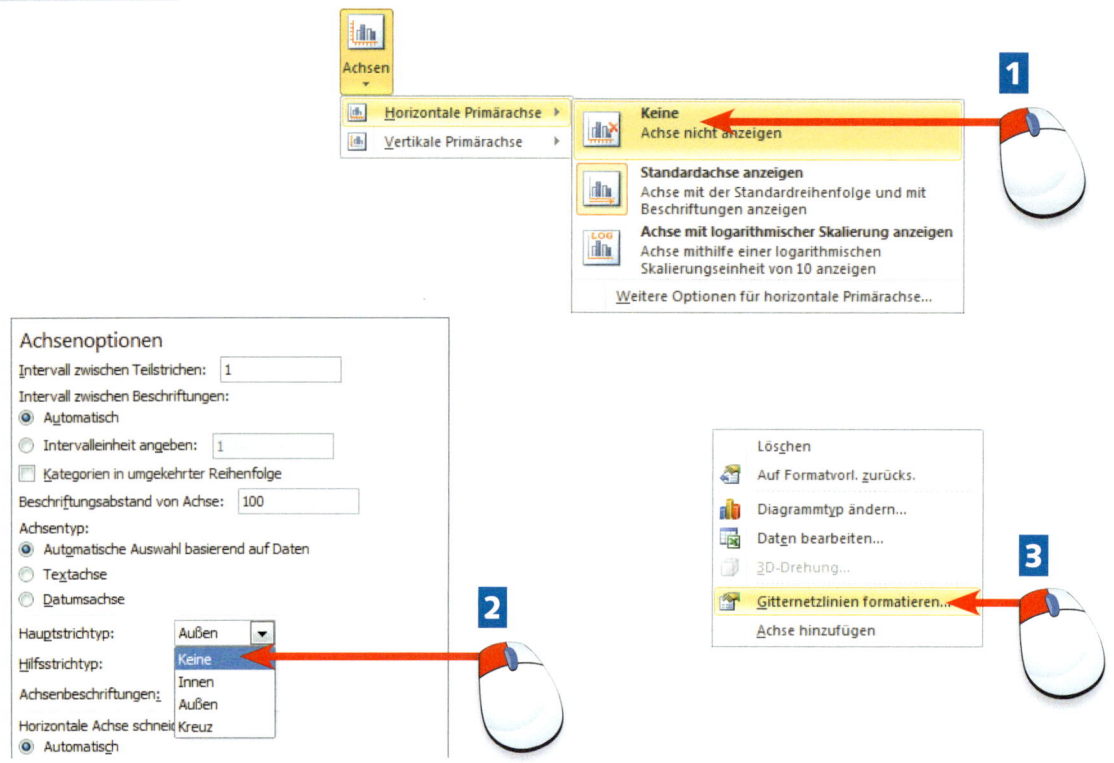

1 Blenden Sie die Größenachse aus, indem Sie unter *Layout/Diagrammtools*, *Achsen* für die *Horizontale Primärachse* die Einstellung *Keine* wählen.

2 Entfernen Sie die Teilstriche aus der Kategorienachse, indem Sie über das Kontextmenü die Achsenoptionen aufrufen und für *Hauptstrichtyp* die Einstellung *Keine* wählen.

3 Rufen Sie aus dem Kontextmenü der Gitternetzlinien den Befehl *Gitternetzlinien formatieren* auf.

Je weniger überflüssige Informationen ein Diagramm enthält, desto übersichtlicher und lesbarer wirkt es.

WISSEN

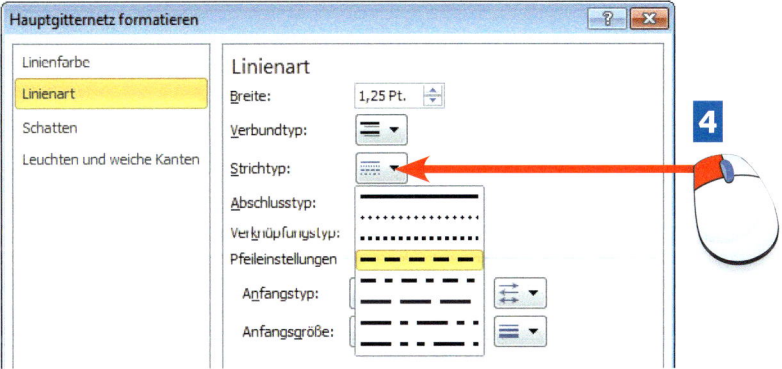

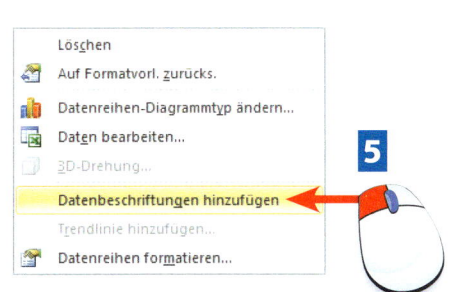

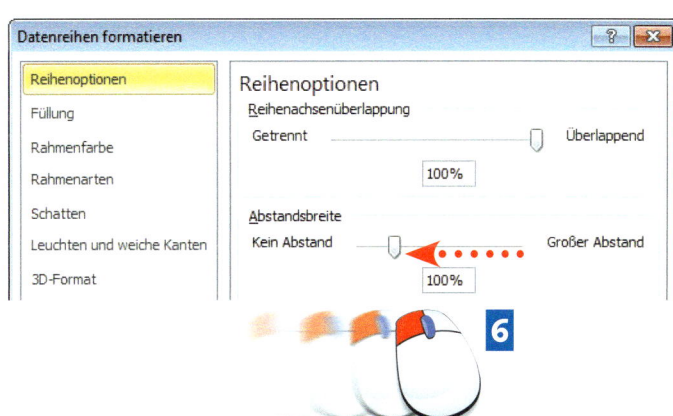

4 Wechseln Sie im Dialogfeld *Hauptgitternetz formatieren* in die Kategorie *Linienart* und wählen Sie unter *Strichtyp* die gestrichelte Linie aus.

5 Blenden Sie über das Kontextmenü der Datenreihen die *Datenbeschriftungen* ein. Diese Einstellung müssen Sie für jede Datenreihe einzeln vornehmen.

6 Reduzieren Sie den Abstand zwischen den Kategorien, indem Sie über das Kontextmenü einer beliebigen Datenreihe das Dialogfeld *Datenreihen formatieren* mit den *Reihenoptionen* aufrufen und die *Abstandsbreite* auf ca. 100 % reduzieren.

Ende

TIPP

Vermeiden Sie doppelte Beschriftungen im Diagramm. Nutzen Sie entweder die Größenachse oder blenden Sie – wenn genügend Platz vorhanden ist – anstelle der Achse die Datenbeschriftungen ein.

FACHWORT

Gitternetzlinien sind die Hilfslinien im Hintergrund eines Diagramms, die eine Verbindung zwischen Datenpunkt und Achse herstellen.

TIPP

Formatieren Sie Hilfslinien wie Achsen und Gitternetzlinien mit einem schwächeren Kontrast zum Hintergrund als die Datenpunkte.

Mit Bildern arbeiten

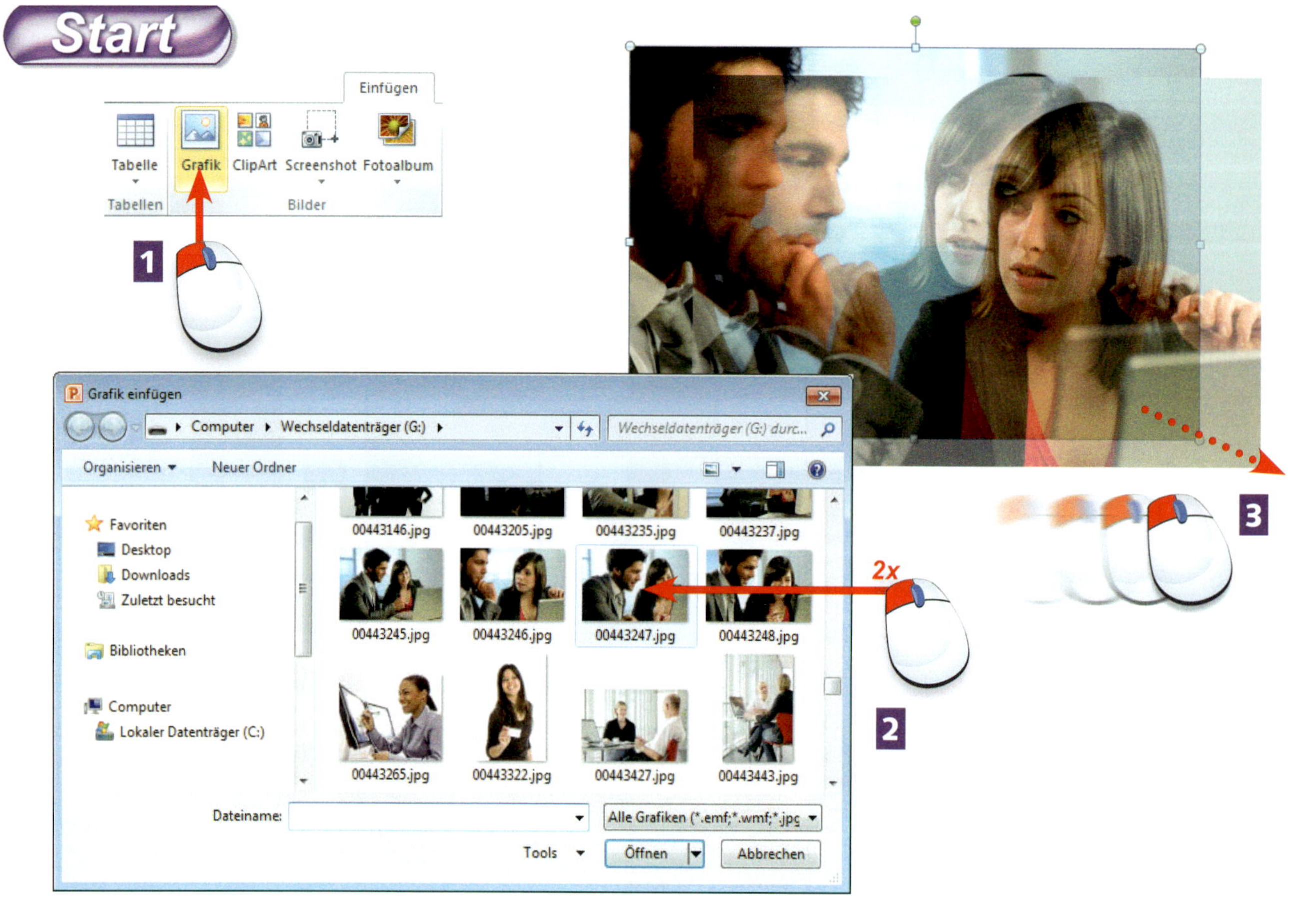

Start

Einfügen

Tabelle | Grafik | ClipArt | Screenshot | Fotoalbum

Tabellen | Bilder

1

Grafik einfügen

Computer ▸ Wechseldatenträger (G:) ▸   Wechseldatenträger (G:) durc...

Organisieren ▾   Neuer Ordner

☆ Favoriten
  ■ Desktop
  ■ Downloads
  ■ Zuletzt besucht

■ Bibliotheken

■ Computer
  ■ Lokaler Datenträger (C:)

00443146.jpg | 00443205.jpg | 00443235.jpg | 00443237.jpg

00443245.jpg | 00443246.jpg | 00443247.jpg | 00443248.jpg

00443265.jpg | 00443322.jpg | 00443427.jpg | 00443443.jpg

2x

3

2

Dateiname: Alle Grafiken (*.emf;*.wmf;*.jpg ▾

Tools ▾   Öffnen ▾   Abbrechen

1 Um ein Bild frei auf der Folie anzuordnen, klicken Sie auf der Registerkarte *Einfügen* auf *Grafik*.

2 Rufen Sie im Dialogfeld *Grafik einfügen* den Ordner auf, in dem Ihre Bilder gespeichert sind, und wählen Sie das Bild per Doppelklick aus.

3 Das Bild wird zentriert auf der Folie angeordnet. Sie können es wie eine gezeichnete Form verschieben …

Bilder können direkt auf der Folie oder in die Bildplatzhalter von Folienlayouts und SmartArt-Grafiken eingefügt werden. Beim Einfügen direkt auf der Folie wird das Bild zentriert angeordnet. Beim Einfügen in einen Platzhalter bestimmt der Platzhalter die Größe und die Position.

WISSEN

Grafik aus Datei einfügen

4 … und vergrößern oder verkleinern, indem Sie an einem Eckmarkierungspunkt ziehen.

5 Um ein Bild in den Platzhalter eines Folienlayouts oder einer SmartArt-Grafik einzufügen, klicken Sie auf das Symbol *Grafik aus Datei einfügen* im Platzhalter.

6 Bei Bildern in Platzhaltern sind Randbereiche unter Umständen nicht zu sehen, wenn der Platzhalter ein anderes Seitenverhältnis hat als das Bild. Links ist das vollständige Bild zu sehen. Rechts wurde es in einen Platzhalter im Hochformat eingefügt.

Ende

Halten Sie beim Ändern der Größe von Bildern immer die ⇧-Taste gedrückt, um die Proportionen nicht zu verzerren.

Um das Bild in einem Platzhalter auszutauschen, klicken Sie auf das Bild und drücken Entf. Anschließend steht Ihnen wieder der leere Platzhalter zur Verfügung.

Wenn Sie zusätzlich zur ⇧-Taste die Strg-Taste drücken, wird das Bild aus der Mitte heraus vergrößert.

TIPP **TIPP** **TIPP**

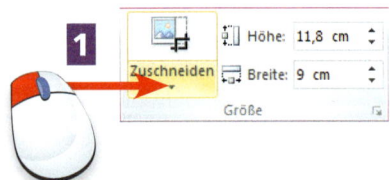

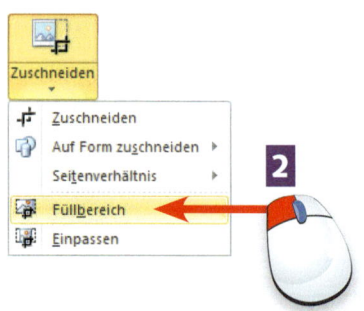

1 Markieren Sie das Bild und klicken Sie auf der Registerkarte *Format/Bildtools* auf den Pfeil der Schaltfläche *Zuschneiden*.

2 Wählen Sie *Füllbereich*.

3 PowerPoint zeigt jetzt die ausgeblendeten Bereiche des Bilds an. Die Markierungspunkte liegen in den Ecken und auf den Rändern des Bilds (rechts) und nicht mehr auf dem Platzhalter (links).

Wenn sich der wichtige Teil eines Bilds im Platzhalter nicht im Zentrum, sondern in einem der ausgeblendeten Randbereiche befindet, müssen Sie auf Bildplatzhalter als Layouthilfe nicht verzichten: Sie können den im Platzhalter sichtbaren Bereich selbst bestimmen.

WISSEN

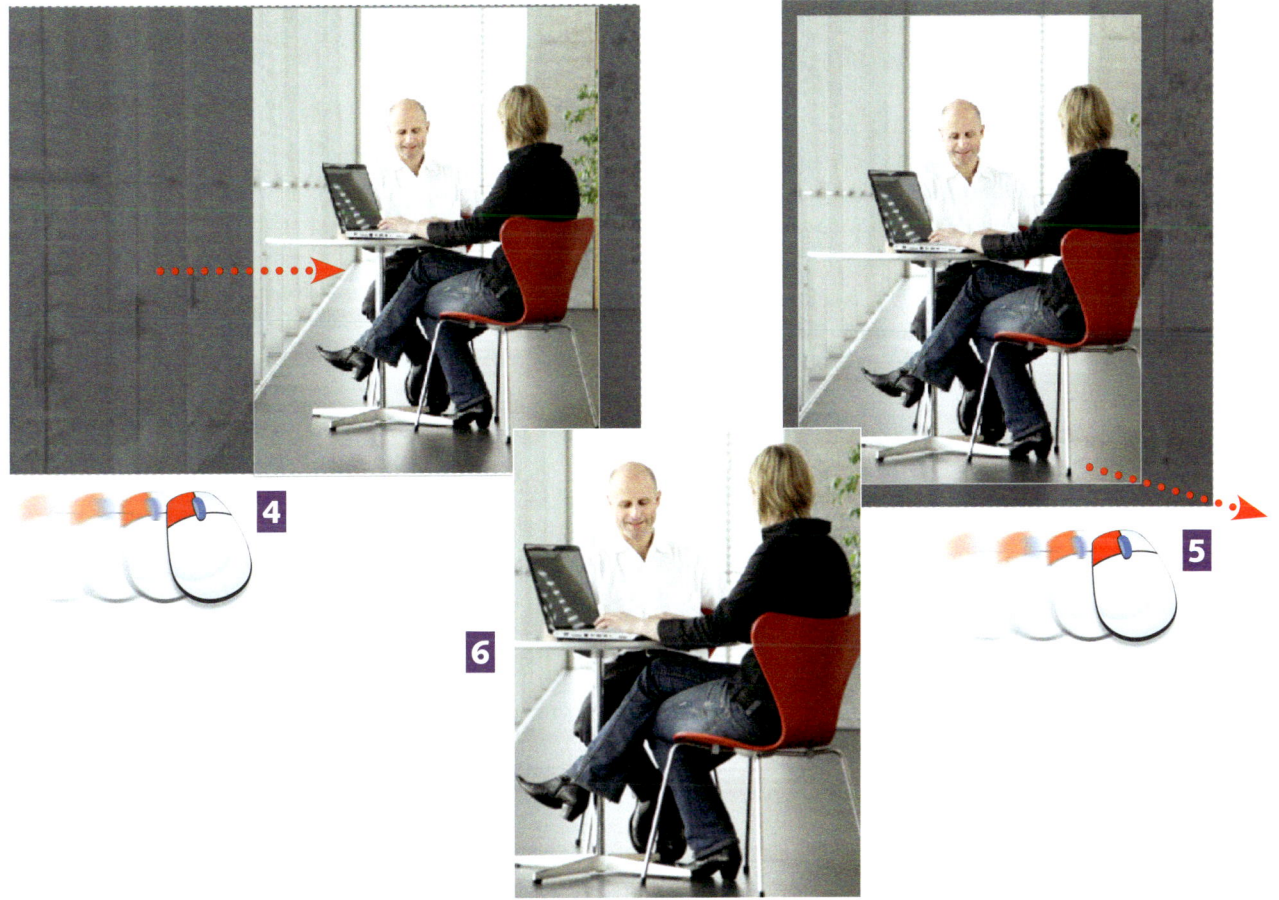

4 Klicken Sie auf das Bild und verschieben Sie es.

5 Ziehen Sie an einem der Eckmarkierungspunkte, um das Bild zu vergrößern.

6 Klicken Sie auf einen freien Bereich der Folie, um die Bearbeitung des Bilds zu beenden. Die maskierten Bildbereiche werden wieder ganz ausgeblendet, im Platzhalter wird der korrigierte Bildausschnitt angezeigt.

Ende

Wenn Sie auf einer Folie mehrere Bilder in der gleichen Größe anordnen möchten, können Sie über *Zuschneiden/Seitenverhältnis* alle Bilder auf das gleiche Format zuschneiden. Anschließend geben Sie neben *Höhe* und *Breite* für alle Bilder einheitliche Werte ein.

Durch Ziehen der Schnittmarken, die beim Zuschneiden eines Bilds eingeblendet werden, können Sie den sichtbaren Bereich des Bilds ohne Rücksicht auf den Platzhalter oder ein bestimmtes Seitenverhältnis festlegen.

TIPP

TIPP

1

1 Bilder ohne Hintergrund können problemlos über anderen Objekten angeordnet werden.

2 Fügen Sie ein Bild auf der Folie ein. Klicken Sie auf *Freistellen* auf der Registerkarte *Format/Bildtools*.

3 Im Menüband wird die Registerkarte *Freistellen* eingeblendet. Im Bild sind die Bereiche, die PowerPoint als zum Hintergrund gehörend erkennt, mit Farbe abgedeckt.

Bilder haben – fast immer – einen deckenden, viereckigen Hintergrund, der zum Störfaktor wird, wenn Sie das Bild über einem anderen Objekt auf der Folie anordnen möchten. Einen ausreichenden Kontrast zwischen Vorder- und Hintergrund vorausgesetzt, können Sie mit PowerPoint das Motiv vom Hintergrund trennen.

WISSEN

4 Wenn PowerPoint auch Teile des Motivs maskiert, ziehen Sie die Markierungspunkte, die PowerPoint im Bild einblendet, auf die Ränder des Motivs.

5 Wenn Sie mit dem Resultat zufrieden sind, klicken Sie auf *Änderungen beibehalten* auf der Registerkarte *Freistellen*.

6 Wenn Sie nach dem Freistellen Teile des Bilds nicht benötigen, klicken Sie auf *Zuschneiden* und blenden Randbereiche aus, indem Sie die Schnittmarken nach innen ziehen.

Die Reihenfolge, in der Folienobjekte übereinanderliegen, ändern Sie über *Anordnen/In den Vordergrund* und *In den Hintergrund* bzw. *Ebene nach vorne* und *Ebene nach hinten*.

Der Befehl *Freistellen* steht nur für Bilder zur Verfügung. Zeichnungen, die als Vektorgrafiken in den Formaten WMF, EMF, CGM oder EPS eingefügt wurden, können auf diesem Weg nicht bearbeitet werden.

TIPP

HINWEIS

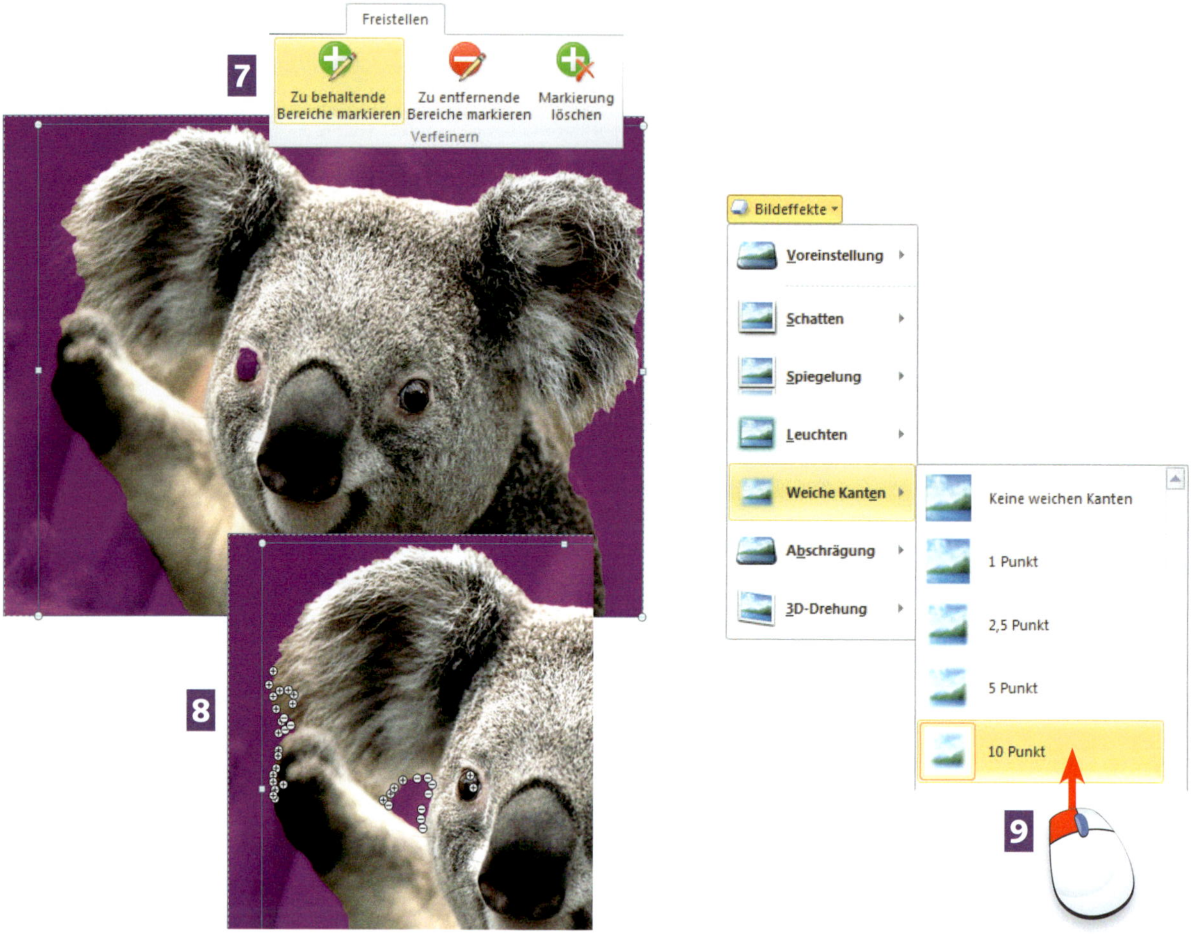

Freistellen

7

Zu behaltende
Bereiche markieren

Zu entfernende
Bereiche markieren

Markierung
löschen

Verfeinern

8

Bildeffekte ▾

Voreinstellung ▶

Schatten ▶

Spiegelung ▶

Leuchten ▶

Weiche Kanten ▶

Abschrägung ▶

3D-Drehung ▶

Keine weichen Kanten

1 Punkt

2,5 Punkt

5 Punkt

10 Punkt

9

7 Wenn PowerPoint das Motiv nicht vollständig erkennt, arbeiten Sie mit den Befehlen *Zu behaltende Bereiche markieren* und *Zu entfernende Bereiche markieren* nach.

8 Ihre Markierungen werden mit kleinen Plus- und Minuszeichen gekennzeichnet und die Auswahl wird Schritt für Schritt erweitert.

9 Nach dem Freistellen verbleibende unregelmäßige Ränder blenden Sie über *Bildeffekte/Weiche Kanten* mit einem weichen Übergang in den Hintergrund aus.

Welche Ergebnisse Sie beim Freistellen erzielen, hängt vom Bild ab. Da PowerPoint bereits beim Freistellen die Ränder des Bilds etwas weichzeichnet, sehen Motive mit sehr klaren Konturen unter Umständen „ausgefranst" aus. Mit diffusen Konturen wie z.B. Haaren erzielt PowerPoint dagegen recht gute Ergebnisse.

WISSEN

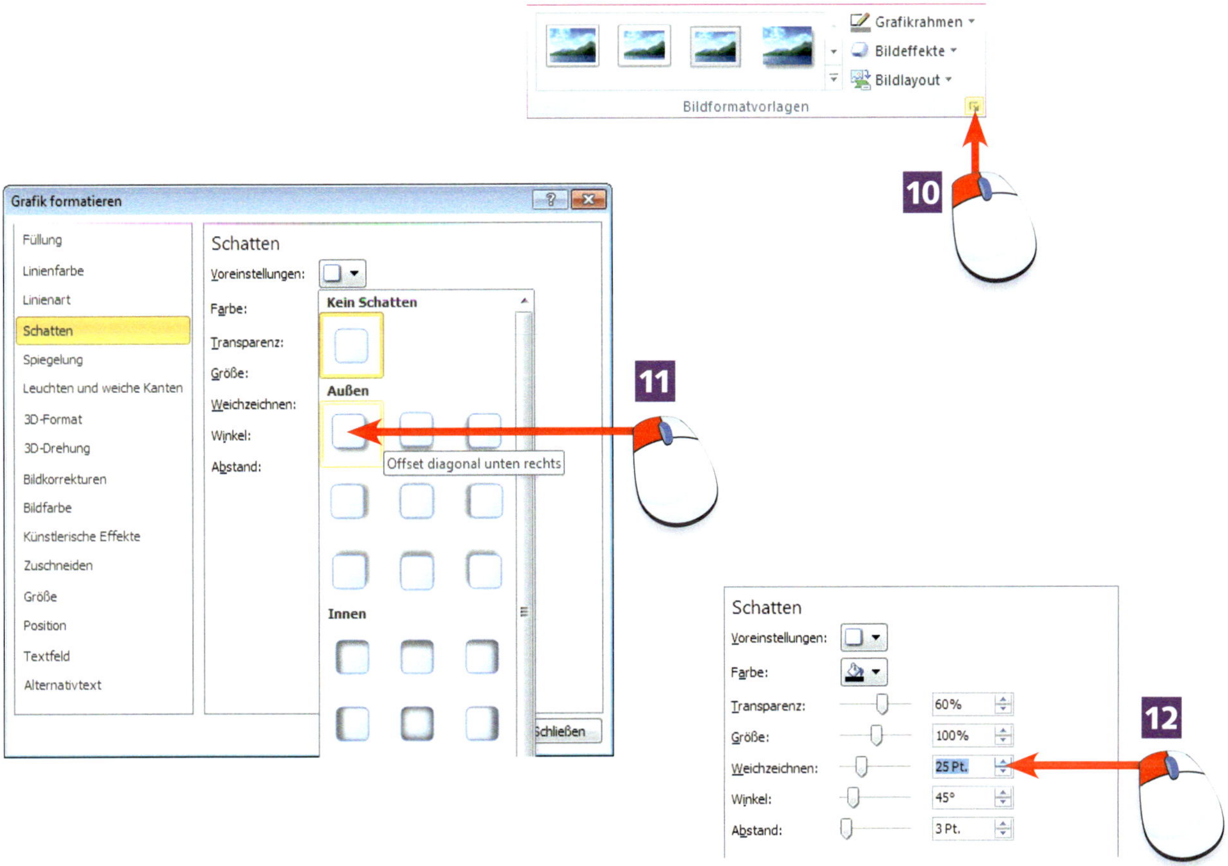

Grafik formatieren

Füllung

Linienfarbe

Linienart

Schatten

Spiegelung

Leuchten und weiche Kanten

3D-Format

3D-Drehung

Bildkorrekturen

Bildfarbe

Künstlerische Effekte

Zuschneiden

Größe

Position

Textfeld

Alternativtext

Schatten

Voreinstellungen:

Farbe:

Transparenz:

Größe:

Weichzeichnen:

Winkel:

Abstand:

Kein Schatten

Außen

Offset diagonal unten rechts

Innen

Schließen

10

11

Schatten

Voreinstellungen:

Farbe:

Transparenz: 60%

Größe: 100%

Weichzeichnen: 25 Pt.

Winkel: 45°

Abstand: 3 Pt.

12

10 Rufen Sie über den Pfeil der Gruppe *Bildformatvorlagen* das Dialogfeld *Grafik forma-tieren* auf.

11 Wechseln Sie in die Kategorie *Schatten* und weisen Sie eine der *Voreinstellungen* zu.

12 Erhöhen Sie den Wert für *Weichzeichnen* auf ca. 25 Pt.

Ende

TIPP

Wenn beim Markieren plötzlich zu große Bereiche von der Auswahl erfasst werden, entfernen Sie die letzte Markie-rung mit *Markierung löschen*.

HINWEIS

Durch den Schatten erhält das freige-stellte Motiv eine etwas räumlichere Wirkung. Durch das Weichzeichnen des Schattens wirken die Konturen weicher. Beim Freistellen entstandene „Problem-stellen" fallen dadurch weniger auf.

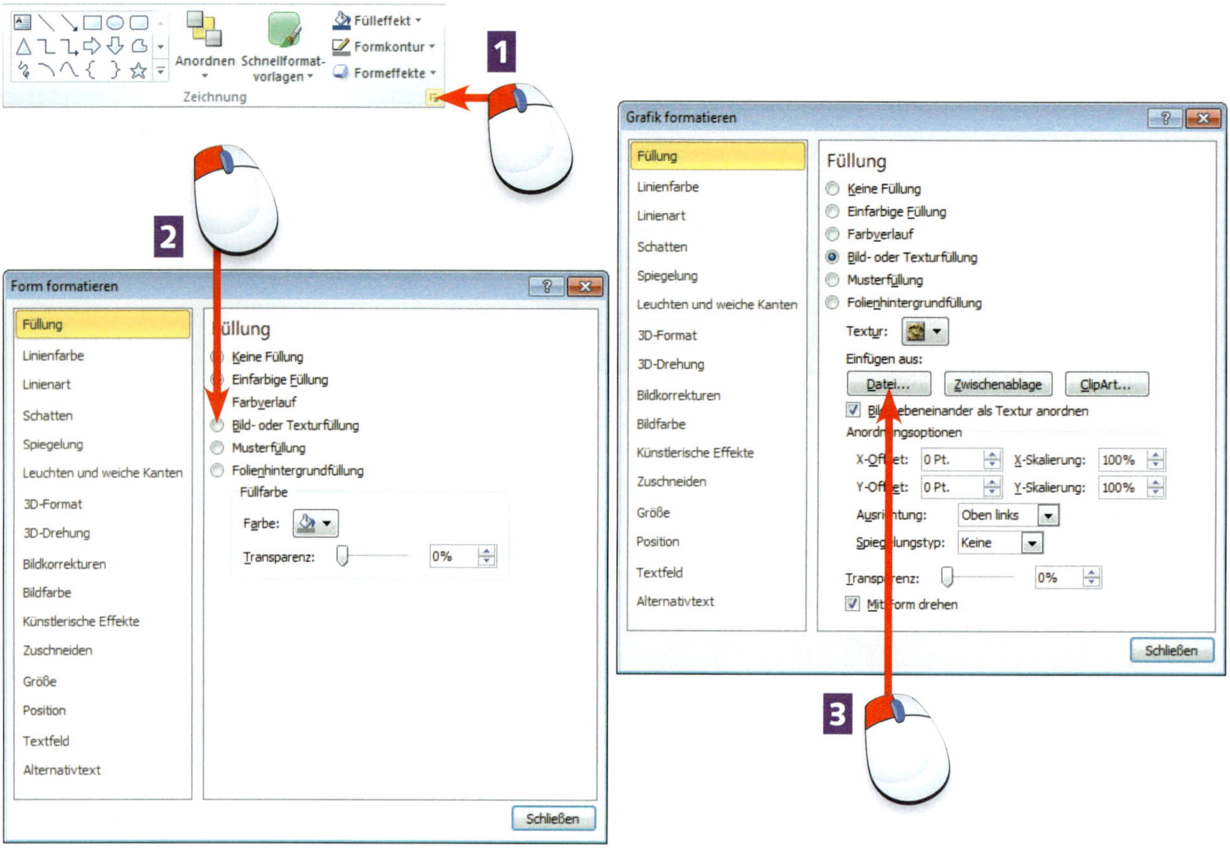

1 Zeichnen Sie eine Form auf die Folie und rufen Sie auf der Registerkarte *Start* über den Pfeil der Gruppe *Zeichnung* das Dialogfeld *Form formatieren* auf. Wechseln Sie in die Kategorie *Füllung*.

2 Aktivieren Sie die Option *Bild- oder Texturfüllung*.

3 Klicken Sie auf *Datei* und wählen Sie im Dialogfeld *Grafik einfügen* Ihr Bild aus.

Bilder, die zum Freistellen nicht geeignet sind, können Sie in Formen einsetzen. Das Bild wird dann auf die Konturen der Form „zugeschnitten". Die außerhalb des Füllbereichs der Form liegenden Bildbereiche sind ausgeblendet.

WISSEN

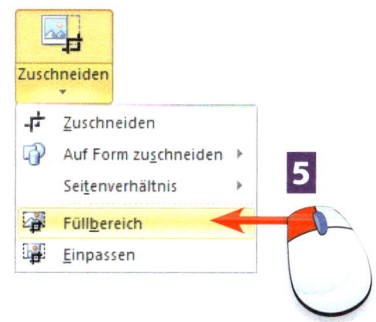

4 Anders als beim Einfügen in Platzhalter werden Bilder in Formen gestaucht oder verzerrt, wenn ihre Proportionen nicht denen der Form entsprechen.

5 Rufen Sie über die Registerkarte *Bildtools* den Befehl *Zuschneiden/Füllbereich* auf.

6 Das Bild wird jetzt auf seine richtigen Proportionen zurückgesetzt. Sie können es wie in einem Platzhalter verschieben, vergrößern oder verkleinern.

Lassen Sie sich nicht verwirren. Sobald Sie die Option *Bildfüllung* aktivieren, ändert sich die Bezeichnung des Dialogfelds in *Grafik formatieren*.

Ob ein Bild direkt auf der Folie oder in einer Form bzw. dem Platzhalter einer SmartArt-Grafik liegt, erkennen Sie daran, dass im Menüband zusätzlich die *Zeichen-* oder *SmartArt-Tools* angezeigt werden.

HINWEIS

TIPP

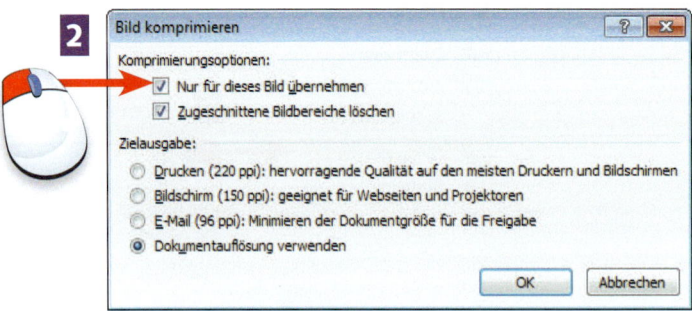

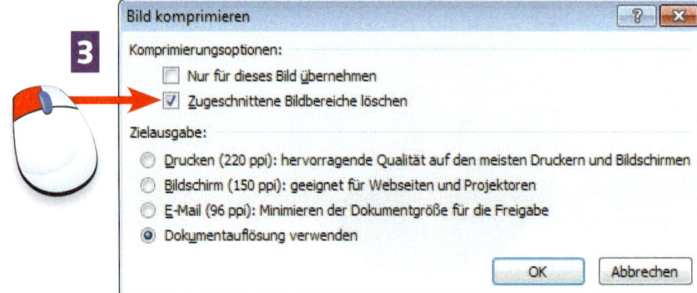

1 Markieren Sie eines der Bilder in Ihrer Präsentation und klicken Sie auf *Bilder kompri-mieren* auf der Registerkarte *Format/Bildtools*.

2 Entfernen Sie das Häkchen vor *Nur für dieses Bild übernehmen*, wenn Sie alle Bilder der Präsentation komprimieren möchten.

3 Aktivieren Sie *Zugeschnittene Bildbereiche löschen*. Damit werden Bildbereiche, die in Platzhaltern lediglich ausgeblendet sind, endgültig entfernt.

Wenn der Speicherbedarf Ihrer Präsentation zu hoch ist, um die Datei noch per E-Mail zu verschicken, oder die Dateigröße sogar 50, 100 und mehr MByte erreicht hat, dann sind in der Regel Bilder die Ursache. In vielen Fällen können Sie die Dateigröße reduzieren, indem Sie die Bilder komprimieren.

WISSEN

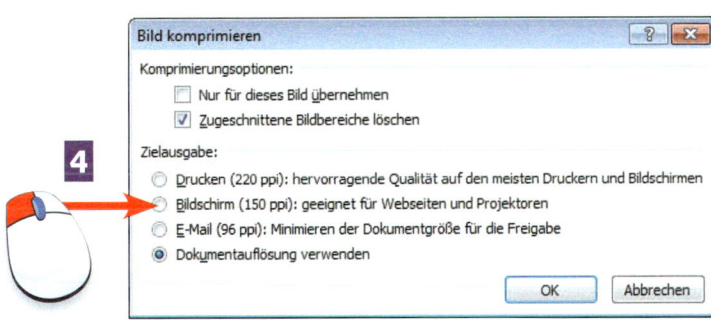

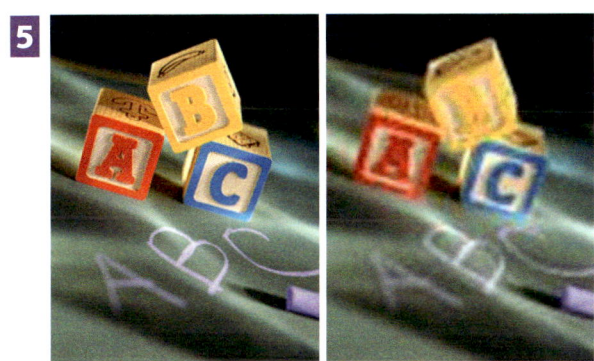

4 Wählen Sie als Nächstes die Zielausgabe: Je niedriger die Auflösung ist, desto stärker werden Ihre Bilder komprimiert und die Dateigröße wird reduziert. Wenn der Versand per E-Mail keine Probleme darstellt, wählen Sie *Bildschirm*. Mit dieser Einstellung können Sie Ihre Präsentation sowohl in guter Qualität am Beamer zeigen als auch drucken, ohne dass die Bilder zu viel Speicher belegen.

5 Komprimieren Sie Ihre Bilder erst, wenn Sie die Bearbeitung der Präsentation abgeschlossen haben. Beim Vergrößern bereits komprimierter Bilder werden unter Umständen qualitative Mängel sichtbar.

Ende

Nach dem Entfernen der zugeschnittenen Bildbereiche können Sie die Ausrichtung von Bildern in Platzhaltern nicht mehr ändern.	Erstellen Sie vor dem Komprimieren eine Kopie Ihrer Präsentation und prüfen Sie anschließend die Bilder. Ist deren Qualität deutlich schlechter geworden, führen Sie die Komprimierung mit dem Original der Datei mit höherer Auflösung durch.	Welche Auflösung als *Zielausgabe* zur Verfügung steht, hängt von der Auflösung der Bilder in der Präsentation ab.
HINWEIS	**TIPP**	**HINWEIS**

Animationen einsetzen

Ziele 2010

- Umsatz steigern
- Sortiment erweitern
- Produkt X ersetzen
- Marktanteile ausbauen

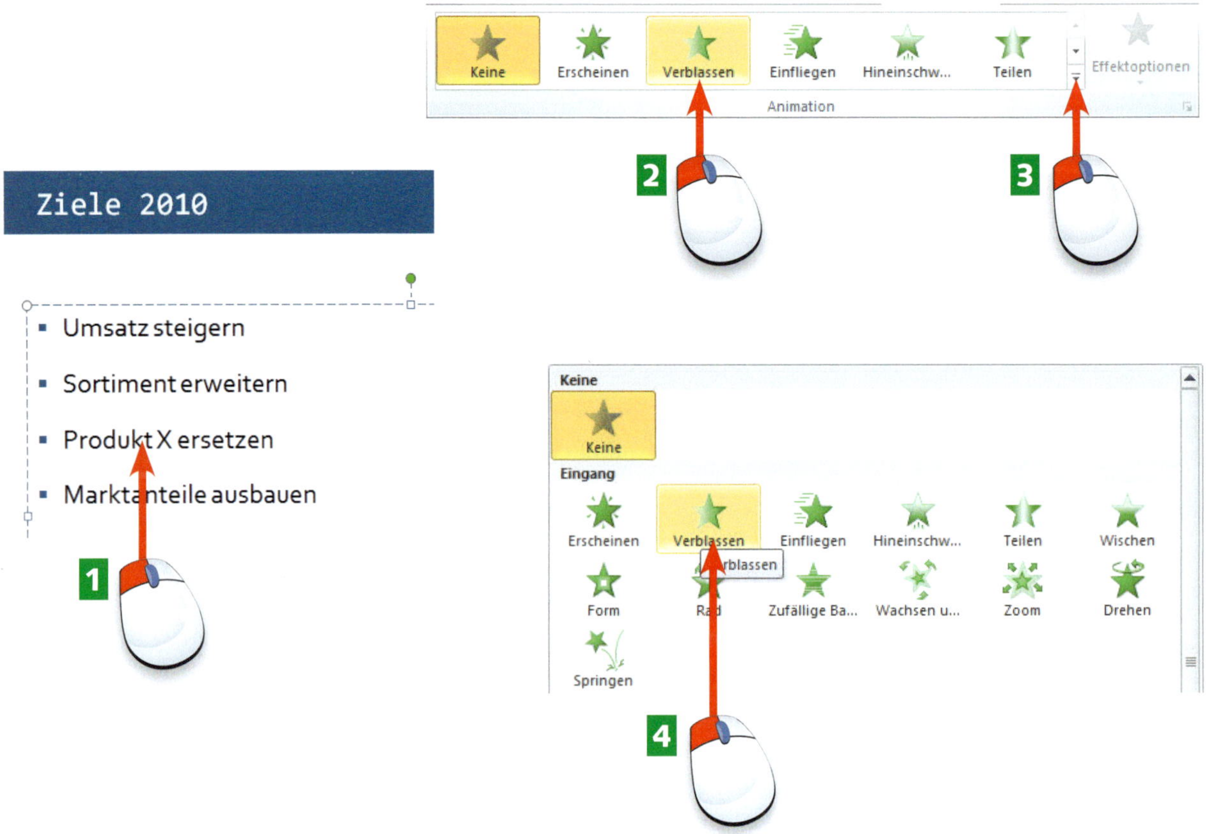

1 Klicken Sie in den Platzhalter oder das Textfeld, das Sie animieren möchten.

2 Zeigen Sie auf der Registerkarte *Animationen* mit der Maus auf die verschiedenen Effekte. Auf der Folie sehen Sie eine Vorschau auf den Effekt.

3 Öffnen Sie bei Bedarf den Katalog, um weitere Effekte auszuprobieren.

4 Weisen Sie den Effekt *Verblassen* zu.

Mit Animationseffekten können Sie Folienobjekte ein- und ausblenden, hervorheben und entlang von Pfaden bewegen. Die Wiedergabe von Animationen kann automatisch nach dem Folienwechsel erfolgen oder per Mausklick ausgelöst werden.

WISSEN

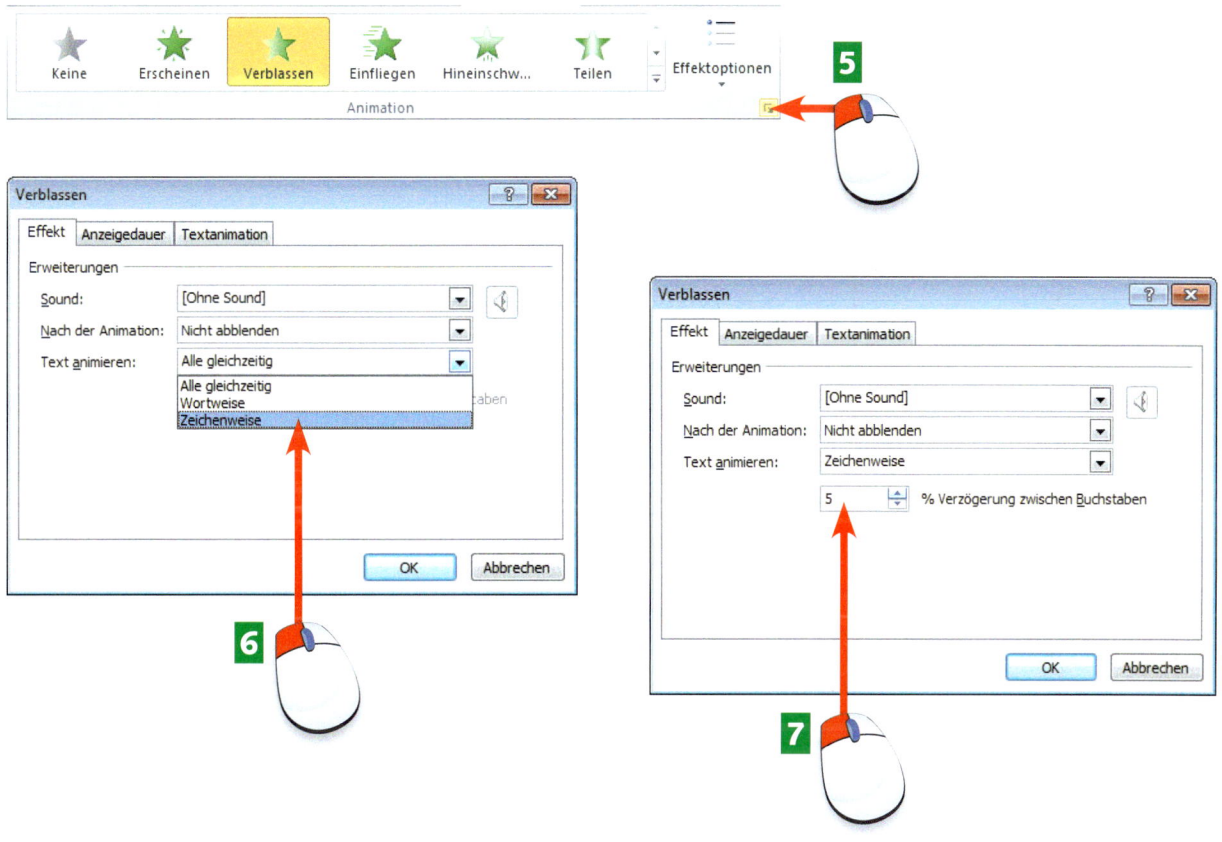

5 Rufen Sie über den Pfeil der Gruppe *Animation* die Optionen für den Effekt *Verblassen* auf.

6 Wählen Sie auf der Registerkarte *Effekt* die Einstellung *Zeichenweise*.

7 Reduzieren Sie die *Verzögerung zwischen Buchstaben* auf 5 %. Wechseln Sie nach einem Klick auf *OK* mit ⇧+F5 in die Bildschirmpräsentation, um die Animation zu testen.

Ende

HINWEIS

Wenn Sie keine weiteren Einstellungen vornehmen, wird die Animation Absatz für Absatz bei Mausklick ausgeführt.

HINWEIS

Die Markierungen für den Ablauf der Animation werden auf der Folie nur angezeigt, wenn die Registerkarte *Animationen* aktiv oder der *Animationsbereich* sichtbar ist.

HINWEIS

Die nummerierten Kästchen, die nach dem Zuweisen der Animation auf der Folie angezeigt werden, kennzeichnen die Zahl der Mausklicks, die für die Wiedergabe der Animation erforderlich sind.

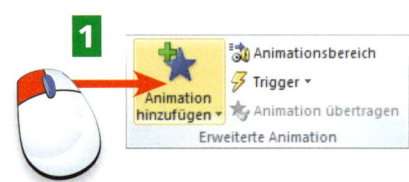

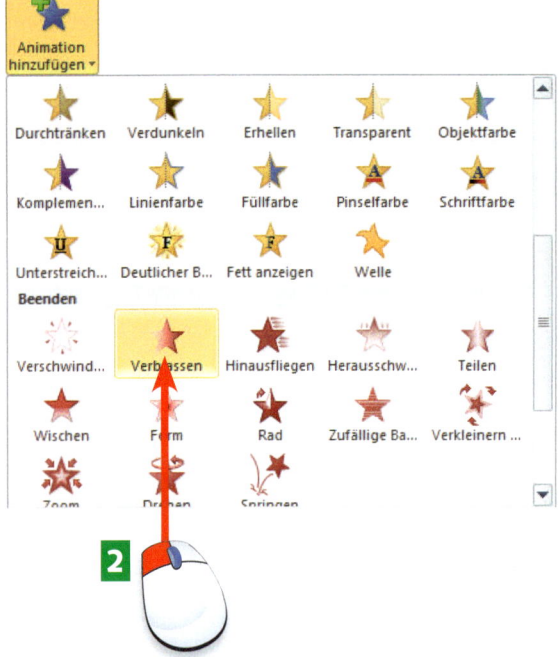

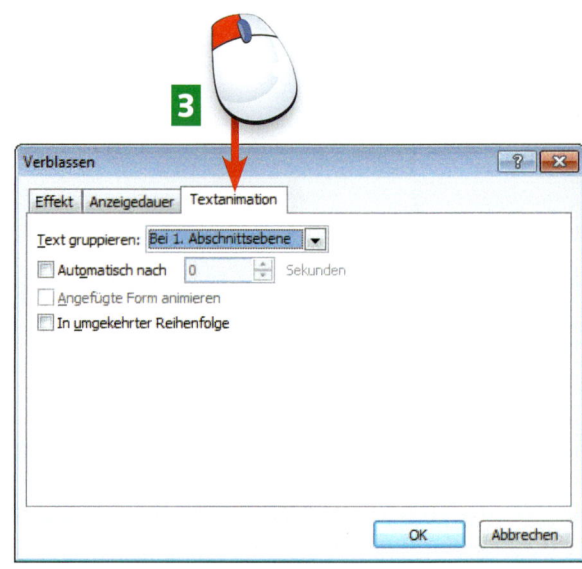

1 Klicken Sie wieder in den Platzhalter, um ihn zu markieren, und dann auf *Animation hinzufügen*.

2 Wählen Sie dieses Mal *Verblassen* aus den *Beenden*-Effekten aus.

3 Blenden Sie per Klick auf den Pfeil der Gruppe *Animation* wieder die *Effektoptionen* ein. Rufen Sie die Registerkarte *Textanimation* auf.

Ein- und demselben Folienobjekt können mehrere Effekte mit unterschiedlichen Startoptionen zugewiesen werden. Im Beispiel werden alle Absätze einzeln per Mausklick eingeblendet. Das Ausblenden wird mit einem einzigen Mausklick gestartet. Die Animation der Folgeabsätze erfolgt automatisch.

WISSEN

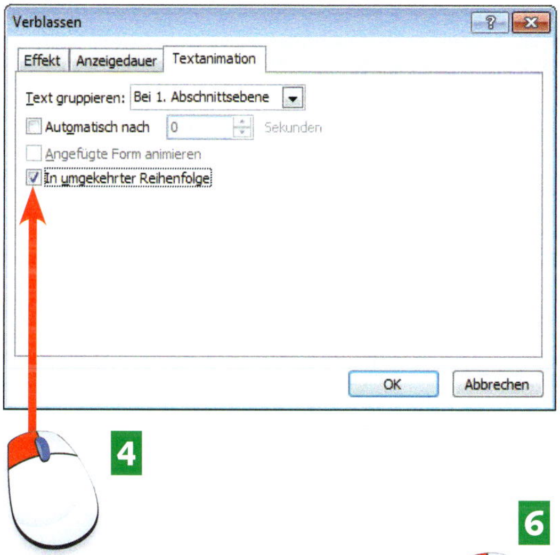

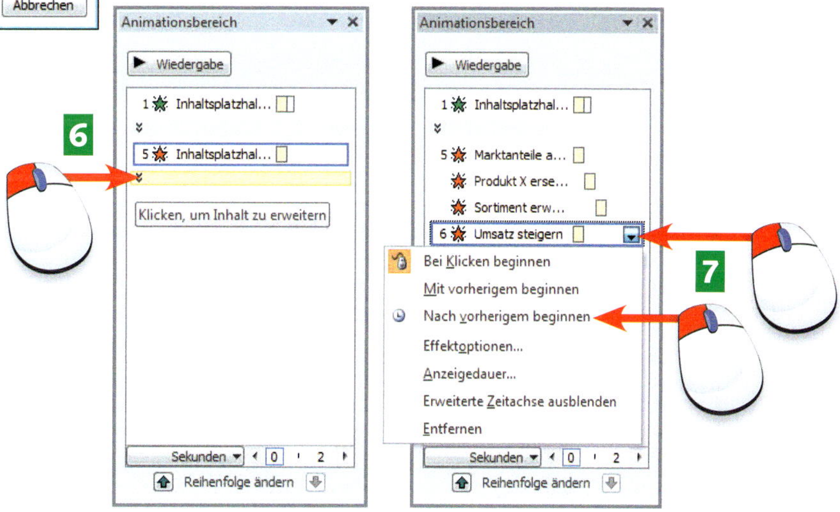

4 Aktivieren Sie *In umgekehrter Reihenfolge*. Mit dieser Einstellung wird beim Ausblenden zuerst der letzte Absatz, dann der vorletzte usw. animiert.

5 Blenden Sie per Klick auf *Animationsbereich* den gleichnamigen Aufgabenbereich ein.

6 Kicken Sie auf den Doppelpfeil unter dem Ausblenden-Effekt.

7 Ändern Sie für alle Beenden-Effekte außer dem ersten die Startoption in *Nach vorherigem beginnen*.

Dass ein Effekt automatisch gestartet wird, erkennen Sie im Animationsbereich daran, dass vor dem Effekt keine Nummer für den Mausklick angezeigt wird.

Wie im Effekte-Katalog sehen Sie auch im Aufgabenbereich an der Farbe des Symbols, ob es sich um einen Eingangs-, Hervorheben- oder Beenden-Effekt handelt.

Per Klick auf *Vorschau* können Sie die Ausführung von Animationen testen, ohne jedes Mal in die Bildschirmpräsentation zu wechseln.

HINWEIS   **HINWEIS**   **TIPP**

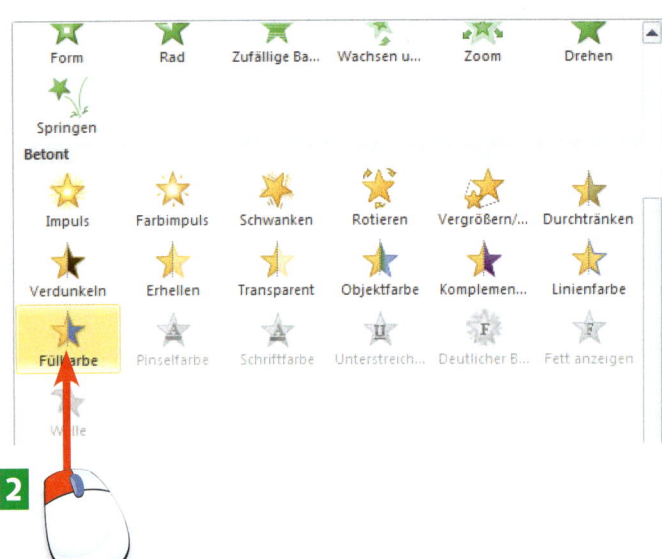

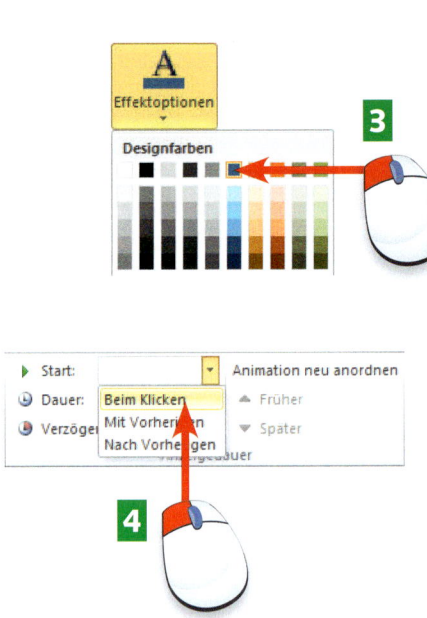

1 Markieren Sie bei gedrückter ⇧-Taste alle Objekte, die Sie hervorheben möchten.

2 Weisen Sie aus den *Betont*-Effekten den Effekt *Füllfarbe* zu.

3 Wählen Sie aus den *Effektoptionen* die Füllfarbe aus, die per Animation zugewiesen werden soll.

4 Wählen Sie für *Start* die Einstellung *Beim Klicken*.

Mit Betonungseffekten animierte Objekte sind von Anfang auf der Folie zu sehen. Wenn der schrittweise Aufbau einer Folie nicht sinnvoll ist, erleichtern Sie mit Betonungseffekten Ihren Zuhörern die Orientierung, von welcher Information auf der Folie Sie gerade sprechen.

WISSEN

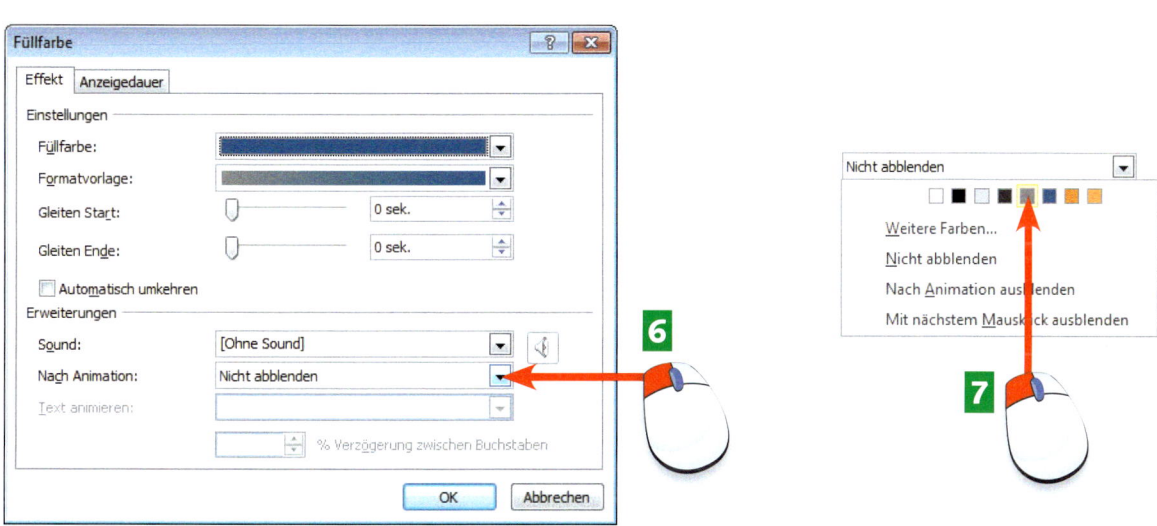

5 Öffnen Sie per Klick auf den Pfeil der Gruppe *Animation* die *Effektoptionen* mit der Registerkarte *Effekt*.

6 Öffnen Sie das Listenfeld *Nach Animation*.

7 Wählen Sie die Farbe aus, die die Objekte vor der Ausführung des Animationseffekts haben. Mit dieser Einstellung wird die Farbänderung des ersten Objekts zurückgesetzt, wenn Sie klicken, um das nächste Objekt hervorzuheben.

Ende

Markieren Sie die Objekte, die Sie animieren möchten, in der Reihenfolge, in der die Animation ausgeführt werden soll.

Die Reihenfolge der Markierung wird automatisch auf die Animationsreihenfolge übertragen, sodass Sie den Ablauf der Animation nicht nachbearbeiten müssen.

TIPP

HINWEIS

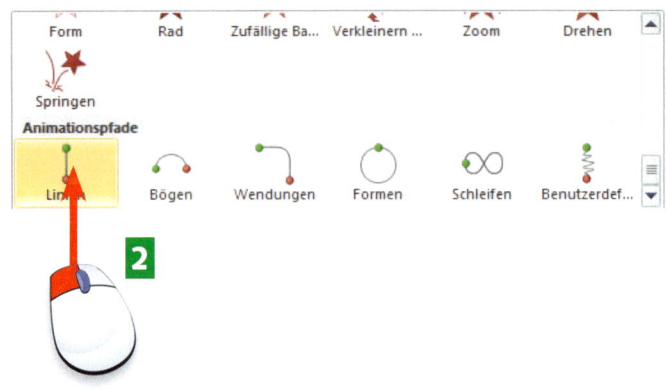

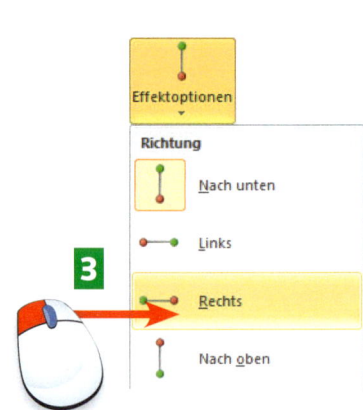

1 Markieren Sie das Objekt und öffnen Sie den Effekte-Katalog.

2 Klicken Sie auf *Linien* in der Kategorie *Animationspfade*. Das Objekt wird zunächst nach unten verschoben.

3 Öffnen Sie die *Effektoptionen* und wählen Sie die Einstellung *Rechts*.

Animationspfade sind keine Eingangsanimationen. Das Objekt ist von Anfang an auf der Folie zu sehen und wird von seiner ursprünglichen Position an die Endposition des Pfads bewegt.

WISSEN

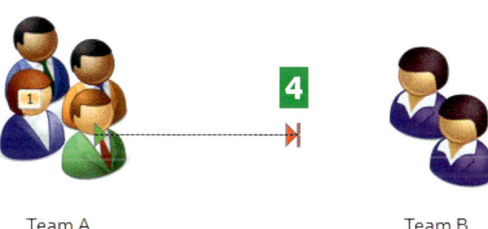

4 Der rote Pfeil kennzeichnet die Stelle auf der Folie, an der der Mittelpunkt des Objekts nach der Animation liegt.

5 Klicken Sie auf den Pfad, um ihn zu markieren.

6 Ziehen Sie am Endpunkt des Pfads, um ihn zu verlängern oder zu verkürzen.

Animationspfade können wie gezeichnete Linien vergrößert, verkleinert und gedreht werden.

Der Pfad ist nur zu sehen, wenn die Registerkarte *Animationen* aktiv oder der *Animationsbereich* eingeblendet ist.

Halten Sie beim Bearbeiten des Pfads die ⇧-Taste gedrückt. Dies bewirkt beim Bearbeiten gerader Linien, dass die Linie in exakt horizontaler oder vertikaler Richtung verläuft.

HINWEIS   **HINWEIS**   **TIPP**

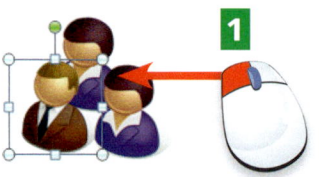

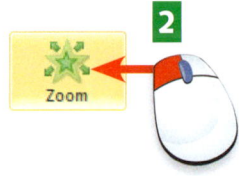

1 Ordnen Sie das Objekt, das Sie per Pfad einblenden möchten, an der Position an, an der es nach dem Ende der Animation stehen soll.

2 Weisen Sie dem Objekt einen statischen Eingangseffekt wie *Zoom* oder *Wachsen und Bewegen* zu.

3 Weisen Sie über *Animation hinzufügen* einen Animationspfad zu. Passen Sie bei Bedarf die *Effektoptionen* an oder verlängern Sie den Pfad.

Das exakte Positionieren von Objekten mittels Animationspfaden ist recht schwierig. Wenn Sie die Pfadanimation mit einem Eingangseffekt kombinieren, können Sie das Objekt an der Stelle positionieren, an der es sich nach der Animation befinden soll, und den Animationspfad nach dem Zuweisen umkehren.

WISSEN

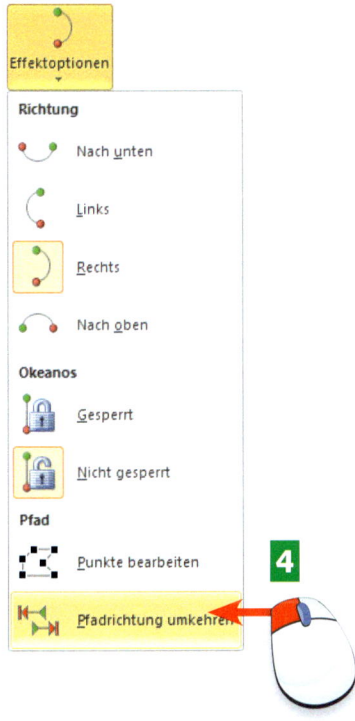

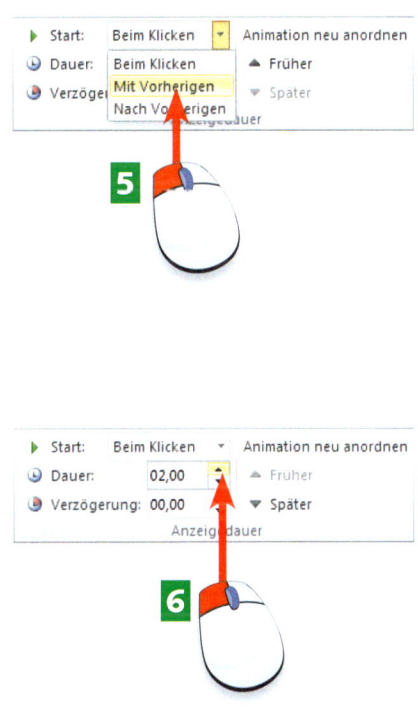

4 Markieren Sie den Pfad und wählen Sie aus den *Effektoptionen* den Befehl *Pfadrichtung umkehren*.

5 Ändern Sie die *Start*-Einstellung für die Pfadanimation auf *Mit Vorherigen*.

6 Passen Sie die Geschwindigkeit des Eingangseffekts an die des Animationspfads an, indem Sie für beide Effekte die gleiche *Dauer* definieren.

Start- und Endpunkt einer Pfadanimation können sich auch außerhalb der Folie befinden.

Beim Kopieren von Objekten werden auch die Animationseinstellungen mitkopiert.

Reduzieren Sie bei Bedarf den Zoom der Ansicht, um Objekte und Animationspfade im Bereich außerhalb der Folie anzuordnen und zu bearbeiten.

HINWEIS   **HINWEIS**   **TIPP**

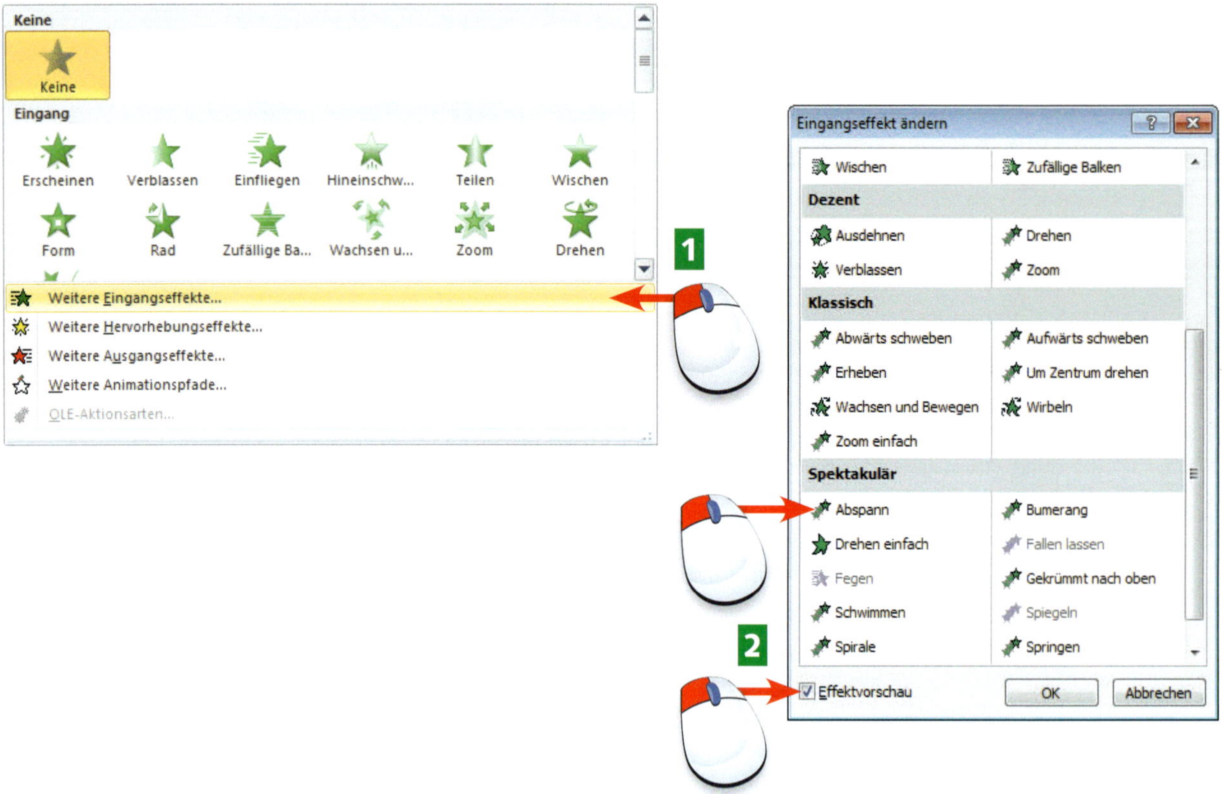

1 Im Effekte-Katalog sehen Sie nur die wichtigsten Effekte jeder Kategorie. Über *Weitere Eingangseffekte*, *Weitere Hervorhebungseffekte* usw. rufen Sie Dialogfelder auf, in denen Sie aus allen verfügbaren Effekten einer Kategorie wählen können.

2 Um die Wirkung eines Effekts aus dem Dialogfeld schon vor dem Zuweisen zu sehen, aktivieren Sie die *Effektvorschau*. Klicken Sie dann auf einen Effekt.

Im Menüband finden Sie die wichtigsten Befehle zum Einrichten von Animationen. Im Animationsbereich sehen Sie, welche Animationen auf einer Folie hinterlegt wurden und – sofern die erweiterte Zeitachse eingeblendet ist – wie lange die Ausführung einzelner Effekte dauert.

WISSEN

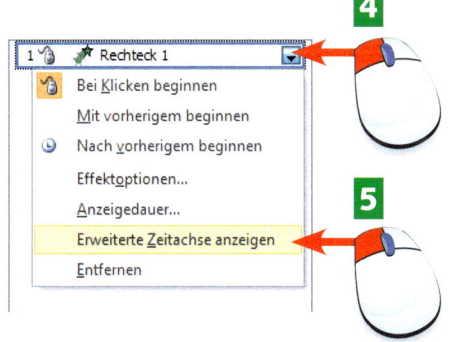

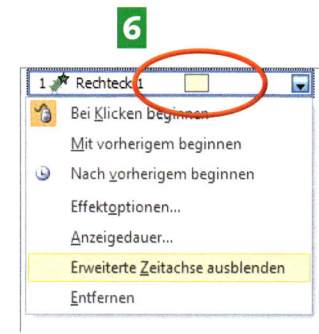

3 Um Animationen auf ein anderes Objekt zu kopieren, markieren Sie das bereits animierte Objekt, klicken auf *Animation übertragen* und dann auf das zweite Objekt.

4 Über den Pfeil nach unten können Sie alle Animationseinstellungen unmittelbar im Animationsbereich vornehmen.

5 Mit *Erweiterte Zeitachse anzeigen/Erweiterte Zeitachse ausblenden* schalten Sie zwischen der einfachen und einer grafischen Anzeige im Animationsbereich um.

6 Die Balken auf der Zeitachse zeigen die Dauer der Animation an.

Ende

TIPP

Um die Einstellungen für mehrere Animationen gleichzeitig anzupassen, markieren Sie die Effekte im Animationsbereich, indem Sie einen Effekt nach dem anderen bei gedrückter ⎡Strg⎤-Taste anklicken.

TIPP

Die Reihenfolge, in der Animationen wiedergegeben werden, können Sie nachträglich ändern, indem Sie einen Effekt im Animationsbereich markieren und an die gewünschte Position ziehen.

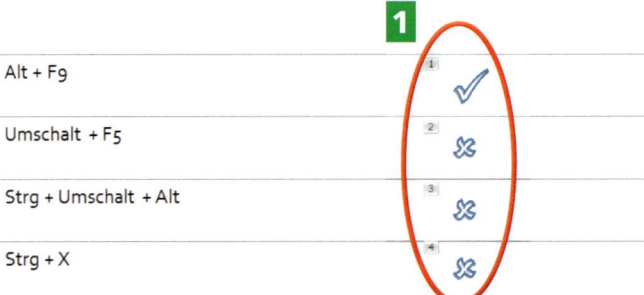

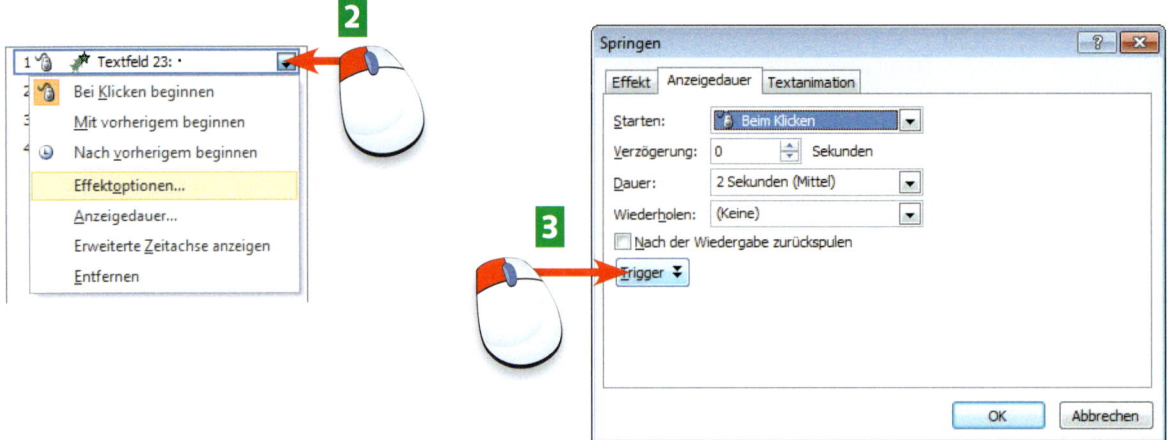

1 Richten Sie zunächst Folie und Animationen ein. Im Beispiel soll per Klick auf die richtige Antwort ein Häkchen erscheinen, per Klick auf eine falsche Antwort ein X.

2 Markieren Sie den ersten Effekt im Animationsbereich und rufen Sie über den Pfeil nach unten die *Effektoptionen* auf.

3 Klicken Sie auf der Registerkarte *Anzeigedauer* auf *Trigger*.

Trigger können in beliebiger Reihenfolge und beliebig oft ausgelöst werden. Wenn Sie Trigger verwenden, sind Sie nicht auf eine bestimmte Animationsreihenfolge festgelegt, sondern können flexibel auf Ihre Zuhörer reagieren oder, wie im Beispiel, ein Quiz aufbauen.

WISSEN

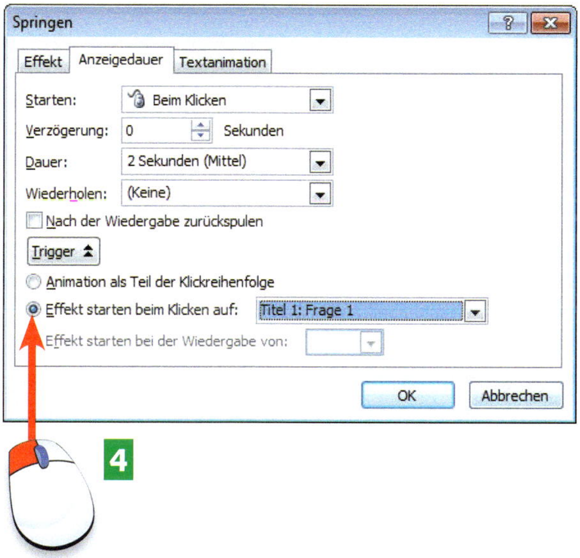

Springen

Effekt | Anzeigedauer | Textanimation

Starten: Beim Klicken

Verzögerung: 0 Sekunden

Dauer: 2 Sekunden (Mittel)

Wiederholen: (Keine)

☐ Nach der Wiedergabe zurückspulen

Trigger ▲

○ Animation als Teil der Klickreihenfolge

● Effekt starten beim Klicken auf: Titel 1: Frage 1

Effekt starten bei der Wiedergabe von:

OK | Abbrechen

4

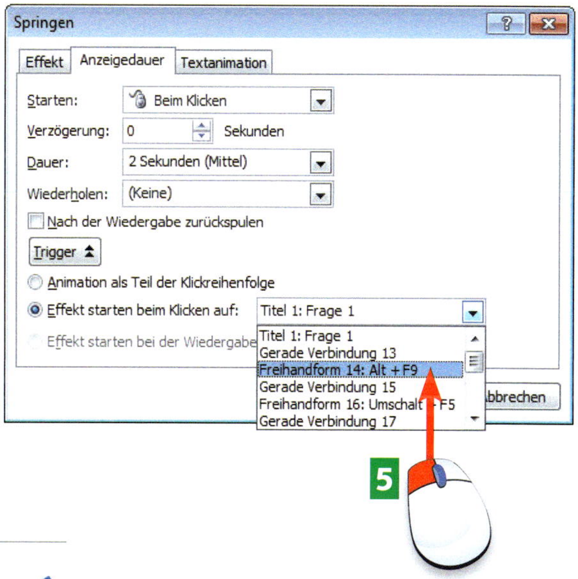

Springen

Effekt | Anzeigedauer | Textanimation

Starten: Beim Klicken

Verzögerung: 0 Sekunden

Dauer: 2 Sekunden (Mittel)

Wiederholen: (Keine)

☐ Nach der Wiedergabe zurückspulen

Trigger ▲

○ Animation als Teil der Klickreihenfolge

● Effekt starten beim Klicken auf: Titel 1: Frage 1

Effekt starten bei der Wiedergabe
- Titel 1: Frage 1
- Gerade Verbindung 13
- Freihandform 14: Alt + F9
- Gerade Verbindung 15
- Freihandform 16: Umschalt + F5
- Gerade Verbindung 17

Abbrechen

5

6 ✓

4 Aktivieren Sie *Effekt starten beim Klicken auf*.

5 Wählen Sie im Listenfeld das Folienobjekt aus, das als Auslöser für die Animation dienen soll.

6 Dass die Animation nur per Trigger ausgelöst wird, sehen Sie an dem Blitzsymbol auf der Folie.

Ende

Trigger sind Folienobjekte, die als Auslöser für Animationen dienen. Mit einem Trigger verbundene Animationen werden nur ausgeführt, wenn der Trigger angeklickt wird. Der Klick auf die Folie löst andere Animationseffekte oder den Folienwechsel aus.

Mit Triggern können Sie sowohl Eingangs-, Hervorheben-, Beenden- und Pfadanimationen auslösen.

In der Bildschirmpräsentation ändert sich der Mauszeiger in eine Hand, wenn er sich über einem Trigger befindet.

FACHWORT | **HINWEIS** | **HINWEIS**

Sound und Video

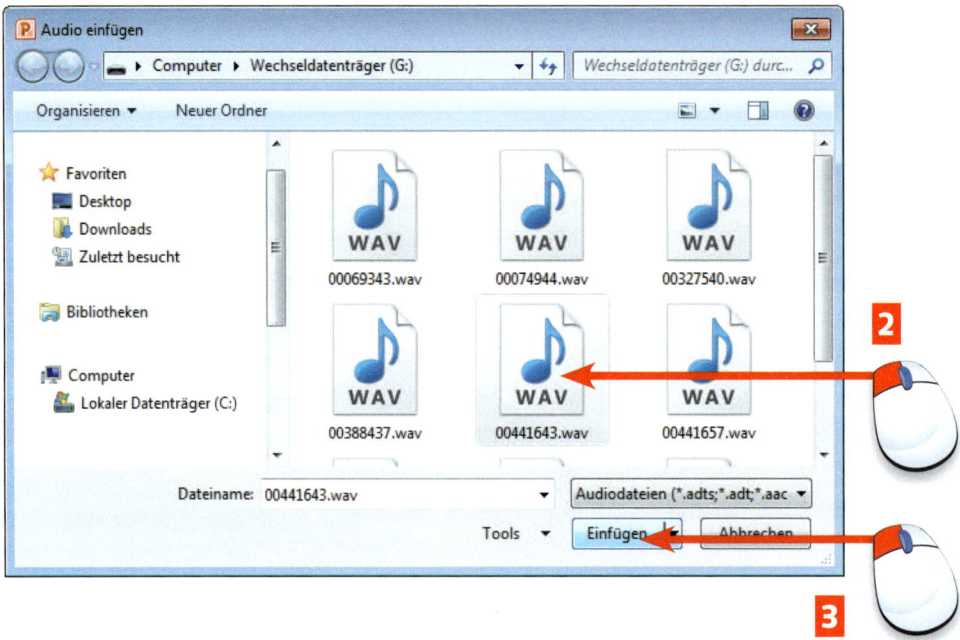

1 Wechseln Sie auf die Registerkarte *Einfügen* und klicken Sie auf *Audio*.

2 Rufen Sie im Dialogfeld *Audio einfügen* den Ordner auf, in dem Ihre Sounddateien abgelegt sind. Markieren Sie die gesuchte Datei.

3 Klicken Sie auf *Einfügen*, wenn Sie die Sounddatei mit der Präsentation speichern möchten.

Sound und Video werden in PowerPoint 2010 automatisch mit der Präsentation gespeichert, wenn Sie nicht ausdrücklich *Verknüpfung* wählen. Das Verknüpfen von Multimediadateien ist nur sinnvoll, wenn Sie extrem große Dateien einbinden möchten. In allen anderen Fällen ist das Speichern mit der Präsentation die bessere Lösung.

WISSEN

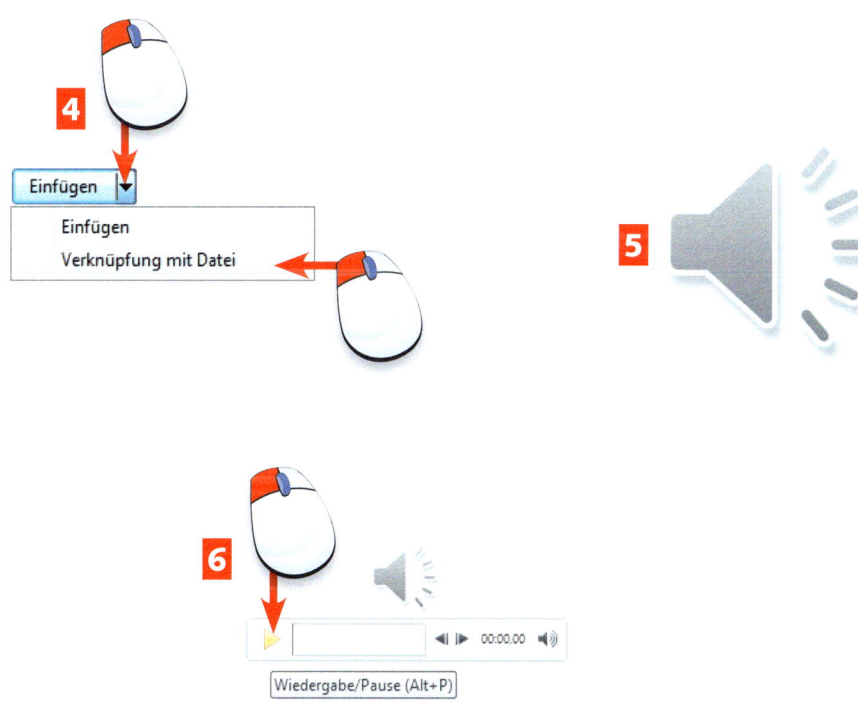

4 Klicken Sie auf den Pfeil der Schaltfläche *Einfügen* und wählen Sie *Verknüpfung mit Datei*, wenn lediglich der Speicherort der Datei gespeichert werden soll.

5 Ob Sie nun *Einfügen* oder *Verknüpfung* wählen: PowerPoint zeigt die Sounddatei mit einem Lautsprechersymbol auf der Folie an.

6 Wenn das Symbol markiert ist oder wenn Sie mit der Maus darauf zeigen, können Sie per Klick auf die *Wiedergabe*-Schaltfläche den Sound testen, ohne in die Bildschirmpräsentation zu wechseln.

Ende

Verknüpfte Dateien werden nicht wiedergegeben, wenn PowerPoint die Datei auf einem anderen Rechner oder nach Änderungen an der Ordnerstruktur nicht mehr findet.

Wenn Sie Präsentationen mit Verknüpfungen weitergeben, müssen Sie den Ordner mit allen Dateien weitergeben, nicht nur die Präsentation.

Speichern Sie Dateien, die verknüpft werden sollen, vor dem Einbinden in dem Ordner, in dem auch die Präsentation abgelegt ist.

HINWEIS   **HINWEIS**   **TIPP**

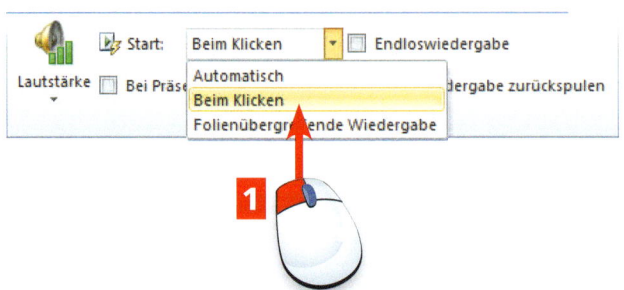

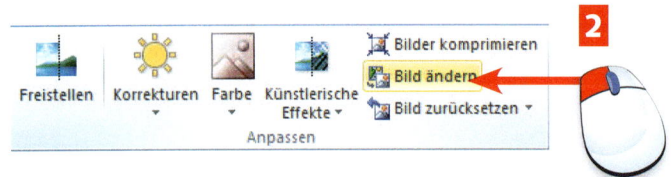

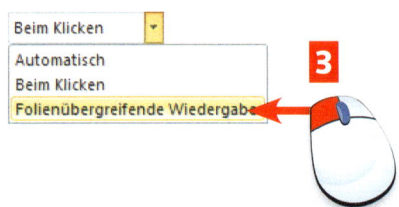

1 Wechseln Sie auf die Registerkarte *Wiedergabe* der *Audiotools* und bestimmen Sie für *Start*, ob die Wiedergabe *Automatisch* oder erst *Beim Klicken* starten soll.

2 Wenn die Wiedergabe erst per Mausklick ausgelöst wird, können Sie bei Bedarf auf der Registerkarte *Format/Audiotools* über *Bild ändern* das Soundsymbol austauschen.

3 Um Sound über mehrere Folien wiederzugeben, klicken Sie in den *Start*-Optionen auf *Folienübergreifende Wiedergabe*.

Für Sound, der erst beim Klicken ausgelöst wird, muss auf der Folie ein Auslöser zur Verfügung stehen. Die Symbole von Sounddateien, deren Wiedergabe automatisch gestartet wird, können in den grauen Randbereich neben der Folie verschoben oder über *Bei Präsentation ausblenden* für die Bildschirmpräsentation ausgeblendet werden.

WISSEN

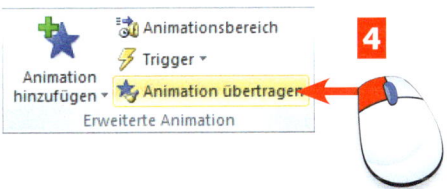

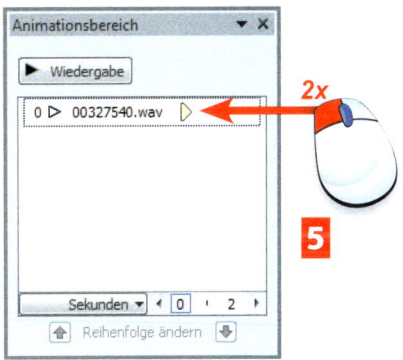

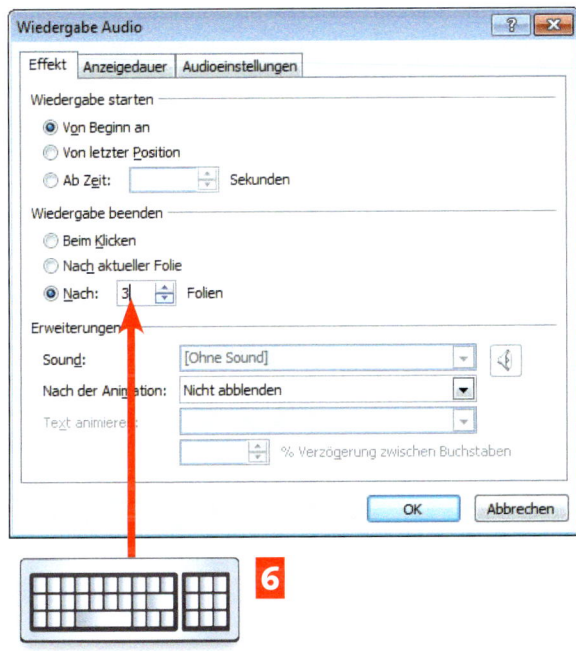

4 Blenden Sie für die Wiedergabe über mehrere Folien auf der Registerkarte *Animationen* über *Animationsbereich* den gleichnamigen Aufgabenbereich ein.

5 Doppelklicken Sie auf die Sounddatei in der Animationsliste.

6 Geben Sie im Dialogfeld *Wiedergabe Audio* unter *Effekt* die Zahl der Folien ein, nach der die Wiedergabe stoppen soll.

Ende

TIPP

Wenn Ihnen gerade keine Sounddatei zur Verfügung steht, können Sie über den Pfeil der Schaltfläche *Audio* den Befehl *ClipArt-Audio* aufrufen und Beispieldateien von Office.com verwenden.

HINWEIS

Die *Start*-Einstellungen für Sound und Video werden als Animationseffekte behandelt und können in die Animationsreihenfolge von Folienobjekten integriert werden.

TIPP

Auf der Registerkarte *Audioeinstellungen* im Dialogfeld *Wiedergabe Audio* können Sie die Gesamtspielzeit der Sounddatei ablesen.

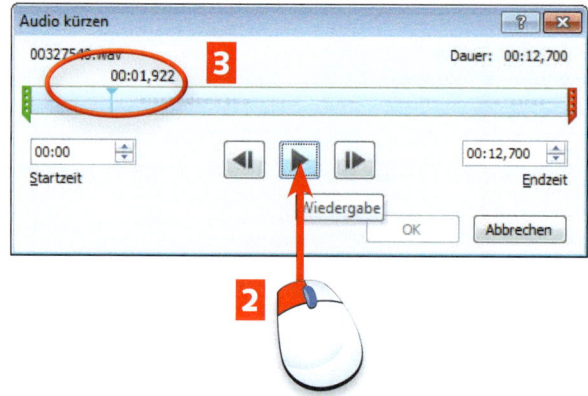

1 Klicken Sie auf *Audio beschneiden* auf der Registerkarte *Wiedergabe/Audiotools*.

2 Im Dialogfeld *Audio kürzen* können Sie die Sounddatei abspielen und stoppen.

3 Eine blaue Markierung über dem Klangspektrum zeigt Ihnen die aktuelle Position an.

Musikstücke, die länger als nötig sind oder abrupt enden, können Sie schneiden oder ein- und ausblenden.

WISSEN

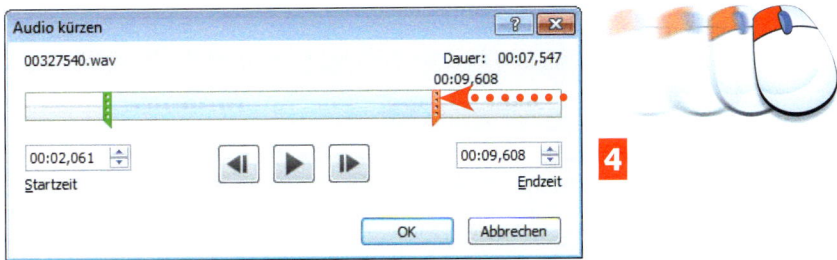

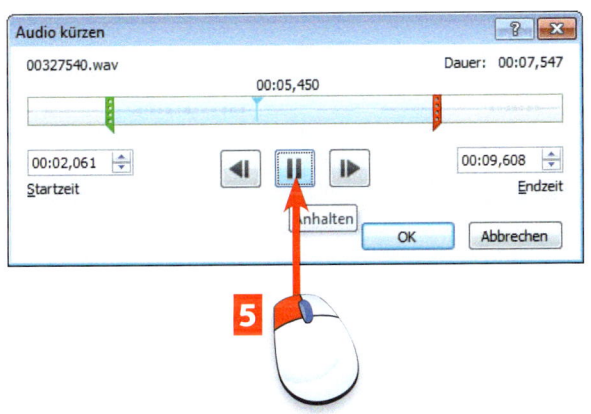

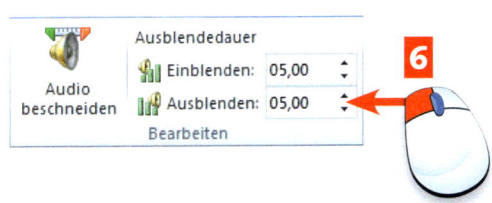

4 Ziehen Sie die grüne bzw. rote Schnittmarke an die gewünschte Position.

5 Testen Sie das Ergebnis, indem Sie wieder auf *Wiedergabe/Anhalten* klicken.

6 Um die Musik ein- und auszublenden, geben Sie unter *Ausblendedauer* die gewünschte Zeit in Sekunden ein.

Der Befehl *Audio beschneiden* steht nicht für alle Dateiformate zur Verfügung. Von Office.com geladene Midi-Dateien können nicht geschnitten werden.

Mit **Sprungmarken** werden Animationen mit der Soundwiedergabe synchronisiert. Die Vorgehensweise ist identisch mit dem Einfügen von Sprungmarken in Videos.

Beim Zuschneiden von Sound und Video ändern Sie nur die Wiedergabeeinstellungen. Die zugeschnittenen Bereiche werden nicht entfernt.

HINWEIS　　**FACHWORT**　　**HINWEIS**

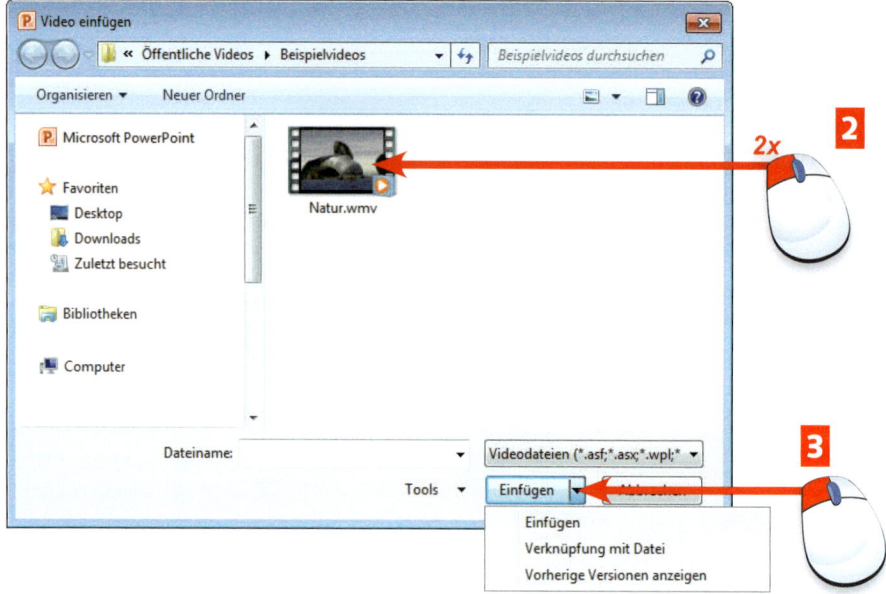

1 Klicken Sie auf der Registerkarte *Einfügen* auf *Video* oder – sofern verfügbar – auf das Symbol *Mediaclip einfügen* im Platzhalter eines speziellen Videolayouts.

2 Wählen Sie im Dialogfeld *Video einfügen* die gesuchte Datei per Doppelklick auf das Dateisymbol aus …

3 … oder wählen Sie wie beim Einfügen von Sound zwischen *Einfügen* und *Verknüpfung* .

Beim Einfügen und bei der Wiedergabe von Sound und Video greift PowerPoint auf die Multimediakomponenten von Windows zu. Welche Dateiformate unterstützt werden, hängt davon ab, welche Windows-Version Sie verwenden und ob eventuell zusätzliche Software wie Videoschnittprogramme oder spezielle Player installiert ist.

WISSEN

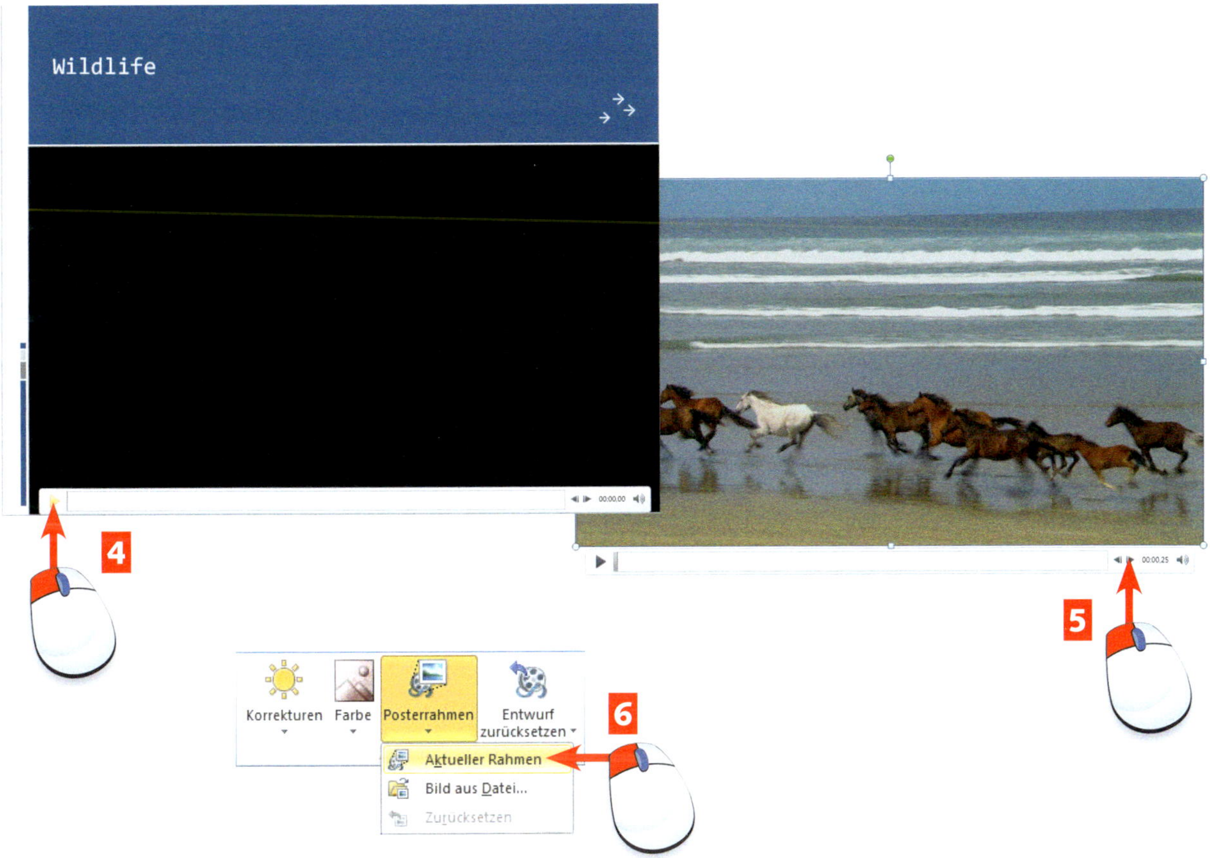

Wildlife

Korrekturen Farbe Posterrahmen Entwurf zurücksetzen

6

Aktueller Rahmen
Bild aus Datei...
Zurücksetzen

4 Testen Sie die Wiedergabe des Videos per Klick auf die *Wiedergabe*-Schaltfläche am unteren Rand. Sie wird eingeblendet, sobald sich die Maus über dem Video befindet.

5 Wenn Ihr Video mit einem schwarzen Rechteck als Startbild angezeigt wird, spulen Sie per Klick auf die *Vorwärts*-Schaltfläche etwas vor, bis ein Bild aus dem Video zu sehen ist.

6 Klicken Sie unter *Format / Videotools* auf *Posterrahmen* und wählen Sie *Aktueller Rahmen*, um die schwarze Fläche durch das Bild aus dem Video zu ersetzen.

Ende

Wenn auf Ihrem Rechner der QuickTime Player von Apple installiert ist, können Sie auch Videos im weit verbreiteten Format *.mov* mit Ihren Präsentationen verwenden.

Mit der 64-Bit-Version von Office 2010 können Sie – Stand Juli 2010 – QuickTime Movies nicht verwenden.

Damit Ihre Präsentation mit QuickTime Movies auch auf einem anderen Rechner wiedergegeben wird, muss dort ebenfalls der QuickTime Player installiert sein.

TIPP **HINWEIS** **HINWEIS**

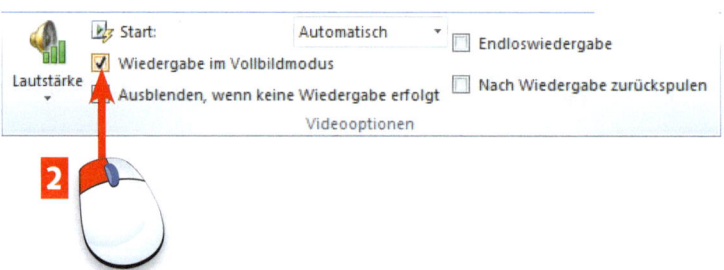

1 Wählen Sie wie bei der Wiedergabe von Sound, ob das Video *Automatisch* starten soll oder erst *Beim Klicken*.

2 Wenn Ihr Video über eine genügend hohe Auflösung verfügt, können Sie die *Wiedergabe im Vollbildmodus* starten. Das Video wird dann folienfüllend angezeigt, die übrigen Elemente der Folie sind nicht zu sehen.

Damit ein Video eingefügt und wiedergegeben werden kann, muss auf Ihrem Rechner nicht nur das Dateiformat bekannt sein, in dem das Video gespeichert wurde. Zur Wiedergabe wird auch der sogenannte Codec benötigt, mit dem das Video erstellt wurde.

WISSEN

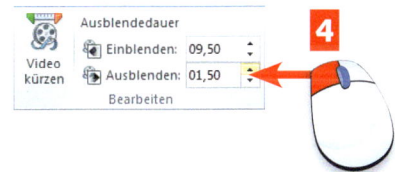

3 Bestimmen Sie bei Bedarf über *Video kürzen* den Ausschnitt des Films, den Sie während der Präsentation zeigen möchten.

4 Unter *Einblenden* und *Ausblenden* können Sie die Dauer festlegen, in der das Video zunächst transparent und dann zunehmend deckend eingeblendet bzw. in umgekehrter Reihenfolge wieder ausgeblendet wird.

Ende

Wenn Sie Videos selbst erstellen, verwenden Sie nach Möglichkeit beim Speichern das WMV-Format und das gleichnamige Komprimierungsverfahren.

Codec: Verfahren, mit dem der Speicherbedarf von Videodaten reduziert wird. Der Codec, der beim Erstellen des Videos verwendet wurde, muss auch für die Wiedergabe zur Verfügung stehen.

TIPP

FACHWORT

Start

1 Springen Sie mit der *Vorwärts*-Schaltfläche schrittweise zu den Stellen des Videos, an denen Sie Animationen einblenden möchten.

2 Bei längeren Videos können Sie im leeren Bereich des Fortschrittsbalkens an die ungefähre Position klicken, um anschließend mit *Vorwärts* und *Rückwärts* die exakte Position zu suchen.

3 Klicken Sie auf *Sprungmarke hinzufügen*, wenn Sie die gesuchte Position im Film gefunden haben.

In PowerPoint 2010 können Sie die Wiedergabe von Animationen mit der Wiedergabe von Videos synchronisieren und beispielsweise Untertitel zum Film einblenden, indem Sie im Video Sprungmarken definieren.

WISSEN

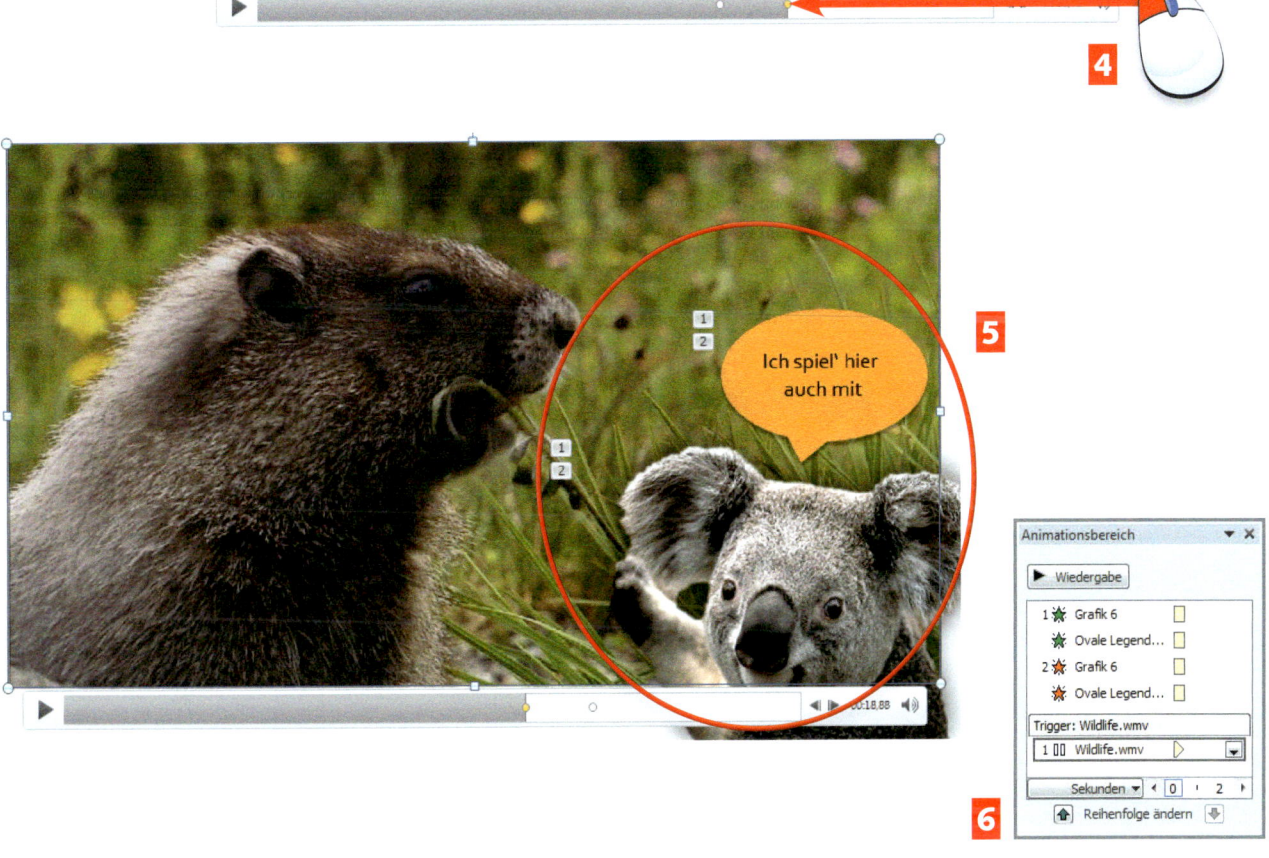

4 Die Sprungmarke wird mit einem kleinen Kreis auf dem Fortschrittsbalken angezeigt. Markierte Sprungmarken haben eine gelbe Füllung. Fügen Sie nach Bedarf weitere Sprungmarken in Ihr Video ein.

5 Fügen Sie die Objekte auf der Folie ein, die Sie parallel zum Video animieren möchten.

6 Richten Sie die Animationen ein. Im Beispiel sollen Bild und Sprechblase mit der ersten Sprungmarke ein- und mit der zweiten wieder ausgeblendet werden.

Sprungmarken können nicht benannt werden; PowerPoint zählt sie einfach nur durch.

Sprungmarke: Markierung im Video, die als Auslöser für Animationen dient.

Entfernen Sie Sprungmarken, die Sie doch nicht benötigen, mit *Sprungmarke entfernen*. Je weniger Markierungen ein Video enthält, desto einfacher ist die Zuordnung beim Einrichten der Animation.

HINWEIS   **FACHWORT**   **HINWEIS**

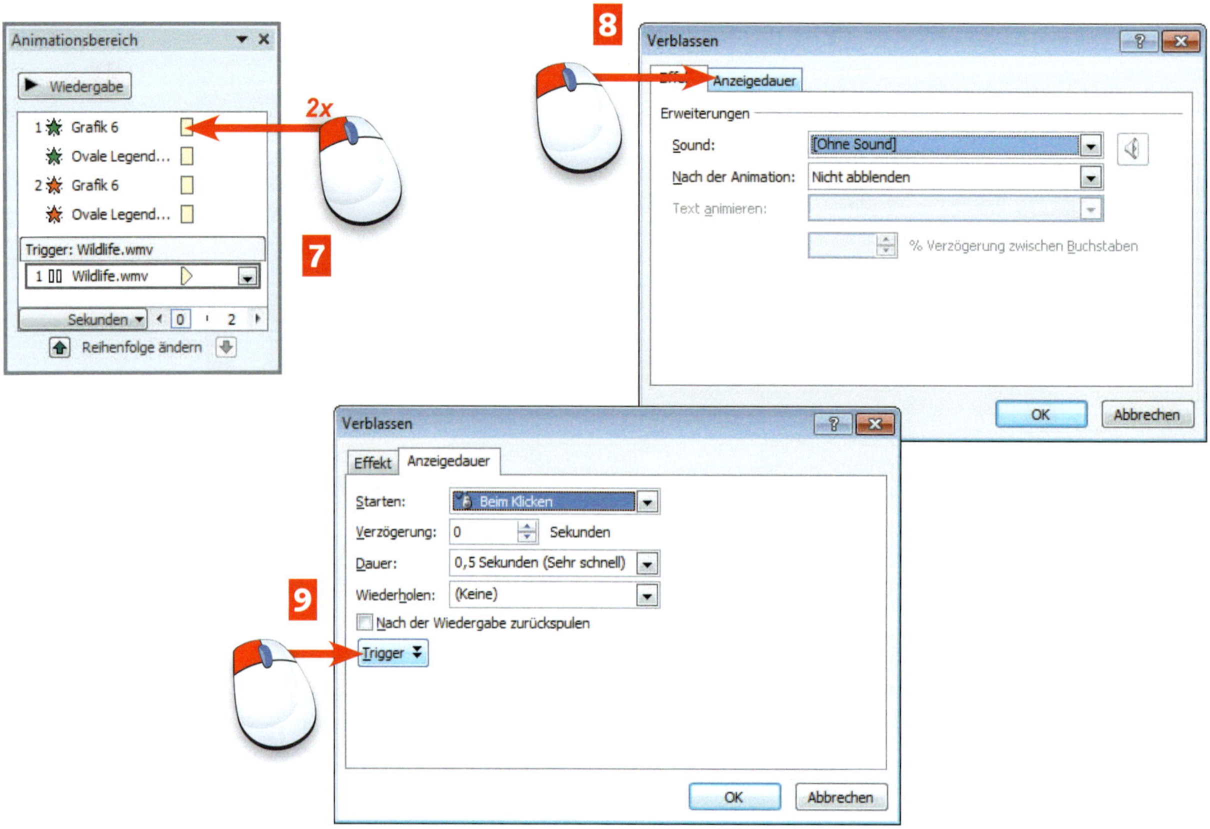

8

Animationsbereich ▾ ✕

▶ Wiedergabe

2x

1 ✹ Grafik 6
✹ Ovale Legend...
2 ✹ Grafik 6
✹ Ovale Legend...

Trigger: Wildlife.wmv
1 ▯▯ Wildlife.wmv ▷ ▼

7

Sekunden ▾ ◀ 0 ' 2 ▶

⬆ Reihenfolge ändern ⬇

Verblassen ? ✕

Effekt **Anzeigedauer**

Erweiterungen

Sound: [Ohne Sound] ▾ 🔊

Nach der Animation: Nicht abblenden ▾

Text animieren: ▾

▲▼ % Verzögerung zwischen Buchstaben

OK Abbrechen

Verblassen ? ✕

Effekt **Anzeigedauer**

Starten: ▮ Beim Klicken ▾
Verzögerung: 0 ▲▼ Sekunden
Dauer: 0,5 Sekunden (Sehr schnell) ▾
Wiederholen: (Keine) ▾
☐ Nach der Wiedergabe zurückspulen

9

Trigger ⬍

OK Abbrechen

7 Doppelklicken Sie im *Animationsbereich* auf den ersten Eintrag in der Animationsliste, den Sie mit einer Sprungmarke verknüpfen wollen.

8 Wechseln Sie im Dialogfeld auf die Registerkarte *Anzeigedauer*.

9 Klicken Sie auf die Schaltfläche *Trigger*.

In die Präsentation eingefügte Multimediadateien lassen die Dateigröße der Präsentation schnell anwachsen. Über *Datei/ Informationen/Medien komprimieren* können Sie nach der Fertigstellung der Sound- und Videobearbeitung versuchen, den Speicherbedarf der Multimediadaten zu reduzieren.

WISSEN

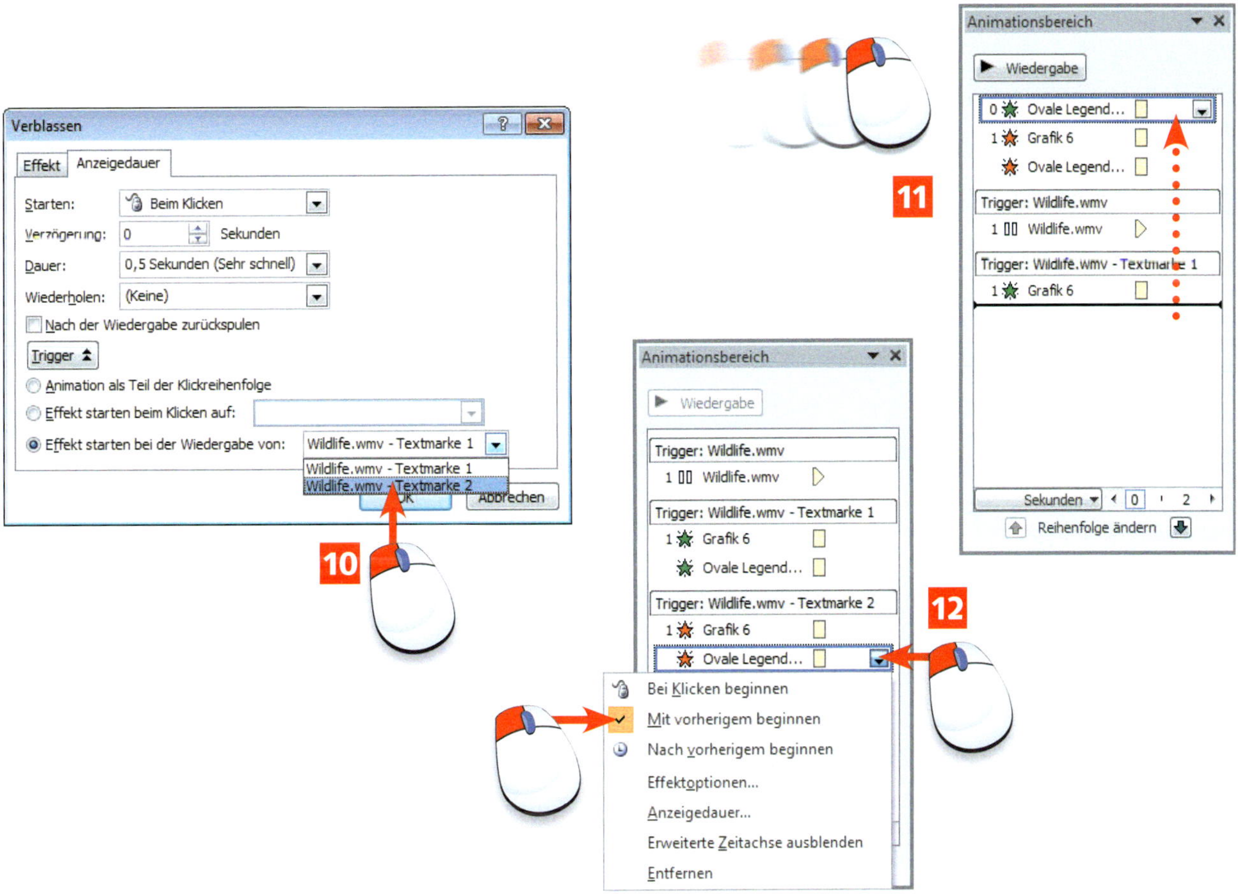

10 Aktivieren Sie die Option *Effekt starten bei der Wiedergabe von*. Wählen Sie die Textmarke im Video aus.

11 Ziehen Sie im *Animationsbereich* gegebenenfalls weitere Animationen, die mit der gleichen Textmarke ausgelöst werden sollen, unter den soeben zugewiesenen Animationseffekt.

12 Ändern Sie die *Start*-Option für die Folgeeffekte auf *Nach Vorheriger* oder *Mit Vorheriger*.

TIPP

Testen Sie nach dem Komprimieren die Qualität der Sound- und Video-wiedergabe in der Bildschirmpräsentation. Machen Sie die Komprimierung *Rückgängig*, wenn die Bild- oder Tonqualität zu schlecht geworden ist.

FACHWORT

Textmarken sind Sprungmarken. PowerPoint verwendet in den Videotools und den Animationseffekten lediglich unterschiedliche Bezeichnungen.

HINWEIS

Nach dem Komprimieren können durch Schneiden gekürzte Daten nicht wiederhergestellt werden.

ShowTime – die Präsentation vorführen

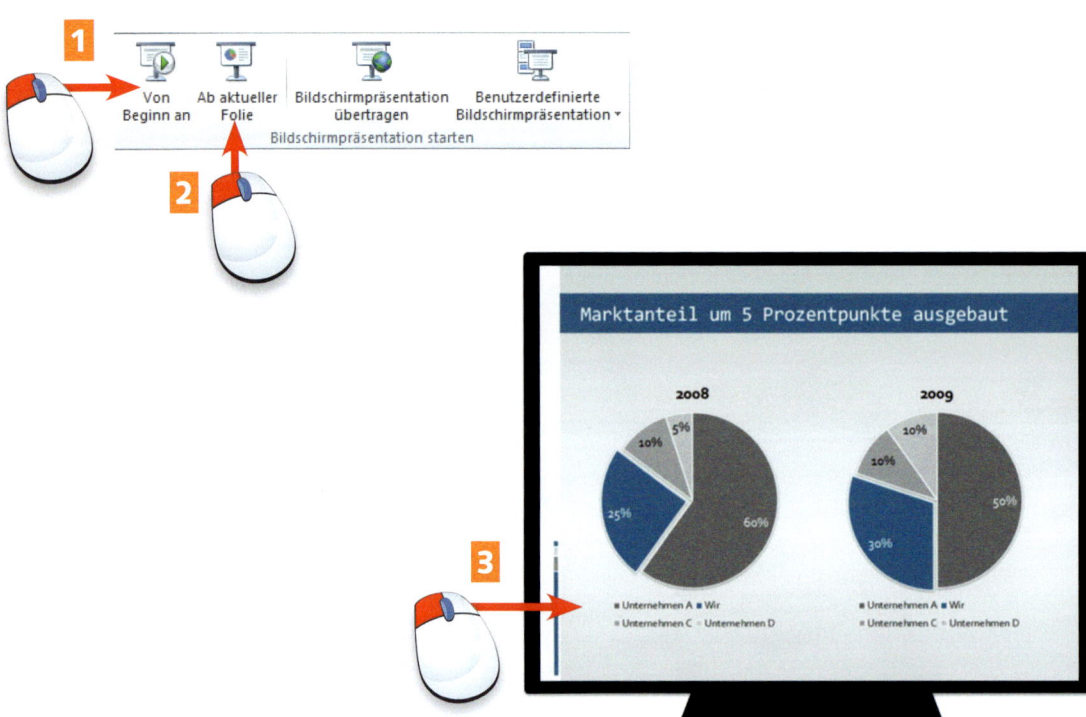

1 Klicken Sie auf der Registerkarte *Bildschirmpräsentation* auf *Von Beginn an*, um Ihre Präsentation mit der ersten Folie zu starten.

2 Per Klick auf *Ab aktueller Folie* rufen Sie die Bildschirmpräsentation mit der aktuellen, in der Normalansicht oder der Foliensortierung markierten Folie auf.

3 Klicken Sie mit der linken Maustaste, um Animationen zu starten oder auf die nächste Folie zu wechseln.

In der Bildschirmpräsentation werden alle Elemente der Programm-oberfläche ausgeblendet. Nur die Folie ist bildschirmfüllend zu sehen. Wenn das Seitenformat der Präsentation nicht mit dem des Bildschirms übereinstimmt, bleiben Randbereiche des Bildschirms schwarz.

WISSEN

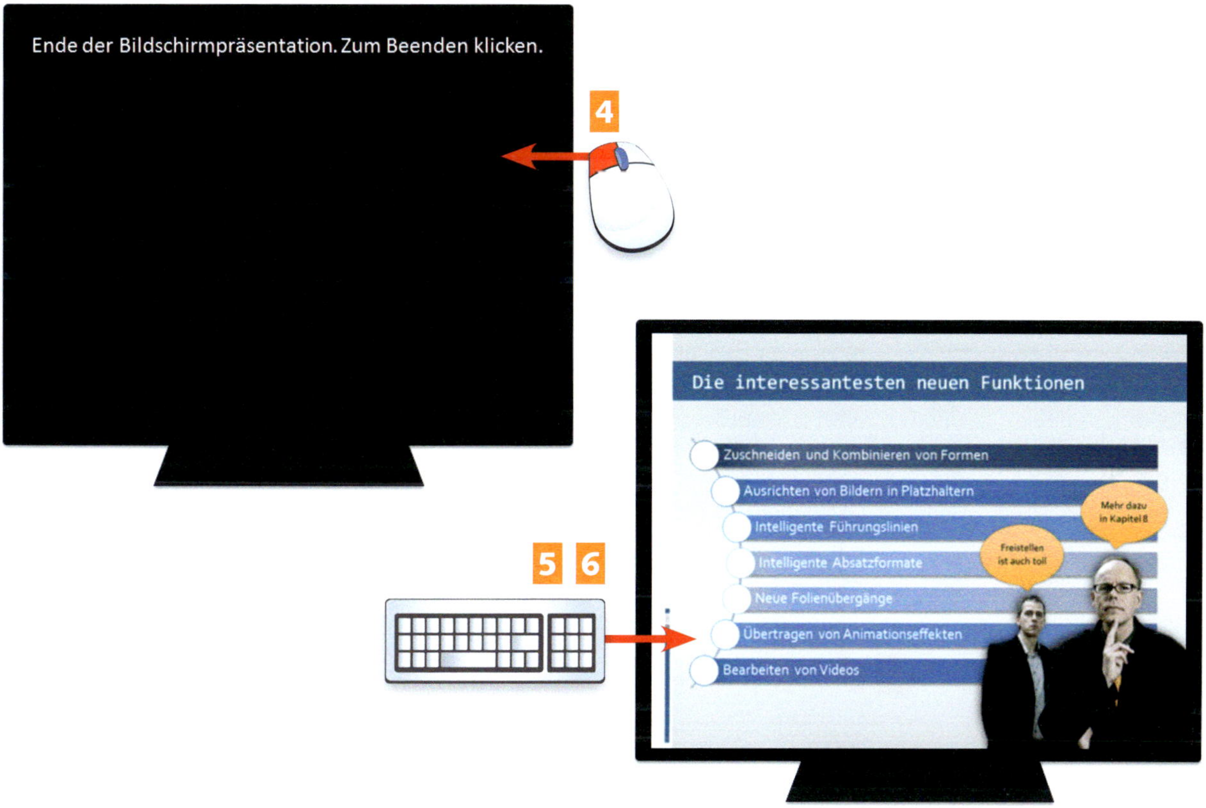

Ende der Bildschirmpräsentation. Zum Beenden klicken.

4

5 6

Die interessantesten neuen Funktionen

Zuschneiden und Kombinieren von Formen

Ausrichten von Bildern in Platzhaltern

Intelligente Führungslinien

Intelligente Absatzformate

Neue Folienübergänge

Übertragen von Animationseffekten

Bearbeiten von Videos

Mehr dazu in Kapitel 8

Freistellen ist auch toll

4 Nach der letzten Folie wird der Bildschirm schwarz. Mit einem weiteren Klick wird die Bildschirmpräsentation beendet.

5 Um die Bildschirmpräsentation schon vorher zu beenden, drücken Sie Esc auf der Tastatur.

6 Wenn Sie während der Präsentation eine bestimmte Folie aufrufen möchten, geben Sie über die Tastatur die Foliennummer ein und drücken ⏎.

Schneller starten Sie die Präsentation über die Tastatur: Drücken Sie F5 , um mit der ersten Folie zu starten, und ⇧ + F5 , um mit der aktuellen Folie zu starten.

Auch die Anzeige der schwarzen Folie am Ende der Präsentation können Sie in den Optionen ausschalten.

Die Anzeige der Popup-Symbolleiste in der linken unteren Ecke der Bildschirmpräsentation können Sie in den *PowerPoint-Optionen* unter *Erweitert/Bildschirmpräsentation* deaktivieren.

TIPP   **TIPP**   **TIPP**

Per Übergangseffekt zum nächsten Thema

Start

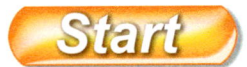

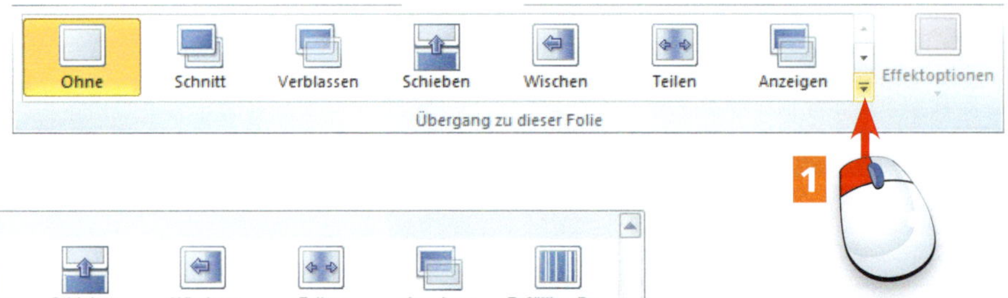

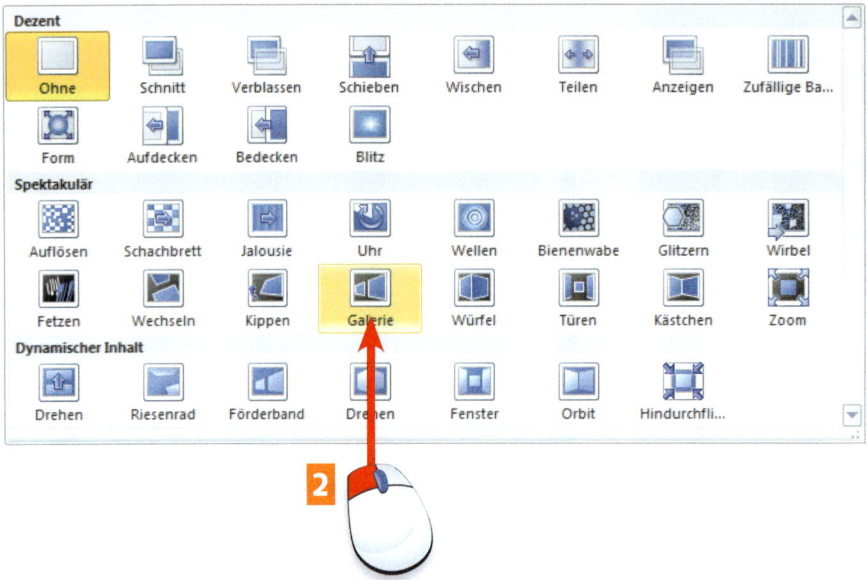

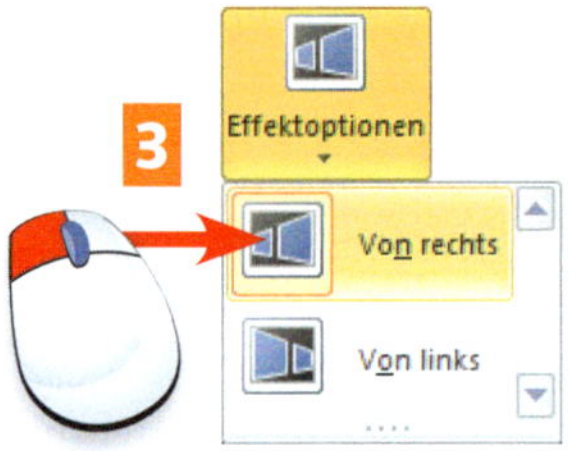

1 Öffnen Sie auf der Registerkarte *Übergänge* den Katalog mit den Übergangseffekten.

2 Klicken Sie auf einen der Effekte, um ihn der aktuellen Folie zuzuweisen. PowerPoint zeigt den Effekt anschließend in einer Vorschau, sodass Sie seine Wirkung beurteilen können.

3 Wenn für einen Effekt Optionen zur Verfügung stehen, können Sie in den *Effektoptionen* wählen, mit welchen Einstellungen die Animation ausgeführt wird.

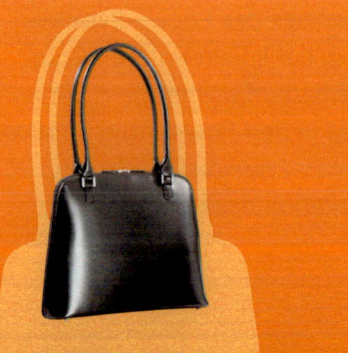

Folienwechsel mit Übergangseffekt wirken für den Betrachter angenehmer als ein harter Wechsel. Sie sind außerdem ein optischer Hinweis darauf, dass ein neues Thema folgt.

WISSEN

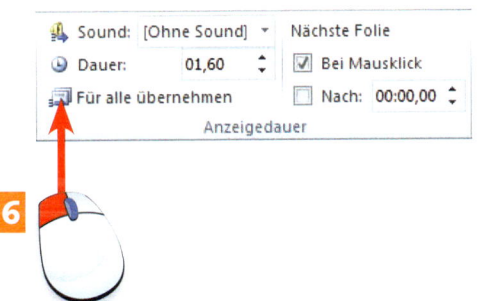

4 Neben *Dauer* können Sie bei Bedarf die Geschwindigkeit, mit der ein Effekt ausgeführt wird, anpassen.

5 Um die Wirkung eines Effekts in der Normalansicht nochmals zu sehen, klicken Sie ganz rechts auf der Registerkarte *Übergänge* auf die Schaltfläche *Vorschau*.

6 Klicken Sie auf *Für alle übernehmen*, um Ihre Einstellungen für alle Folien zu übernehmen.

Folienübergänge sind Eingangseffekte. Sie bestimmen, wie die nächste Folie eingeblendet wird, und nicht, wie die aktuelle Folie ausgeblendet wird.

Experimentieren Sie mit unterschiedlichen Effekten und entscheiden Sie sich für zwei bis maximal drei Effekte, die Sie in einer Präsentation einsetzen.

HINWEIS

TIPP

Start

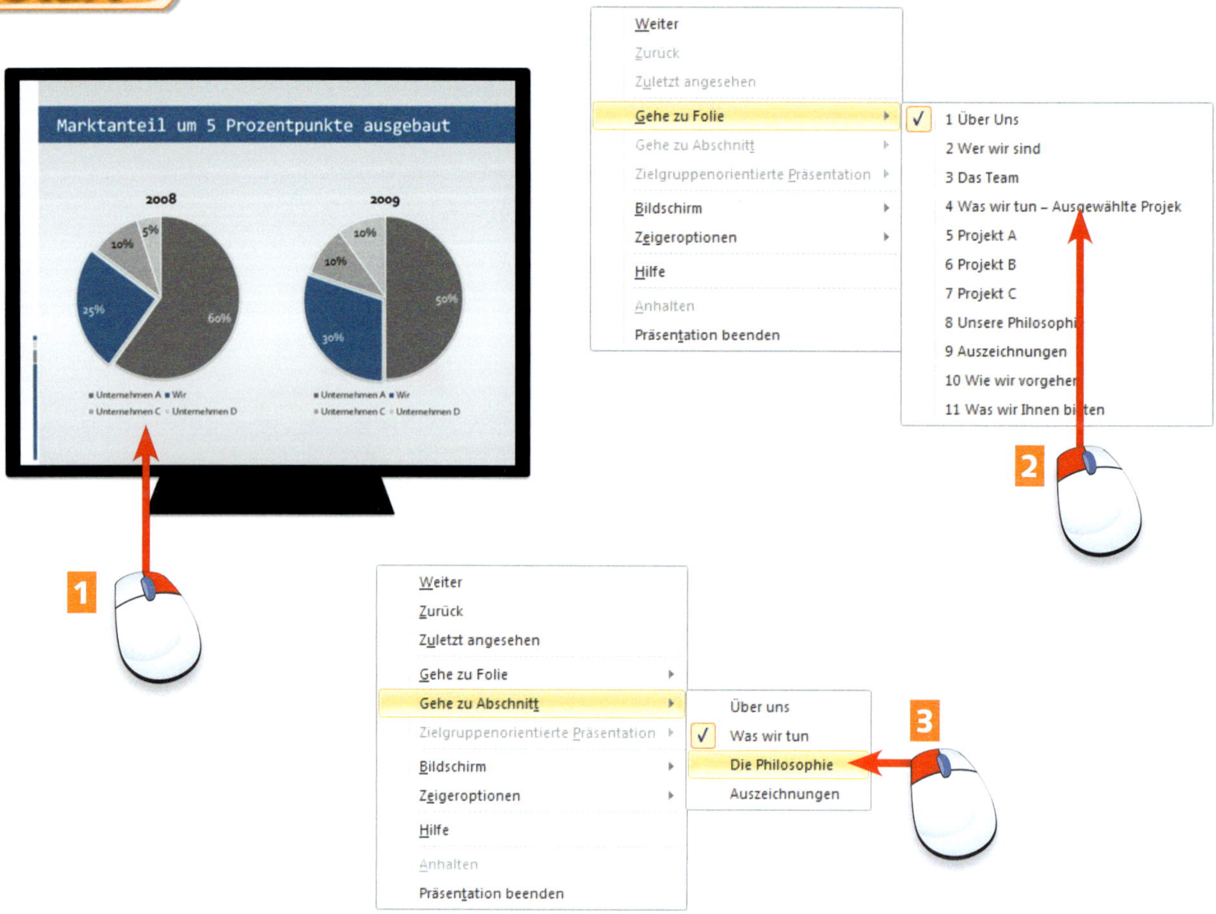

Marktanteil um 5 Prozentpunkte ausgebaut

2008

2009

10% 5%
25%
60%
■ Unternehmen A ■ Wir
■ Unternehmen C ■ Unternehmen D

10%
10%
30%
50%
■ Unternehmen A ■ Wir
■ Unternehmen C ■ Unternehmen D

Weiter
Zurück
Zuletzt angesehen
Gehe zu Folie ▶
Gehe zu Abschnitt ▶
Zielgruppenorientierte Präsentation ▶
Bildschirm ▶
Zeigeroptionen ▶
Hilfe
Anhalten
Präsentation beenden

✓ 1 Über Uns
2 Wer wir sind
3 Das Team
4 Was wir tun – Ausgewählte Projek
5 Projekt A
6 Projekt B
7 Projekt C
8 Unsere Philosoph
9 Auszeichnungen
10 Wie wir vorgehe
11 Was wir Ihnen bi ten

1

2

Weiter
Zurück
Zuletzt angesehen
Gehe zu Folie ▶
Gehe zu Abschnitt ▶
Zielgruppenorientierte Präsentation ▶
Bildschirm ▶
Zeigeroptionen ▶
Hilfe
Anhalten
Präsentation beenden

Über uns
✓ Was wir tun
Die Philosophie
Auszeichnungen

3

1 Rufen Sie mit der rechten Maustaste das Kontextmenü der Bildschirmpräsentation auf.

2 Über *Gehe zu Folie* blenden Sie die Titel aller Folien Ihrer Präsentation ein. Per Klick auf einen Folientitel rufen Sie die Folie in der Bildschirmpräsentation auf.

3 Ist die Präsentation in Abschnitte organisiert, können Sie über *Gehe zu Abschnitt* die erste Folie eines Abschnitts aufrufen.

Im Kontextmenü der Bildschirmpräsentation werden nur Folientitel angezeigt, die in einem Titelplatzhalter stehen. Steht der Titel in einem Textfeld, blendet PowerPoint die Nummer der Folie ein.

WISSEN

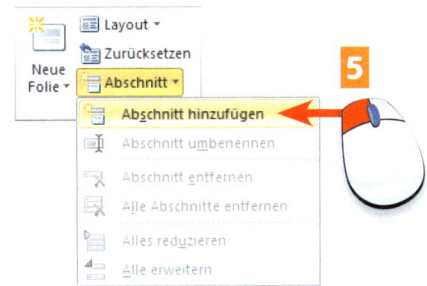

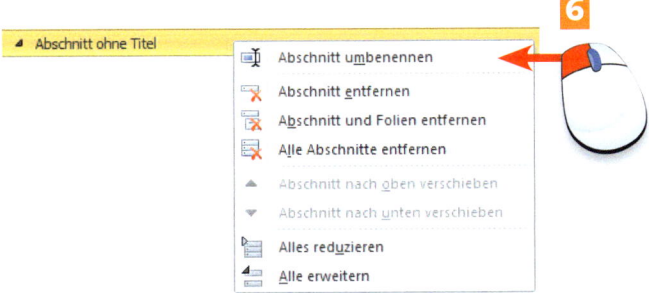

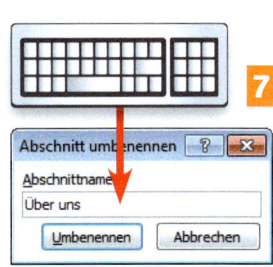

4 Um Ihre Präsentation in Abschnitte zu gliedern, wechseln Sie über *Ansicht* in die *Folien-sortierung*. Markieren Sie die Folie, mit der ein neuer Abschnitt beginnen soll.

5 Rufen Sie auf der Registerkarte *Start* den Befehl *Abschnitt/Abschnitt hinzufügen* auf.

6 Klicken Sie mit der rechten Maustaste auf den so erstellten Abschnitt und wählen Sie *Abschnitt umbenennen*.

7 Geben Sie im gleichnamigen Dialogfeld einen Abschnittsnamen ein.

Ende

Nach dem Erstellen von Abschnitten können Sie Ihre Folien in der *Foliensortierung* immer noch wie gewohnt verschieben – auch von einem Abschnitt in einen anderen.

Abschnitte werden auch auf der Registerkarte *Folien* der Normalansicht angezeigt. Durch Auf- und Zuklappen einzelner Abschnitte behalten Sie mit Abschnitten auch während der Bearbeitung der Präsentation leichter den Überblick über Ihre Folien.

HINWEIS　　　　　　**HINWEIS**

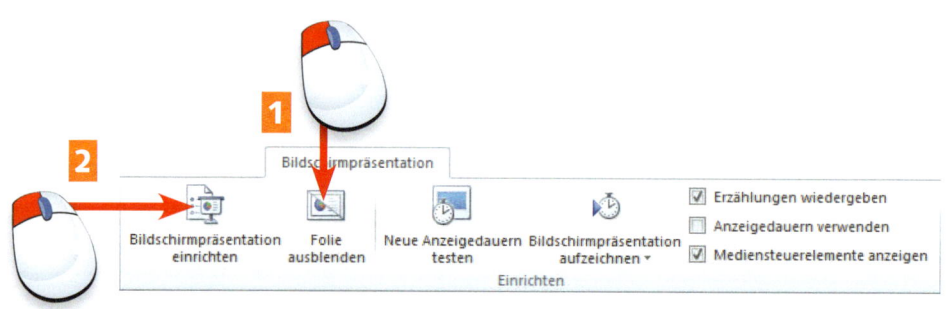

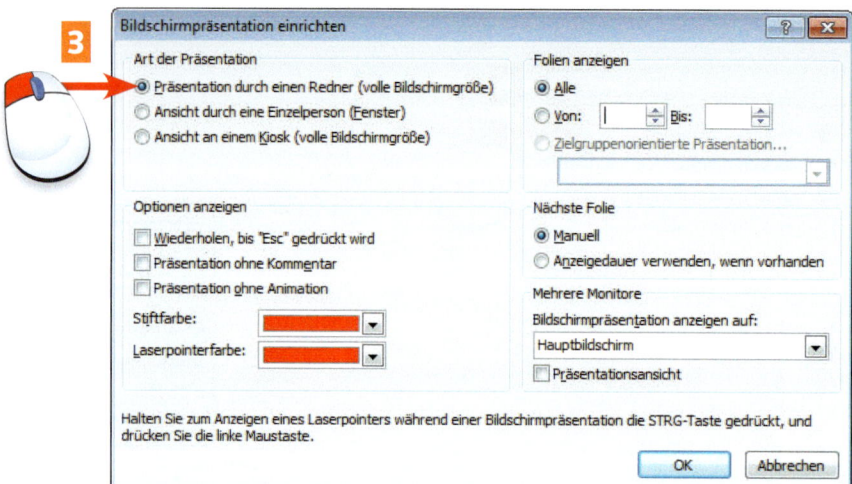

1 Blenden Sie Folien, die Sie nicht zeigen möchten, aus, indem Sie sie markieren und auf die Schaltfläche *Folie ausblenden* klicken. Um eine Folie wieder einzublenden, klicken Sie ein weiteres Mal auf die Schaltfläche.

2 Prüfen Sie die Einstellungen für die Bildschirmpräsentation, indem Sie über *Bildschirmpräsentation einrichten* das gleichnamige Dialogfeld aufrufen.

3 Aktivieren Sie für *Art der Präsentation* die Option *Präsentation durch einen Redner*.

Ausgeblendete Folien werden in der Bildschirmpräsentation übersprungen. Über das Kontextmenü können sie trotzdem aufgerufen werden, was beispielsweise dann praktisch ist, wenn Sie bestimmte Folien nur auf Rückfrage zeigen möchten.

WISSEN

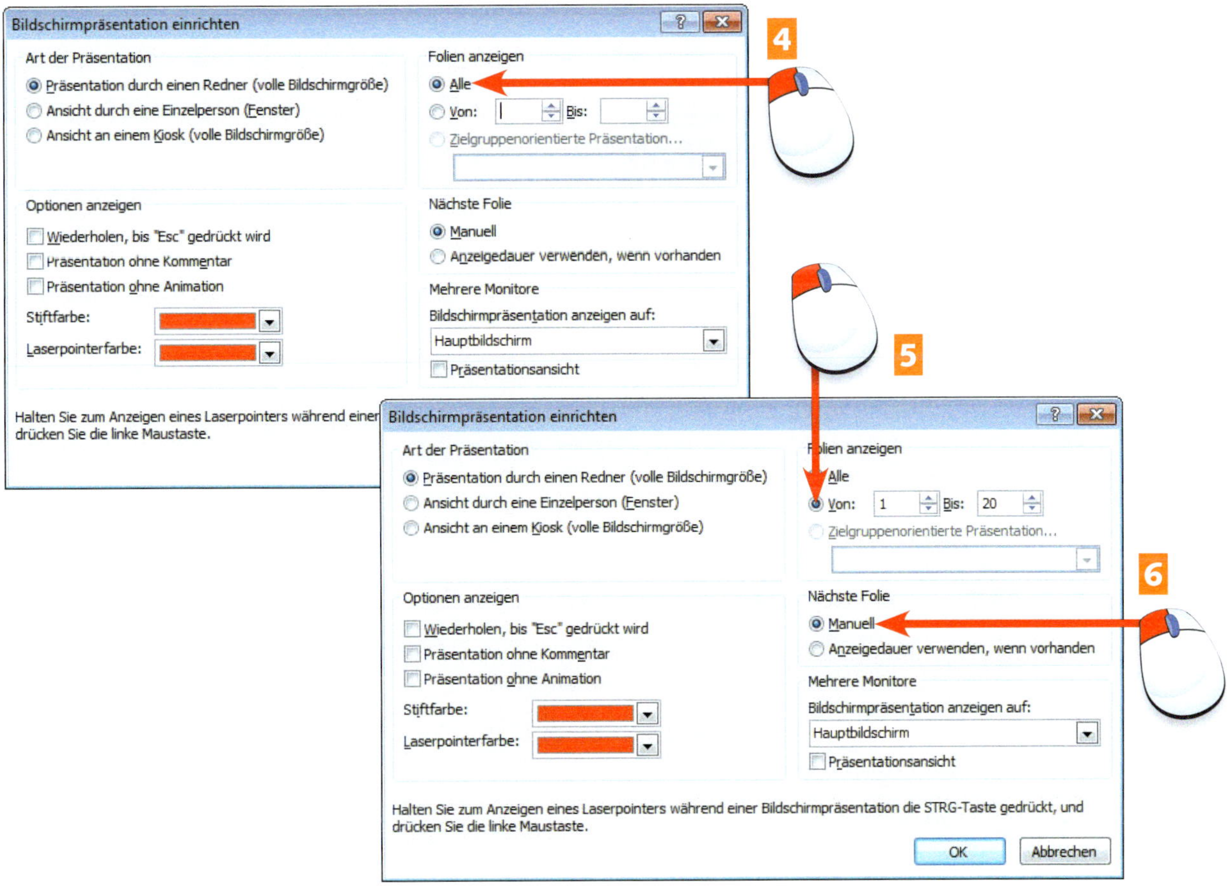

Bildschirmpräsentation einrichten

Art der Präsentation
- ◉ Präsentation durch einen Redner (volle Bildschirmgröße)
- ○ Ansicht durch eine Einzelperson (Fenster)
- ○ Ansicht an einem Kiosk (volle Bildschirmgröße)

Folien anzeigen **4**
- ◉ Alle
- ○ Von: [1] Bis: [ ]
- ○ Zielgruppenorientierte Präsentation…

Optionen anzeigen
- ☐ Wiederholen, bis "Esc" gedrückt wird
- ☐ Präsentation ohne Kommentar
- ☐ Präsentation ohne Animation

Stiftfarbe: [▼]
Laserpointerfarbe: [▼]

Nächste Folie
- ◉ Manuell
- ○ Anzeigedauer verwenden, wenn vorhanden

Mehrere Monitore
Bildschirmpräsentation anzeigen auf:
Hauptbildschirm [▼]
☐ Präsentationsansicht **5**

Halten Sie zum Anzeigen eines Laserpointers während einer drücken Sie die linke Maustaste.

Bildschirmpräsentation einrichten

Art der Präsentation
- ◉ Präsentation durch einen Redner (volle Bildschirmgröße)
- ○ Ansicht durch eine Einzelperson (Fenster)
- ○ Ansicht an einem Kiosk (volle Bildschirmgröße)

Folien anzeigen
- ○ Alle
- ◉ Von: [1] Bis: [20]
- ○ Zielgruppenorientierte Präsentation… **6**

Optionen anzeigen
- ☐ Wiederholen, bis "Esc" gedrückt wird
- ☐ Präsentation ohne Kommentar
- ☐ Präsentation ohne Animation

Stiftfarbe: [▼]
Laserpointerfarbe: [▼]

Nächste Folie
- ◉ Manuell
- ○ Anzeigedauer verwenden, wenn vorhanden

Mehrere Monitore
Bildschirmpräsentation anzeigen auf:
Hauptbildschirm [▼]
☐ Präsentationsansicht

Halten Sie zum Anzeigen eines Laserpointers während einer Bildschirmpräsentation die STRG-Taste gedrückt, und drücken Sie die linke Maustaste.

[OK] [Abbrechen]

---

4 Um alle Folien von der ersten bis zur letzten anzuzeigen, aktivieren Sie die Option *Alle*. Ausgeblendete Folien werden bei dieser Einstellung trotzdem übersprungen.

5 Möchten Sie nur einen Teil der Präsentation zeigen, aktivieren Sie *Von/Bis* und geben die Foliennummern der ersten und letzten Folie ein, die Sie zeigen möchten.

6 Aktivieren Sie für *Nächste Folie* die Option *Manuell*.

Ende

Schalten Sie bei Rückfragen aus dem Publikum, die sich nicht auf eine bestimmte Folie beziehen, mit der Taste [B] den Bildschirm vorübergehend auf schwarz. Drücken Sie nochmals [B], um die Präsentation fortzusetzen.

Achten Sie darauf, dass auch auf der Registerkarte *Übergänge* unter *Anzeigedauer* für *Nächste Folie Bei Mausklick* aktiviert ist.

Das Ausschalten des Bildschirms ist ein optischer Hinweis darauf, dass Sie über ein anderes Thema und nicht über die aktuelle Folie sprechen.

TIPP   **TIPP**   **HINWEIS**

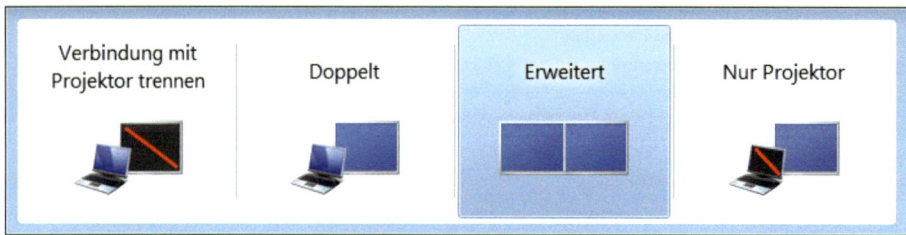

1 Schließen Sie das Verbindungskabel des Beamers am VGA-Anschluss Ihres Notebooks an.

2 Drücken Sie unter Windows 7 die Taste mit dem Windows-Symbol zusammen mit der Taste P, um die Optionen für die Anzeige der Präsentation aufzurufen.

Wenn der Beamer nach dem Anschließen kein Bild zeigt, müssen Sie in der Regel nur die Einstellungen für die Anzeige ändern. Die Präsentation kann nur auf dem Beamer, nur auf dem Notebook oder auf beiden Bildschirmen zu sehen sein.

WISSEN

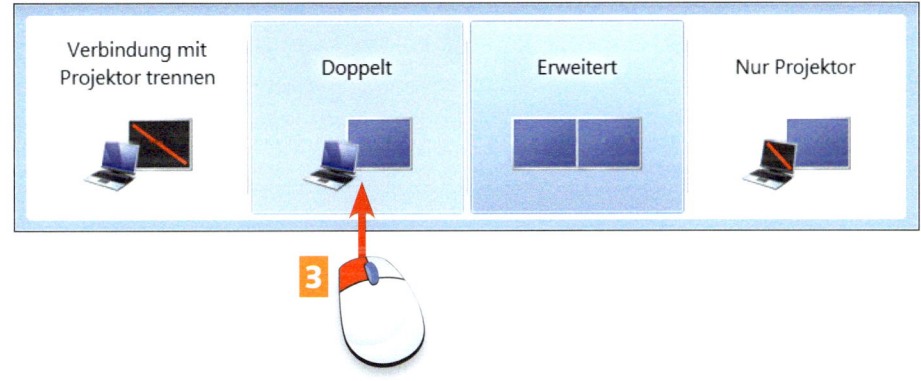

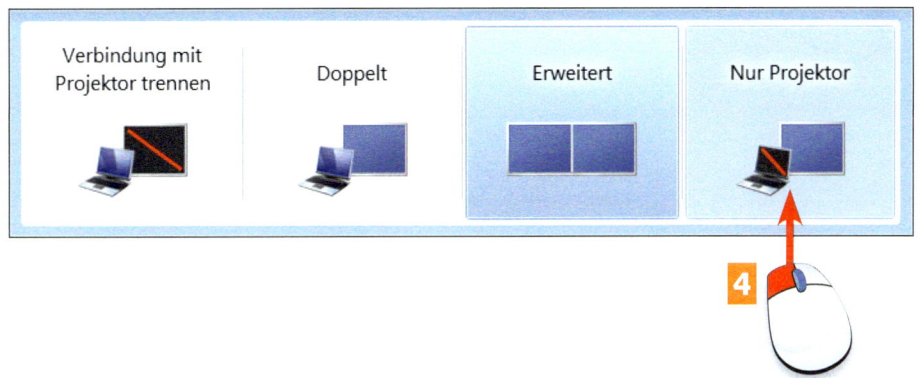

3 Wählen Sie *Doppelt*, um die Präsentation sowohl am Beamer als auch auf dem Bildschirm Ihres Notebooks zu sehen.

4 Wählen Sie *Nur Projektor*, wenn bei der Wiedergabe von Videos Probleme auftreten und anstelle des Videos nur ein schwarzes Rechteck zu sehen ist.

Wenn der Beamer auch nach dem Anpassen der Optionen für die Anzeige kein Signal findet, schalten Sie Ihr Notebook ganz aus und starten Sie es neu.

Schalten Sie nach Ihrem Vortrag den Beamer nicht einfach aus. Drücken Sie die Standby-Taste und warten Sie, bis sich der Lüfter ausschaltet – er kühlt noch die Lampe. Schalten Sie danach erst den Beamer aus.

TIPP   **TIPP**

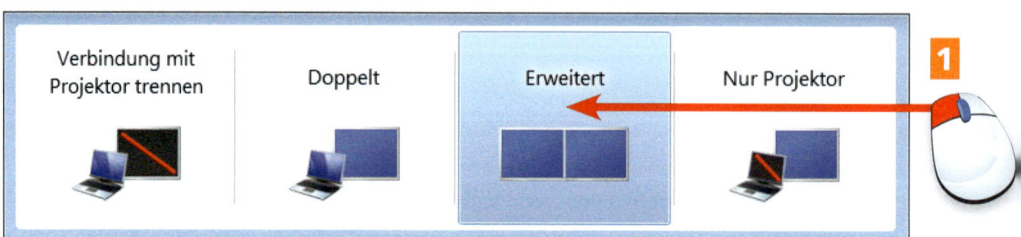

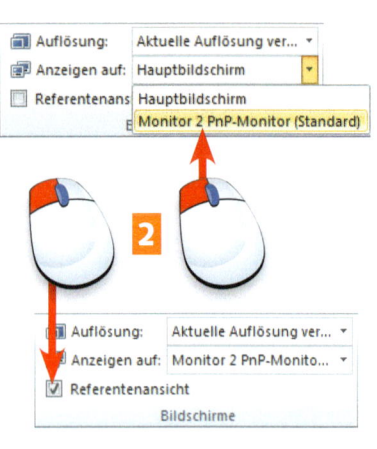

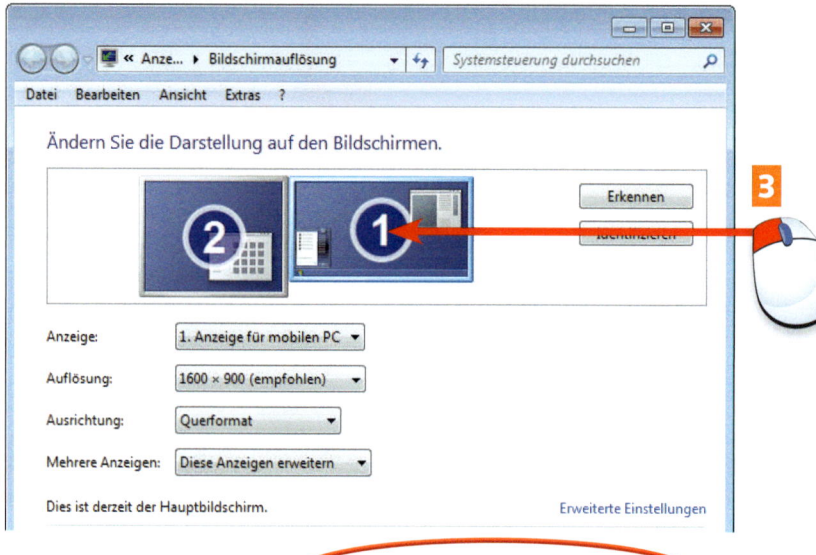

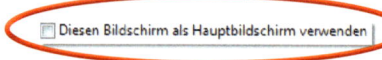

1 Wählen Sie in den Anzeigeeinstellungen *Erweitert*.

2 Stellen Sie auf der Registerkarte *Bildschirmpräsentation* neben *Anzeigen auf* Ihren Beamer als Bildschirm ein und aktivieren Sie *Referentenansicht*.

3 Damit Sie auf dem Notebook die Referentenansicht sehen und die Präsentation am Beamer gezeigt wird, muss Ihr Notebook als Hauptbildschirm definiert sein. Dies korrigieren Sie bei Bedarf in der Systemsteuerung. Klicken Sie auf das Bildschirmsymbol für das Notebook und aktivieren Sie *Diesen Bildschirm als Hauptbildschirm verwenden*.

Die Systemsteuerung rufen Sie am schnellsten per Klick der rechten Maustaste auf den Desktop auf. Wählen Sie aus dem Kontextmenü *Bildschirmauflösung*.

WISSEN

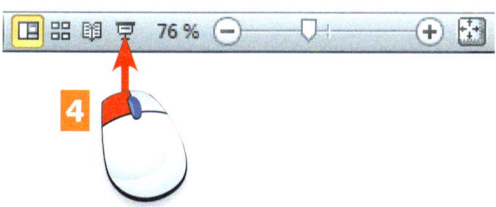

4 Starten Sie die Bildschirmpräsentation per Klick auf die Schaltfläche in der Statusleiste oder mit F5.

5 Auf Ihrem Notebook sehen Sie jetzt die Referentenansicht mit der aktuellen Folie, Ihren Vortragsnotizen und Miniaturansichten der nächsten Folien. Die Bildschirmpräsentation wird auf dem Beamer angezeigt.

Ende

In der Referentenansicht steuern Sie die Bildschirmpräsentation wie gewohnt durch Klicken auf die Folie oder über die Pfeile für *Nächste/Vorherige Folie*.	Passen Sie bei Bedarf die Schriftgröße für die Vortragsnotizen mit den *Zoom*-Schaltflächen unterhalb des Notizenbereichs an.	Per Klick auf das Foliensymbol unter der Folie blenden Sie das Kontextmenü der Bildschirmpräsentation ein, ohne dass das Publikum das sieht.
HINWEIS	**TIPP**	**TIPP**

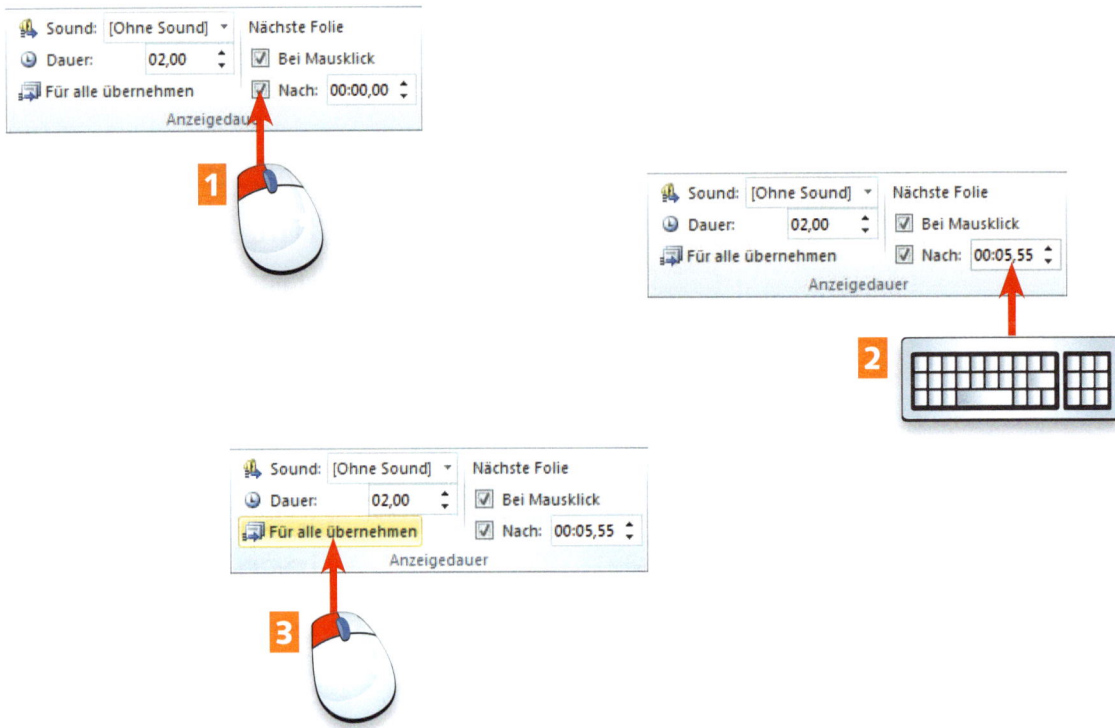

1 Aktivieren Sie auf der Registerkarte *Übergänge* unter *Nächste Folie* die Einstellung *Nach*.

2 Geben Sie die gewünschte Anzeigedauer im Format MM:SS ein.

3 Klicken Sie auf *Für alle übernehmen*, um die geänderten Einstellungen der ganzen Präsentation zuzuweisen. Weisen Sie anschließend einzelnen Folien abhängig von ihrem Inhalt individuelle Einblendezeiten zu.

Für Präsentationen, die auf einer Messe oder als Infokiosk ohne einen Redner eingesetzt werden, können automatisch ablaufende Animationen und Folienübergänge sowie die Wiedergabe in einer Endlosschleife eingerichtet werden.

WISSEN

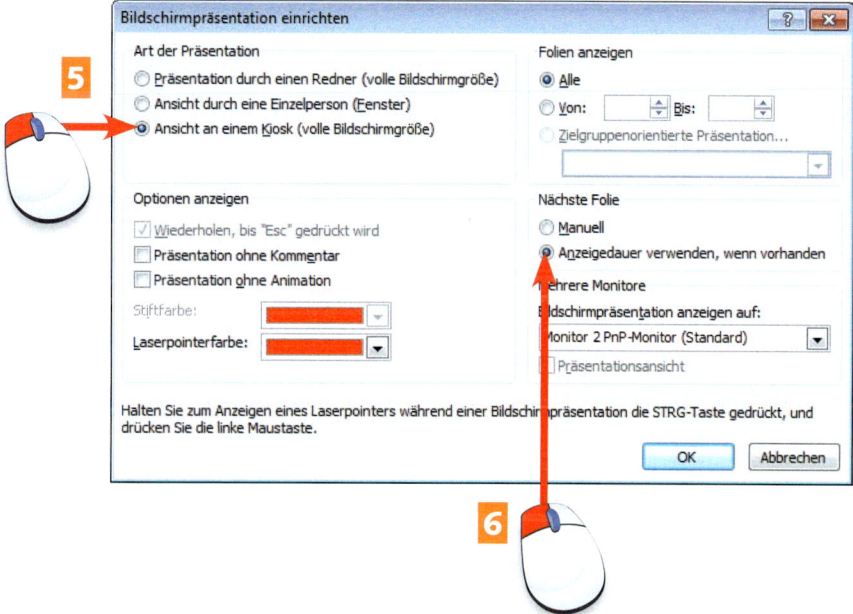

4 Rufen Sie auf der Registerkarte *Bildschirmpräsentation* das Dialogfeld *Bildschirm-präsentation einrichten* auf.

5 Wählen Sie die Option *Ansicht an einem Kiosk*.

6 Aktivieren Sie für *Nächste Folie* die Option *Anzeigedauer verwenden, wenn vorhanden*.

Ende

Im Kioskmodus sind die Maus und Tastatur mit Ausnahme der Esc-Taste außer Funktion. Auch das Kontextmenü der Bildschirmpräsentation steht nicht zur Verfügung.

Achten Sie darauf, dass die Wiedergabe der Präsentation nicht durch versehentliches Drücken der Esc-Taste beendet werden kann.

Im Kioskmodus wird eine Präsentation automatisch in einer Endlosschleife wieder-holt, bis Esc gedrückt wird.

HINWEIS   **TIPP**   **HINWEIS**

Eine eigene Vorlage erstellen

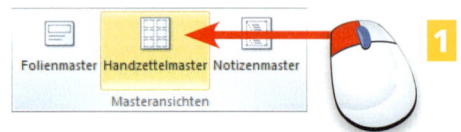

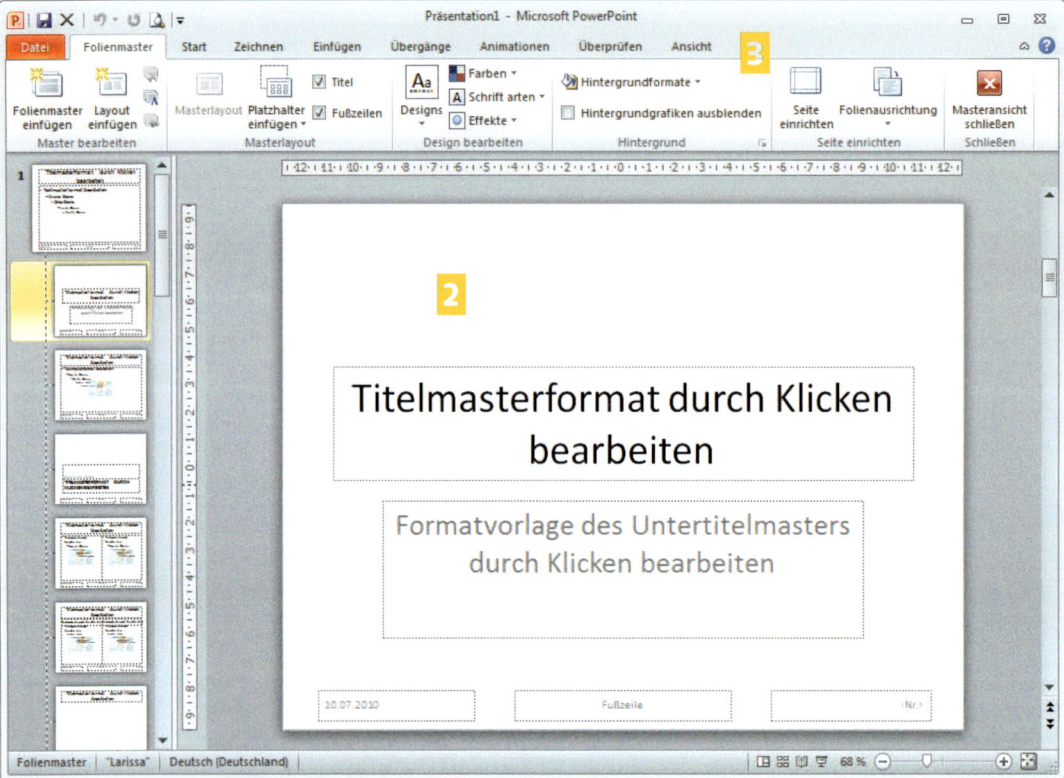

1 Klicken Sie auf der Registerkarte *Ansicht* auf *Folienmaster*, um in die Masteransicht zu wechseln.

2 In der Masteransicht sehen Sie im Folienbereich das Layout, das die aktuelle Folie Ihrer Präsentation verwendet.

3 Im Menüband stehen Ihnen alle Standardregisterkarten mit Ausnahme von *Entwurf* und *Bildschirmpräsentation* zur Verfügung.

Die Voreinstellungen einer PowerPoint-Vorlage für Schrift, Grafik und Layout werden in der Masteransicht definiert. Wenn Sie später Änderungen am Aussehen Ihrer Präsentation vornehmen möchten, müssen Sie lediglich Master und Layouts anpassen. Ihre Folien werden dann automatisch mit den neuen Formatierungen und Grafiken aktualisiert.

WISSEN

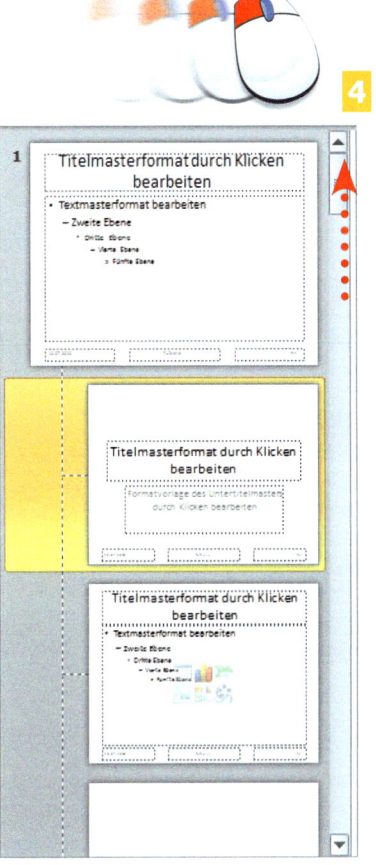

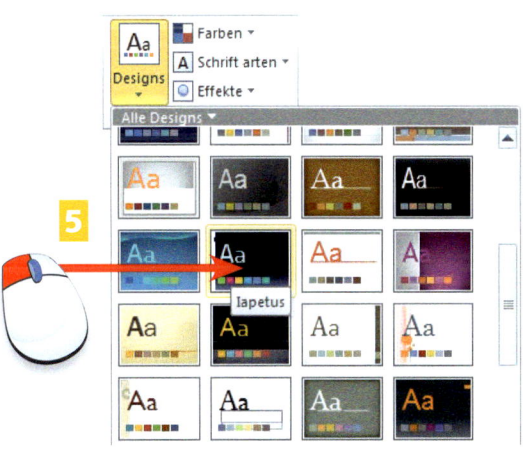

4 Der Bereich am linken Bildschirmrand zeigt die in der Vorlage verfügbaren Folienlayouts und ganz oben, als etwas größere Miniaturansicht, den Folienmaster. Blättern Sie bei Bedarf nach oben, wenn Sie den Folienmaster nicht sehen.

5 Wählen Sie aus den vorhandenen Designs dasjenige aus, das Ihren Vorstellungen am nächsten kommt.

HINWEIS

Um von der Masteransicht in die Normalansicht zurückzukehren, klicken Sie auf der Registerkarte *Folienmaster* auf *Masteransicht schließen*.

HINWEIS

Das Anpassen eines vorhandenen Designs ist der einfachste Weg zur eigenen Vorlage. Wenn Sie dagegen schon eigene Hintergrundgrafiken entwickelt haben, ist das leere *Larissa*-Design die bessere Basis.

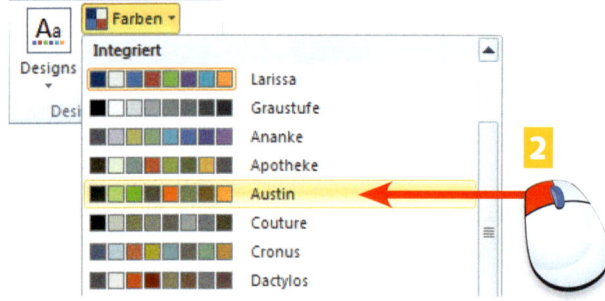

1 Klicken Sie auf *Farben* in der Gruppe *Design bearbeiten*.

2 Weisen Sie eine der vorhandenen Farbpaletten zu, die Ihren Vorstellungen bereits weitgehend entspricht.

3 Klicken Sie erneut auf *Farben* und dann auf *Neue Designfarben erstellen* am unteren Rand des Katalogs, um einzelne Farben auszutauschen.

Farben werden am Bildschirm erzeugt, indem die drei Farbkanäle Rot, Grün und Blau zu unterschiedlichen Anteilen gemischt werden. Möglich sind jeweils Werte von 0 bis 255 für jeden Farbkanal. Weiß entsteht, wenn allen drei Kanälen der Maximalwert von 255 zugewiesen wird. Schwarz entsteht durch das Fehlen von Farbe (RGB 0,0,0).

WISSEN

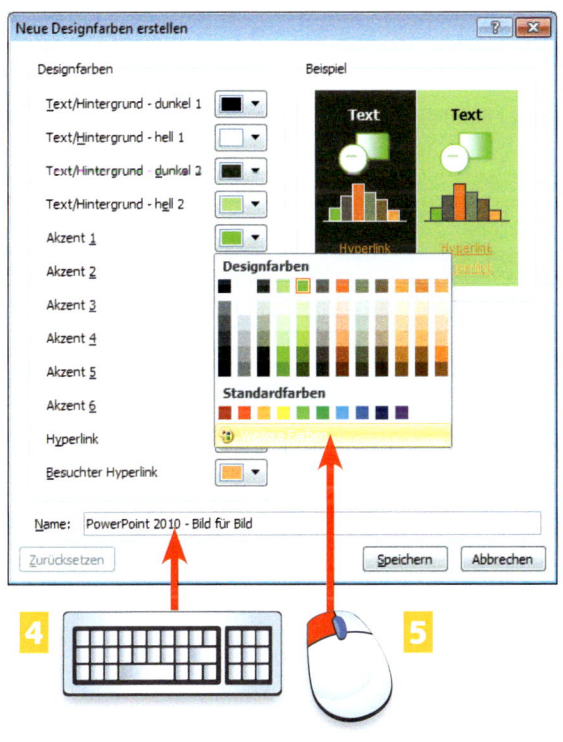

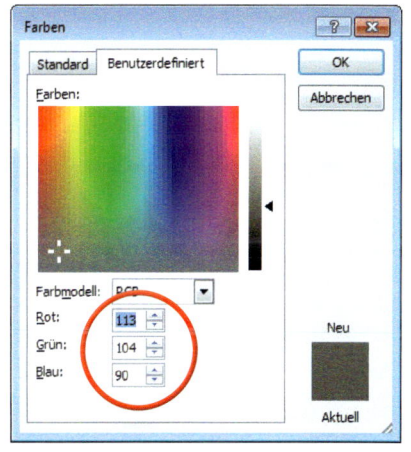

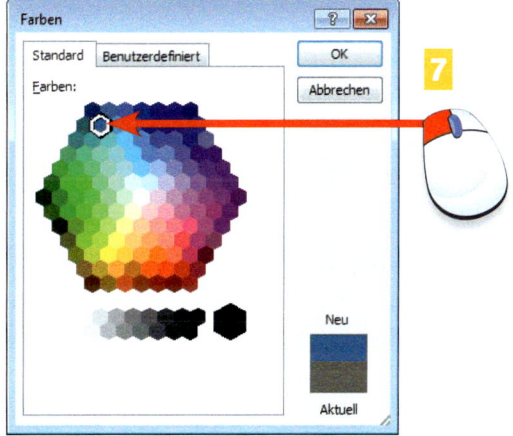

4 Geben Sie im Dialogfeld *Neue Designfarben erstellen* einen Namen für die Farbpalette ein.

5 Um eine Farbe zu ändern, klicken Sie auf das Farbfeld und dann auf *Weitere Farben*.

6 Geben Sie im Dialogfeld *Farben* auf der Registerkarte *Benutzerdefiniert* die Werte für Rot, Grün und Blau ein, wenn Sie diese kennen …

7 … oder wählen Sie auf der Registerkarte *Standard* eine Farbe aus der Farbwabe aus.

Die Farbpalette, die Sie für Ihre Vorlage erzeugen, steht auf der Registerkarte *Entwurf* auch für andere Präsentationen zur Verfügung.

Internetadressen und Netzwerkpfade werden automatisch in den Hyperlinkfarben der Designfarben formatiert.

Beim Einrichten der Designfarben stehen Ihnen zwei zusätzliche Farbfelder zur Verfügung, die in den normalen Farbpaletten nicht auftauchen. Sie werden für Hyperlinks verwendet.

TIPP   **HINWEIS**   **HINWEIS**

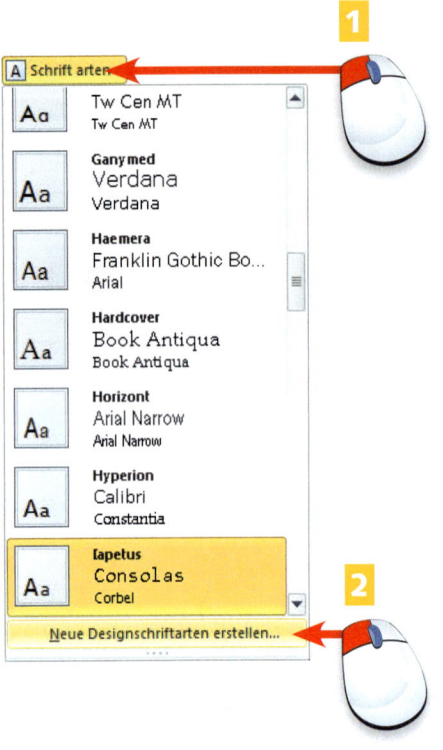

1 Wählen Sie unter *Schriftarten* eine andere Schriftenkombination aus.

2 Erstellen Sie bei Bedarf eine eigene Schriftenkombination, indem Sie auf *Neue Design-schriftarten erstellen* klicken.

3 Geben Sie im Dialogfeld *Neue Designschriftarten erstellen* einen Namen für Ihre Designschrift ein.

Die Voreinstellungen in den Designeffekten bestimmen die Formatierungen für Farbverläufe, Schatten und 3D-Effekte, die Sie in den Schnellformatvorlagen für Formen, SmartArt und Diagramme finden.

WISSEN

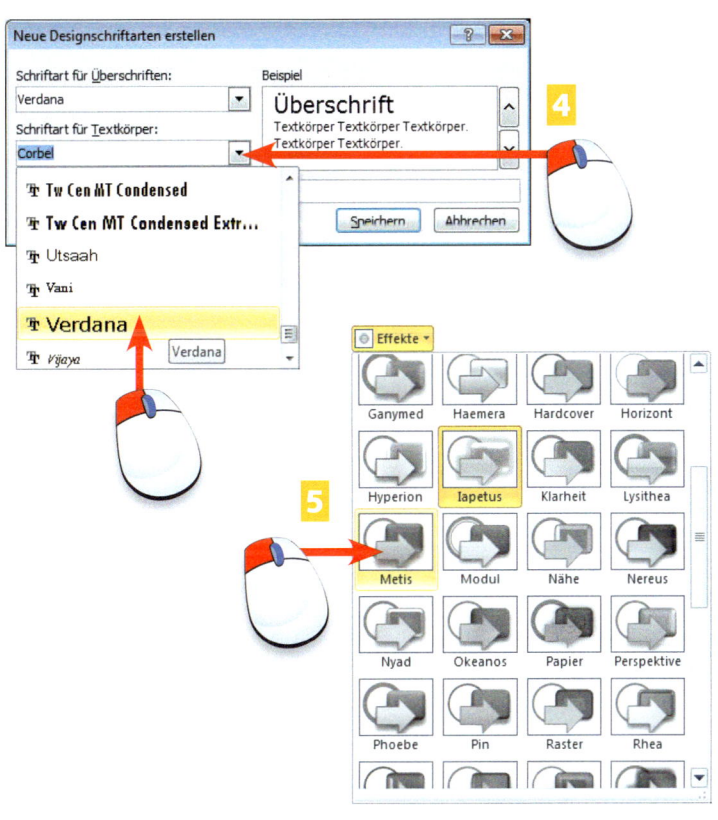

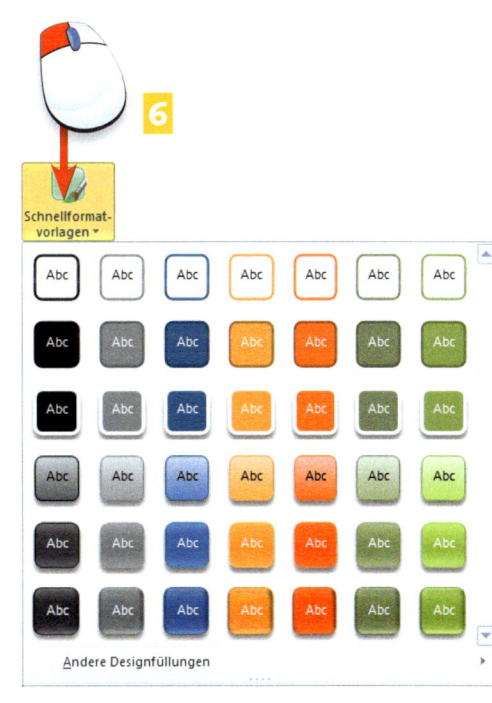

4 Wählen Sie für Überschriften und Textkörper jeweils eine Schrift aus.

5 Definieren Sie über *Effekte* die Voreinstellungen für *Schnellformatvorlagen*.

6 Testen Sie die Wirkung eines Designeffekts, indem Sie ein beliebiges Objekt auf dem Folienmaster oder einem Layout markieren und auf der Registerkarte *Start* die *Schnellformatvorlagen* aufrufen.

Ende

Verwenden Sie Schriften wie Arial, Verdana oder Calibri, wenn Sie Ihre Präsentationen weitergeben.

TIPP

Anders als Farben und Schriften können die Design-effekte nicht editiert werden. Sie können nur aus den mit PowerPoint installierten Kombinationen wählen.

HINWEIS

Fügen Sie Musterfolien mit Tabellen, Zeichnungen, Dia-grammen und SmartArt in Ihre Präsentation ein, um Ihre Farb- und Effekteinstellungen am fertigen Schaubild zu testen.

TIPP

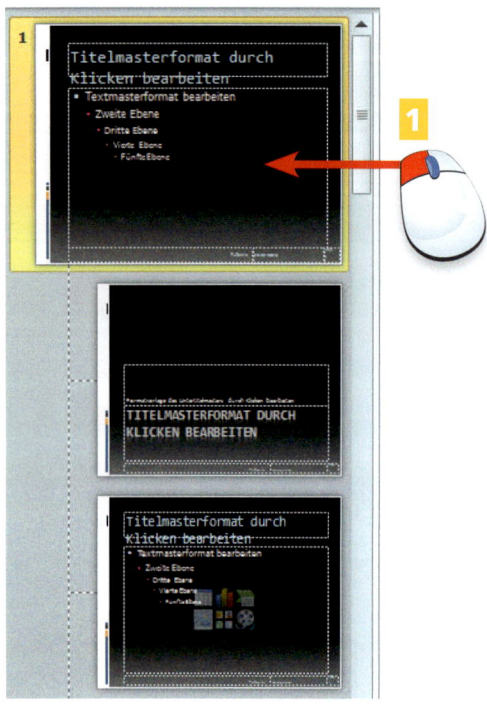

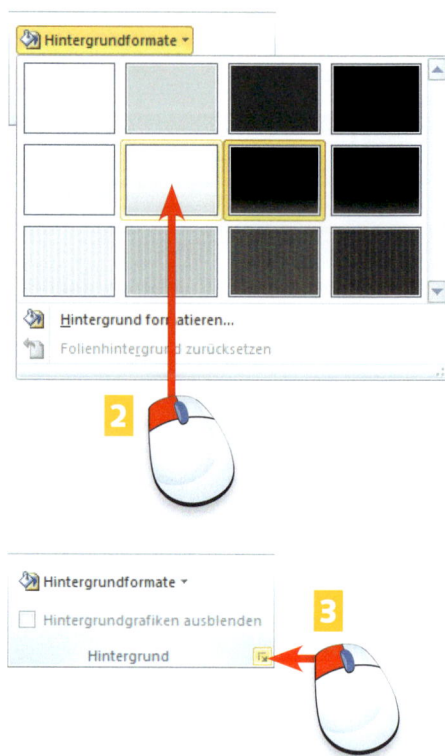

1 Markieren Sie die etwas größere Miniaturansicht des Folienmasters.

2 Rufen Sie die *Hintergrundformate* auf und weisen Sie eine der hellen Voreinstellungen mit Farbverlauf zu.

3 Rufen Sie per Klick auf den Pfeil der Gruppe *Hintergrund* das Dialogfeld *Hintergrund formatieren* auf, um die Voreinstellungen der Formatvorlage anzupassen.

Formatierungen am Folienmaster werden auf alle Layouts übernommen. Formatierungen an einem Layout werden dagegen ausschließlich diesem einen Layout zugewiesen.

WISSEN

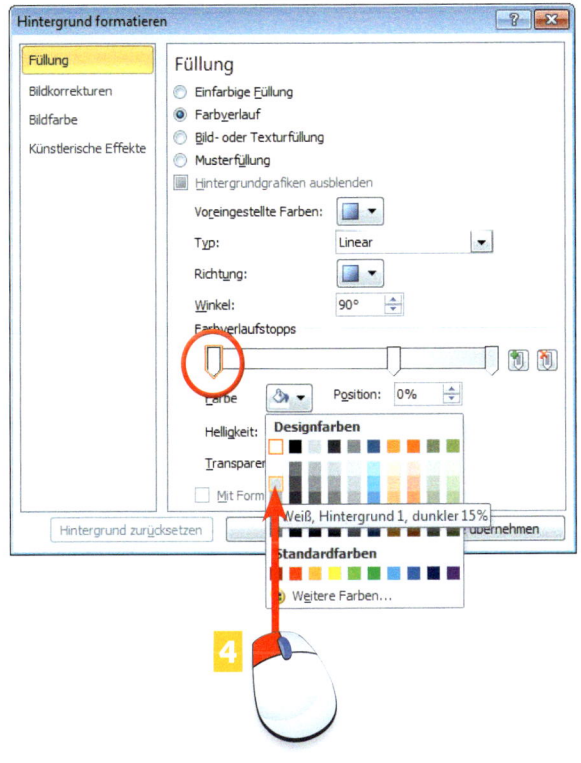

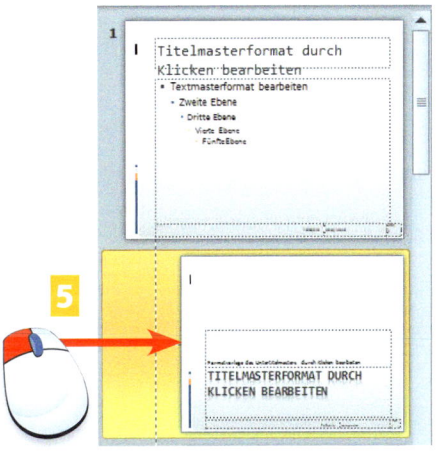

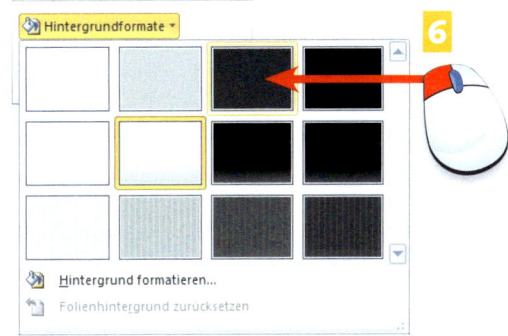

4 Passen Sie die Farbverlaufseinstellungen an. Klicken Sie auf *Farbe*, um dem ersten, markierten *Farbverlaufstopp* einen anderen Farbton zuzuweisen. Markieren Sie bei Bedarf weitere *Farbverlaufstopps* und ändern Sie auch deren Farbe.

5 Klicken Sie auf die Miniaturansicht des Layouts *Titelfolie*, um dieses zu bearbeiten.

6 Wählen Sie für die Titelfolie abweichende Hintergrundeinstellungen aus. Die geänderten Einstellungen werden nur auf das Titel-Layout übernommen. Der Master und alle anderen Layouts bleiben unverändert.

Anstelle von einfarbigen Füllungen und Farbverläufen können Sie über *Bild- oder Texturfüllung* auch Grafiken in den Hintergrund einfügen.

Farbverlaufstopps bestimmen die Position und Deckkraft einer Farbe auf der Strecke eines Farbverlaufs.

TIPP

FACHWORT

Start

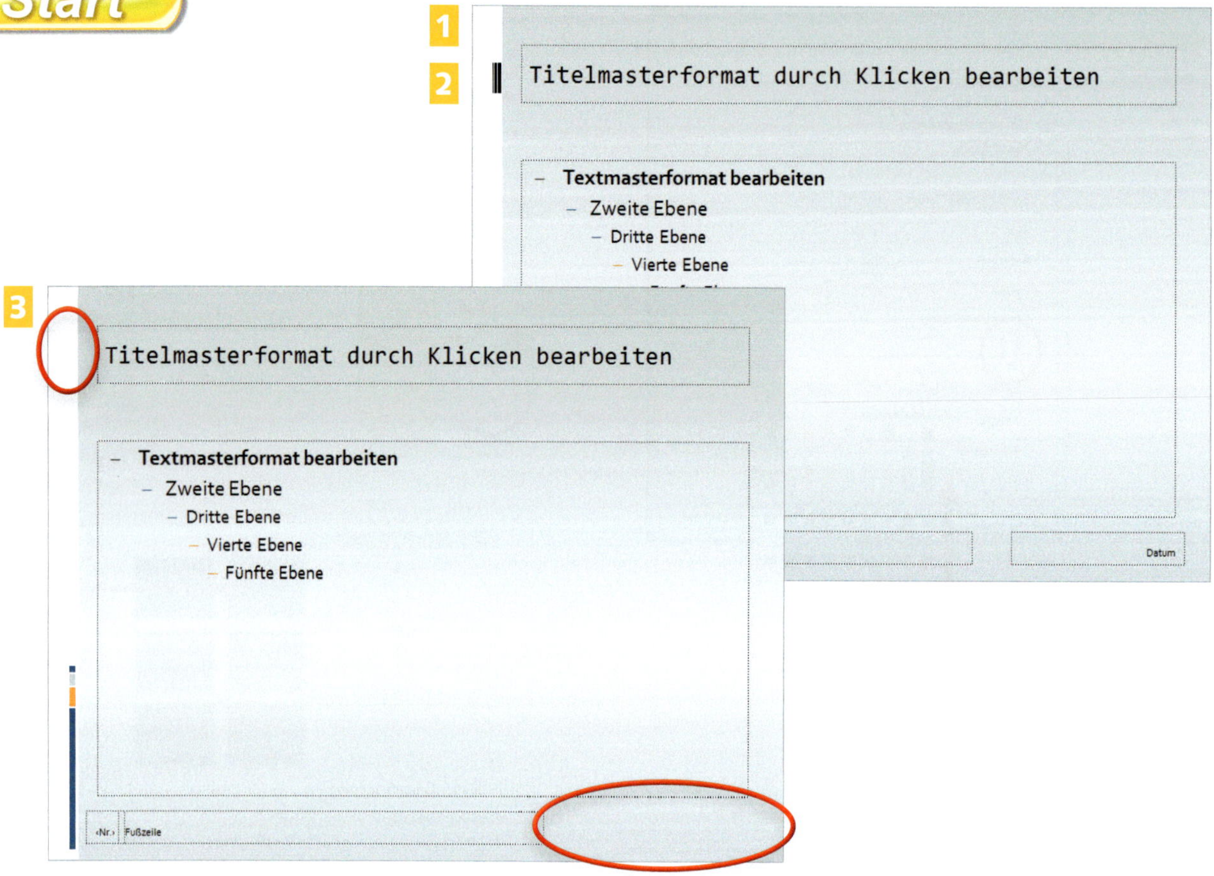

1
2 Titelmasterformat durch Klicken bearbeiten

– **Textmasterformat bearbeiten**
  – Zweite Ebene
    – Dritte Ebene
      – Vierte Ebene

3

Titelmasterformat durch Klicken bearbeiten

– **Textmasterformat bearbeiten**
  – Zweite Ebene
    – Dritte Ebene
      – Vierte Ebene
        – Fünfte Ebene

‹Nr› Fußzeile

Datum

1 Passen Sie im Titel- und Inhaltsplatzhalter Schriftgröße, Farbe, Absatzabstände und Aufzählungszeichen wie in Kapitel 3 beschrieben an.

2 Korrigieren Sie bei Bedarf Größe und Position der Platzhalter für Titel, Inhalt und Fußzeile.

3 Löschen Sie Grafiken und Zeichnungsobjekte, die Sie nicht verwenden möchten. Auch Fußzeilenplatzhalter, die Sie nicht benötigen, können Sie löschen.

PowerPoint ordnet Folienobjekte in der Ebenenreihenfolge übereinander an, in der sie erstellt wurden. Diese Reihenfolge kann über *Start/Anordnen/In den Hintergrund*, *In den Vordergrund* usw. beliebig geändert werden.

WISSEN

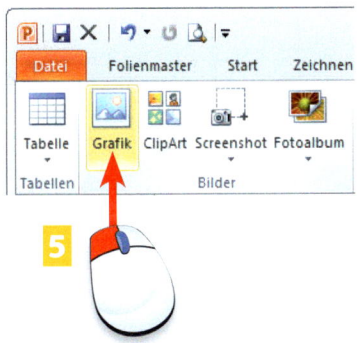

4 Fügen Sie bei Bedarf zusätzliche Grafiken ein. Heben Sie beispielsweise den Folientitel vom Inhalt ab, indem Sie ihn mit einem Rechteck aus den *Formen* hinterlegen. Passen Sie bei Bedarf die Schriftfarbe des Titels an.

5 Fügen Sie über *Einfügen/Grafik* Ihr Firmenlogo, Vereinswappen o.Ä. auf dem Master ein.

6 Ordnen Sie das Logo in einem Bereich der Folie an, in dem es nicht zu viel Platz einnimmt – den brauchen Sie für den Inhalt Ihrer Folien.

Wählen Sie als Schriftgröße für den Titelplatzhalter 20 bis 32 Pt. Verwenden Sie im Inhaltsplatzhalter 16 bis 24 Pt.

TIPP

Falls Sie versehentlich einen Platzhalter des Masters gelöscht haben, können Sie ihn über *Masterlayout* in der gleichnamigen Gruppe wiederherstellen.

HINWEIS

Unter Umständen wird Ihr Logo nach dem Einfügen nicht auf allen Layouts angezeigt – das korrigieren Sie mit den nächsten Schritten.

HINWEIS

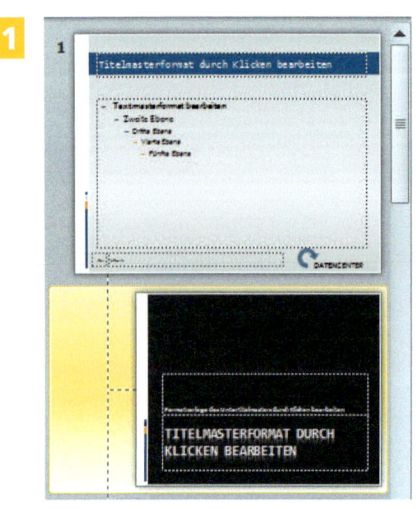

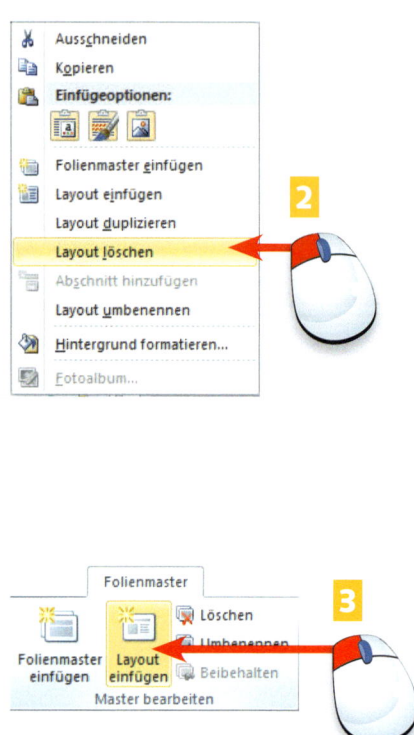

1 Prüfen Sie nach der Bearbeitung des Folienmasters die Layouts der Vorlage und passen Sie diese bei Bedarf an. Wird beispielsweise das Logo auf der Titelfolie nicht angezeigt, fügen Sie es zusätzlich auch auf dem Titel-Layout ein.

2 Entfernen Sie Layouts, die Sie nicht benötigen, indem Sie per Klick der rechten Maustaste auf die Miniaturansicht des Layouts den Befehl *Layout löschen* ausführen.

3 Klicken Sie auf *Layout einfügen*, um z.B. für Bildfolien spezielle Layoutvarianten zu erstellen.

Wenn auf dem Master eingefügte Grafiken auf einzelnen Layouts fehlen, liegt das an der Einstellung *Hintergrundgrafiken ausblenden* in der Gruppe *Hintergrund*. Diese Einstellung hat den Vorteil, dass Sie auf einzelnen Layouts andere Grafiken verwenden oder z.B. Ihr Logo größer und an einer anderen Position anordnen können.

WISSEN

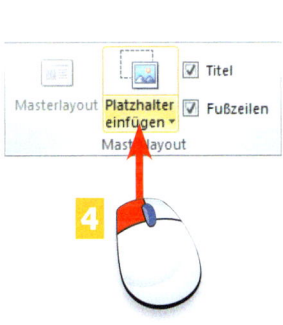

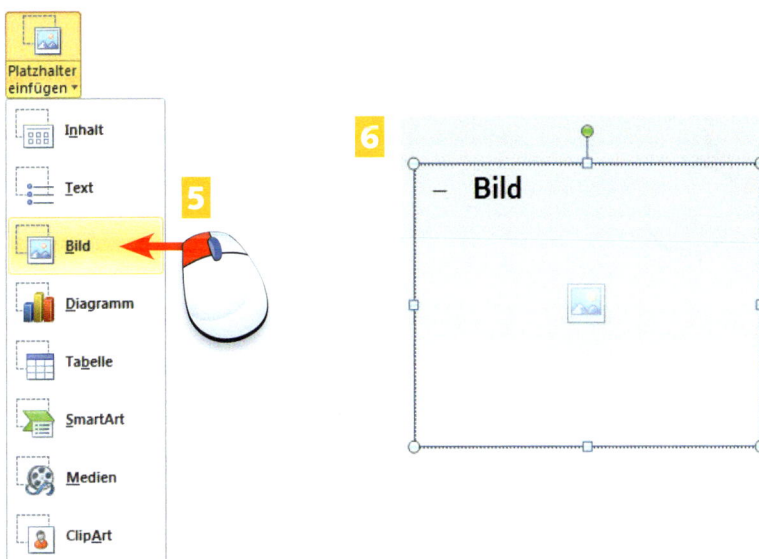

4 Klicken Sie auf den Pfeil der Schaltfläche *Platzhalter einfügen*.

5 Wählen Sie den Platzhaltertyp *Bild* aus.

6 Zeichnen Sie den Platzhalter wie eine Form auf die Folie.

HINWEIS

Layouts können nur gelöscht werden, wenn keine der Folien in der Präsentation dieses Layout verwendet. Weisen Sie gegebenenfalls den betreffenden Folien in der Normalansicht ein anderes Layout zu, um es anschließend aus dem Master zu entfernen.

HINWEIS

Sie können auf jedem Layout nur einen Titelplatzhalter verwenden, aber beliebig viele Inhaltsplatzhalter – egal welchen Typs – miteinander kombinieren.

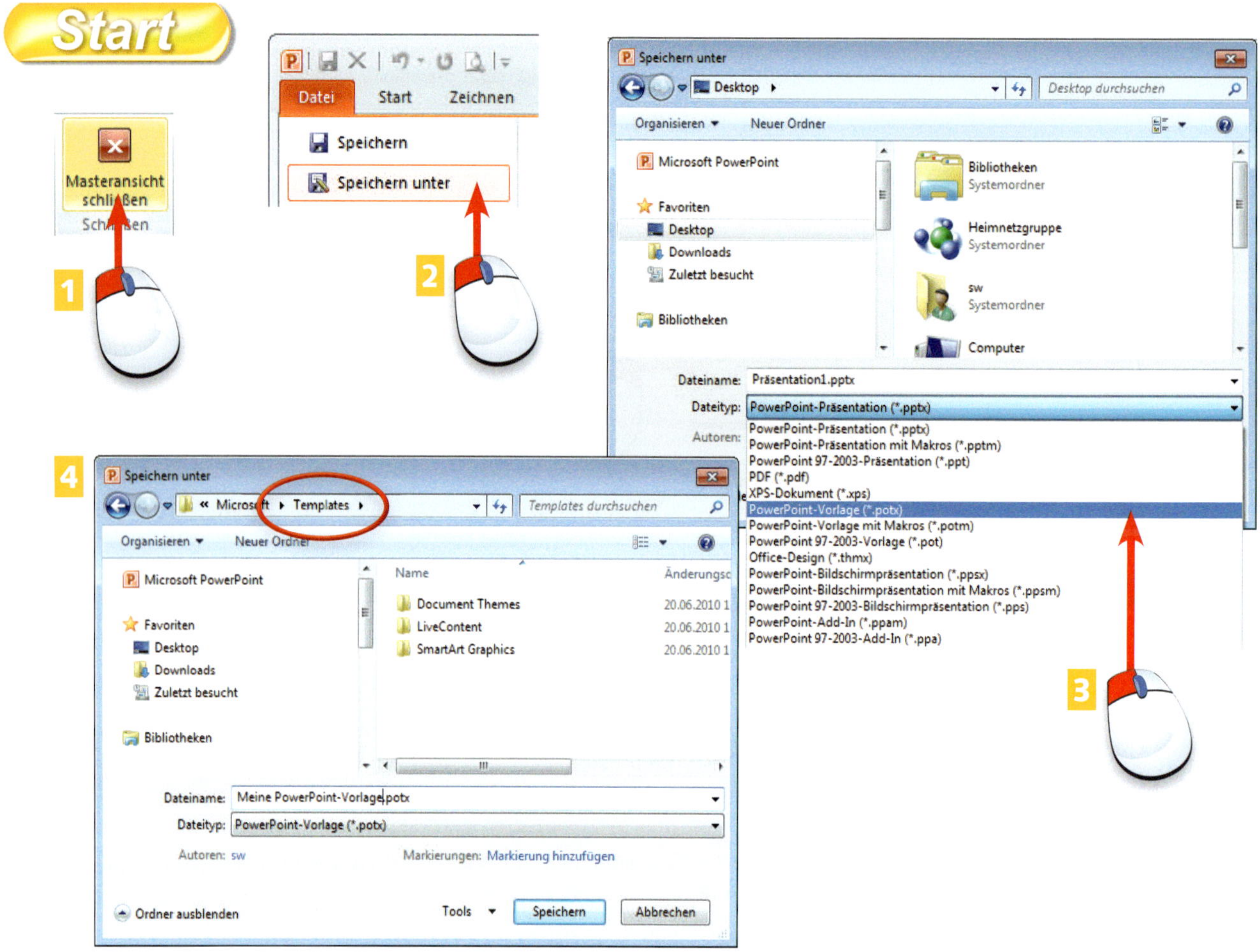

1 Rufen Sie über *Masteransicht schließen* wieder die Normalansicht auf.

2 Rufen Sie über die Registerkarte *Datei* die Backstage-Ansicht auf und wählen Sie darin den Befehl *Speichern unter*.

3 Stellen Sie als Dateityp *PowerPoint-Vorlage* ein.

4 Speichern Sie im *Templates*-Verzeichnis, das PowerPoint automatisch für Sie auswählt.

Office-Designs speichern lediglich Farben, Schriften, Effekte sowie die Formatierungen, Layouts und Hintergrundgrafiken des Folienmasters. Vorlagen können darüber hinaus auch Musterfolien und Vorgaben für die Fußzeile enthalten.

WISSEN

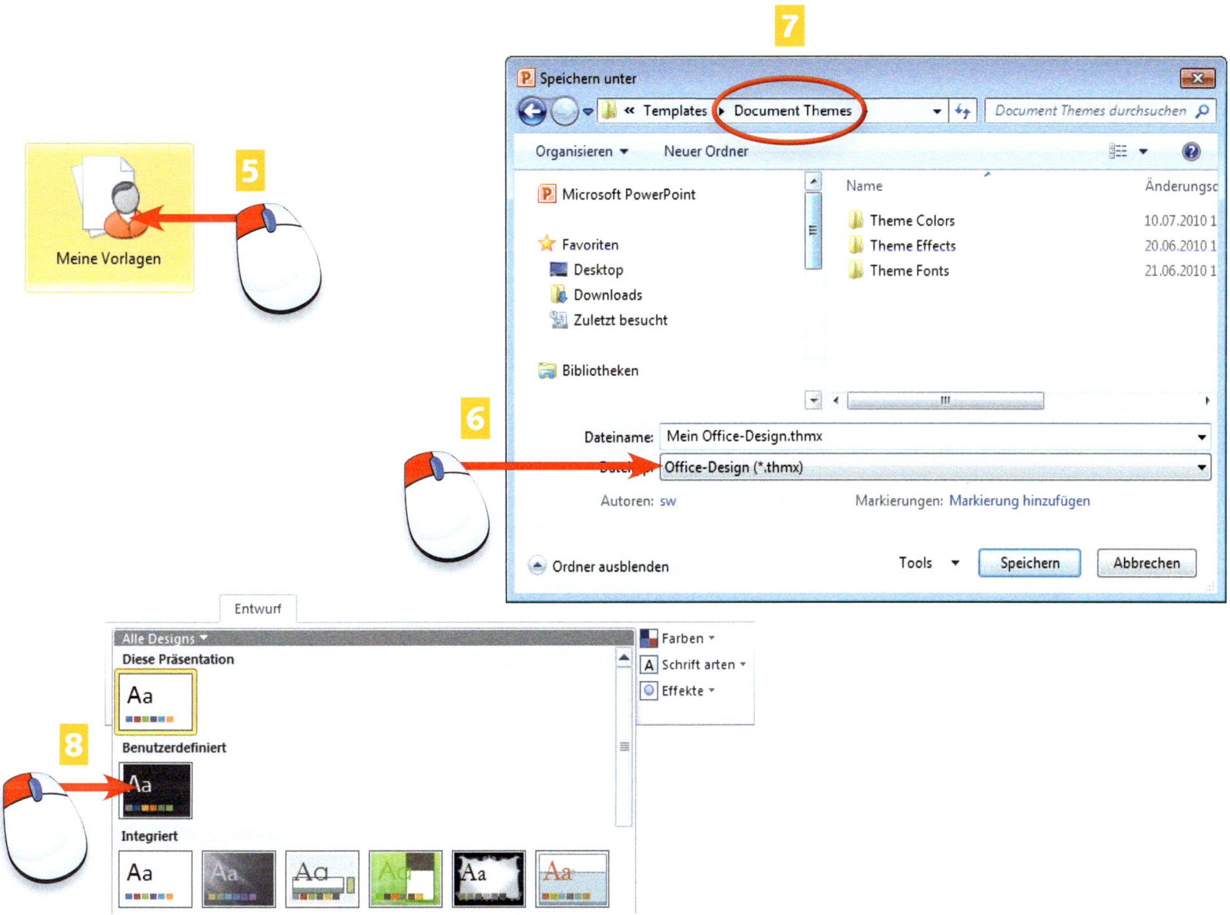

5 Um eine neue Präsentation auf Basis der Vorlage zu erstellen, klicken Sie in der Back-stage-Ansicht auf *Neu* und wählen *Meine Vorlagen*.

6 Rufen Sie noch einmal den Befehl *Speichern unter* auf und wählen Sie als Dateityp *Office-Design*.

7 Speichern Sie wieder in dem von PowerPoint vorgeschlagenen Verzeichnis

8 Nun wird Ihr Design in den *Designs* der Registerkarte *Entwurf* angezeigt.

HINWEIS

Anstelle der von PowerPoint vorgeschlagenen Speicherorte können Sie auch ein beliebiges Verzeichnis als Speicherort auswählen. Neue Präsentationen erstellen Sie dann, indem Sie das Design oder die Vorlage im Explorer doppelklicken.

HINWEIS

Ihr selbst erstelltes Office-Design steht Ihnen auch in Word und Excel zur Verfügung, sodass Sie in allen drei Programmen die gleichen Farben, Schriften und Effekte einsetzen können.

Für jeden Zweck den richtigen Ausdruck

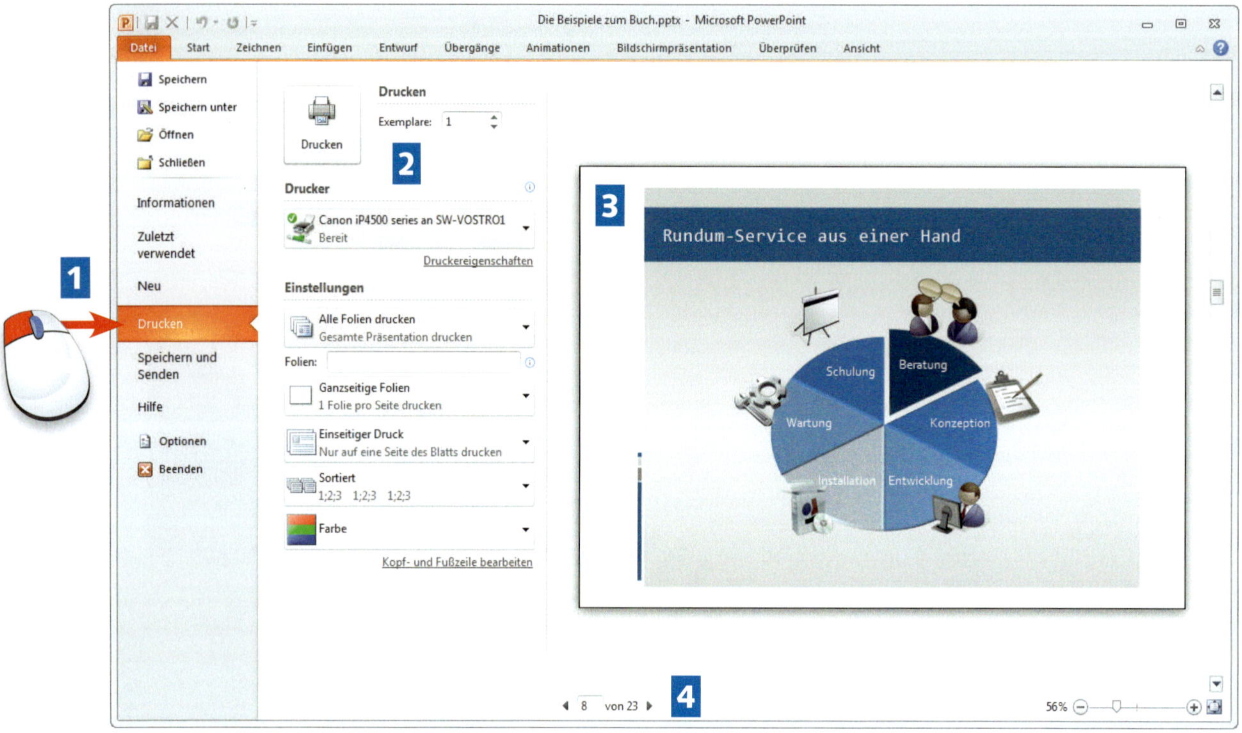

1 Aktivieren Sie in der Backstage-Ansicht die Kategorie *Drucken*.

2 In der mittleren Spalte finden Sie alle Einstellungen, die Sie für den Druck der Präsentation vornehmen können.

3 Rechts sehen Sie eine Vorschau auf den Ausdruck.

4 Unterhalb der Druckvorschau können Sie durch die Präsentation blättern und Folie für Folie überprüfen.

Nicht nur die Folien einer Präsentation, sondern auch die Notizen, die Gliederung und Handzettel für das Publikum können ausgedruckt werden.

WISSEN

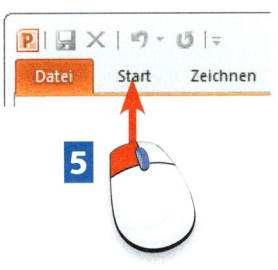

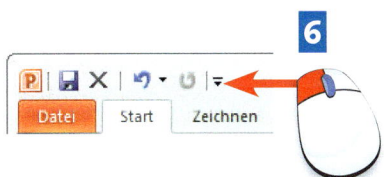

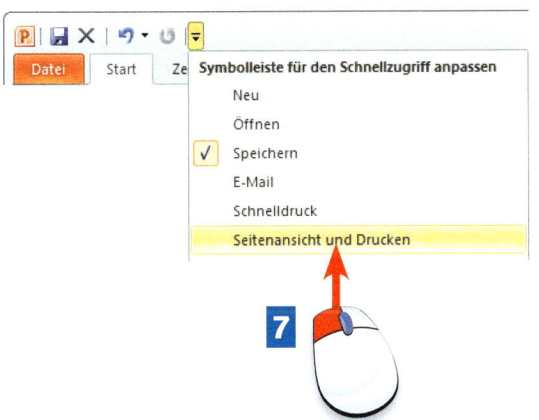

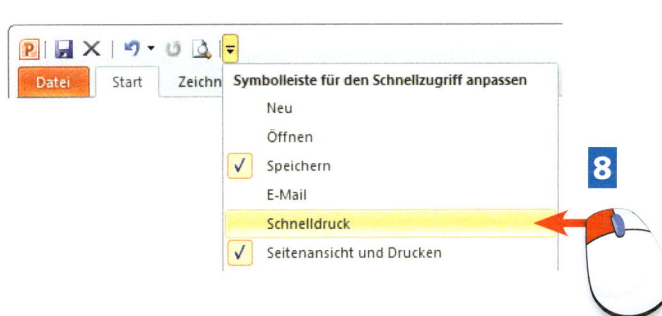

5 Einfacher rufen Sie die Druckeinstellungen über die Schnellzugriffsleiste auf. Schließen Sie dazu die Backstage-Ansicht per Klick auf eine der Registerkarten im Menüband.

6 Klicken Sie in der Schnellzugriffsleiste auf den kleinen Pfeil neben dem letzten Befehl.

7 Aktivieren Sie *Seitenansicht und Drucken*.

8 Wenn Sie häufig drucken, können Sie auch die Schaltfläche *Schnelldruck* auf der Schnellzugriffsleiste ablegen.

HINWEIS	TIPP	FACHWORT
In der Backstage-Ansicht sind die Befehle der Schnellzugriffsleiste inaktiv.	Der Schnelldruck kann sehr praktisch sein, aber auch viel Zeit, Papier und Tinte bzw. Toner kosten. Prüfen Sie im Zweifelsfall Ihre Druckeinstellungen vor dem Ausdruck.	Der Befehl **Schnelldruck** startet den Ausdruck mit den letzten Einstellungen auf dem voreingestellten Standarddrucker.

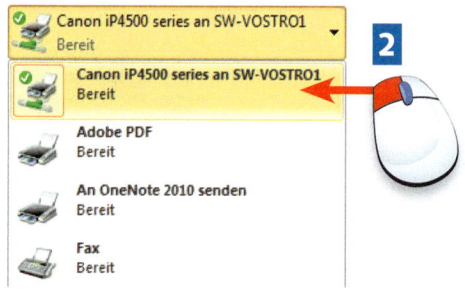

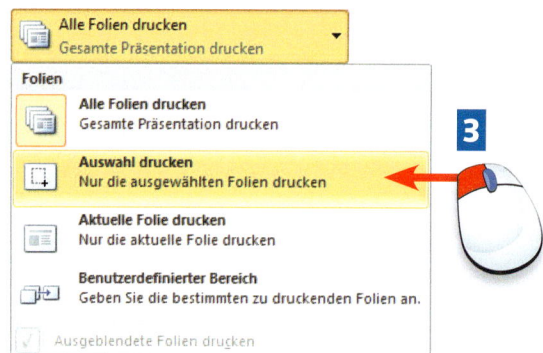

1 Rufen Sie wieder die Druckeinstellungen auf und bestimmen Sie die Zahl der Ausdrucke, die Sie benötigen.

2 Prüfen Sie, ob der richtige Drucker eingestellt ist.

3 Bestimmen Sie im nächsten Schritt, ob Sie alle oder nur bestimmte Folien drucken möchten.

Präsentationen werden in der Regel im Format 4:3, 16:9 oder 16:10 angelegt. Keines dieser Formate entspricht dem einer DIN-A4-Seite. Beim Drucken entstehen deshalb zwangsläufig Ränder.

WISSEN

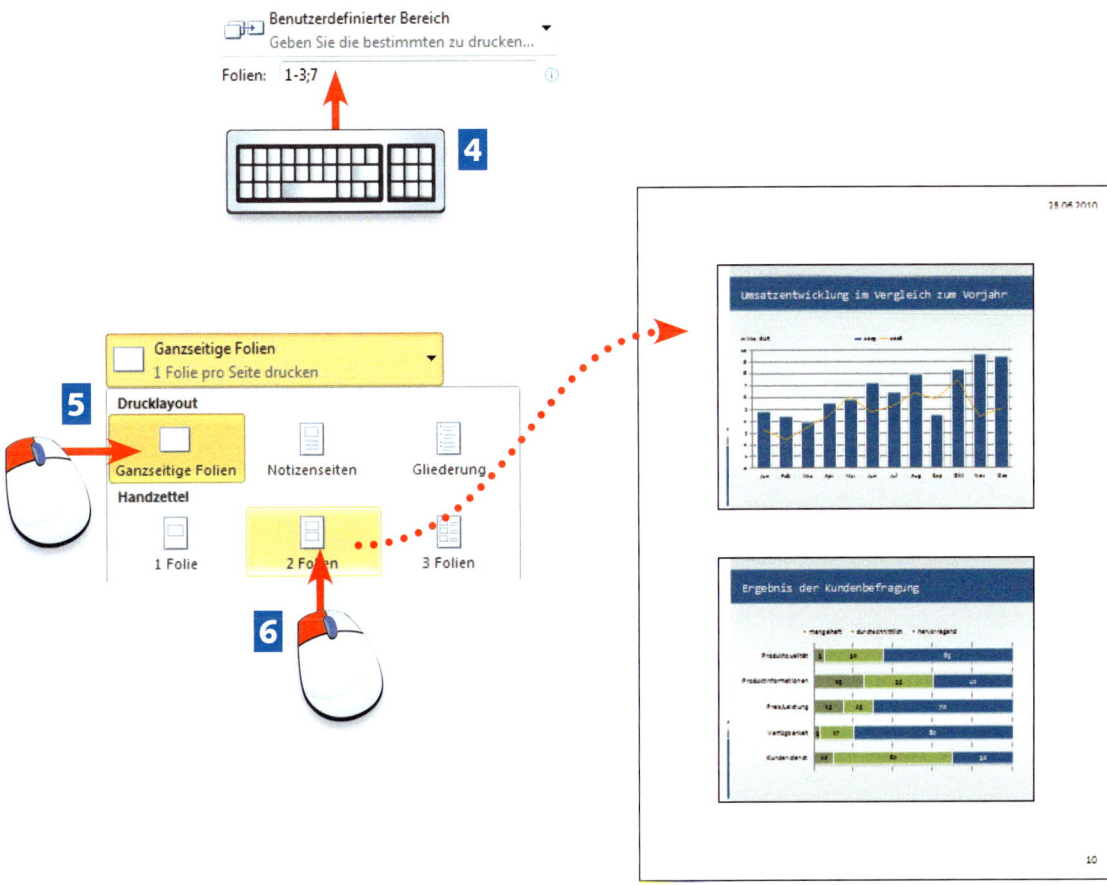

4 Geben Sie ggf. mehrere Druckbereiche durch Semikolon getrennt ein.

5 Wählen Sie für den Druck der Präsentation entweder *Ganzseitige Folien* …

6 … oder *Handzettel* mit der Einstellung *2 Folien* pro Seite.

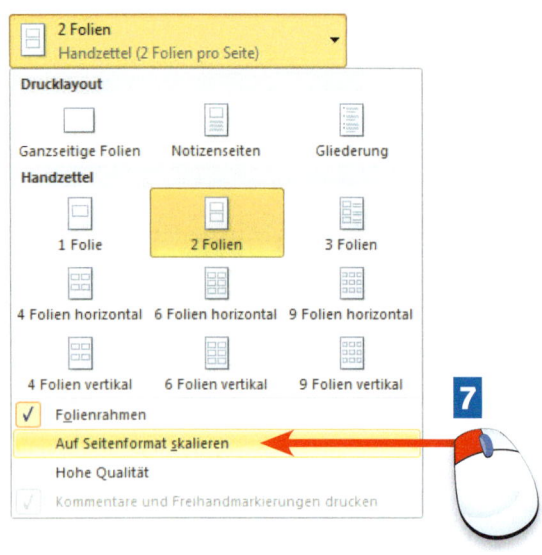

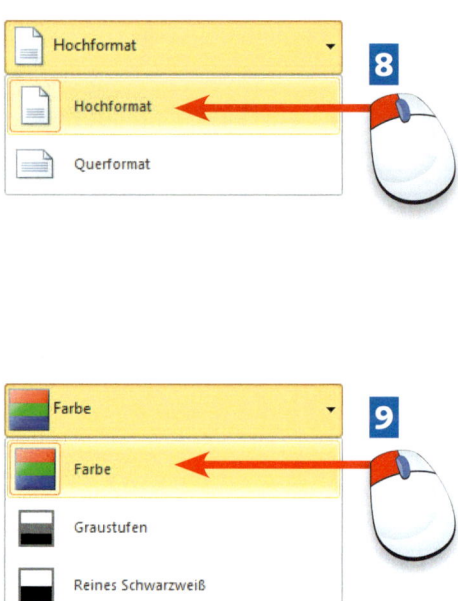

7 Aktivieren Sie beim Ausdruck von Handzetteln die Option *Auf Seitenformat skalieren*.

8 Für Handzettel, Notizenseiten und Gliederung können Sie wählen, ob Sie im Hoch- oder Querformat drucken möchten. Für den Druck von Folien steht ausschließlich das Querformat zur Verfügung.

9 Wählen Sie, ob Sie in Farbe, Graustufen oder Schwarzweiß drucken möchten.

Auch auf Schwarzweiß-Druckern kann in Graustufen gedruckt werden. Die Einstellung Schwarzweiß ist lediglich für Konzeptausdrucke geeignet.

WISSEN

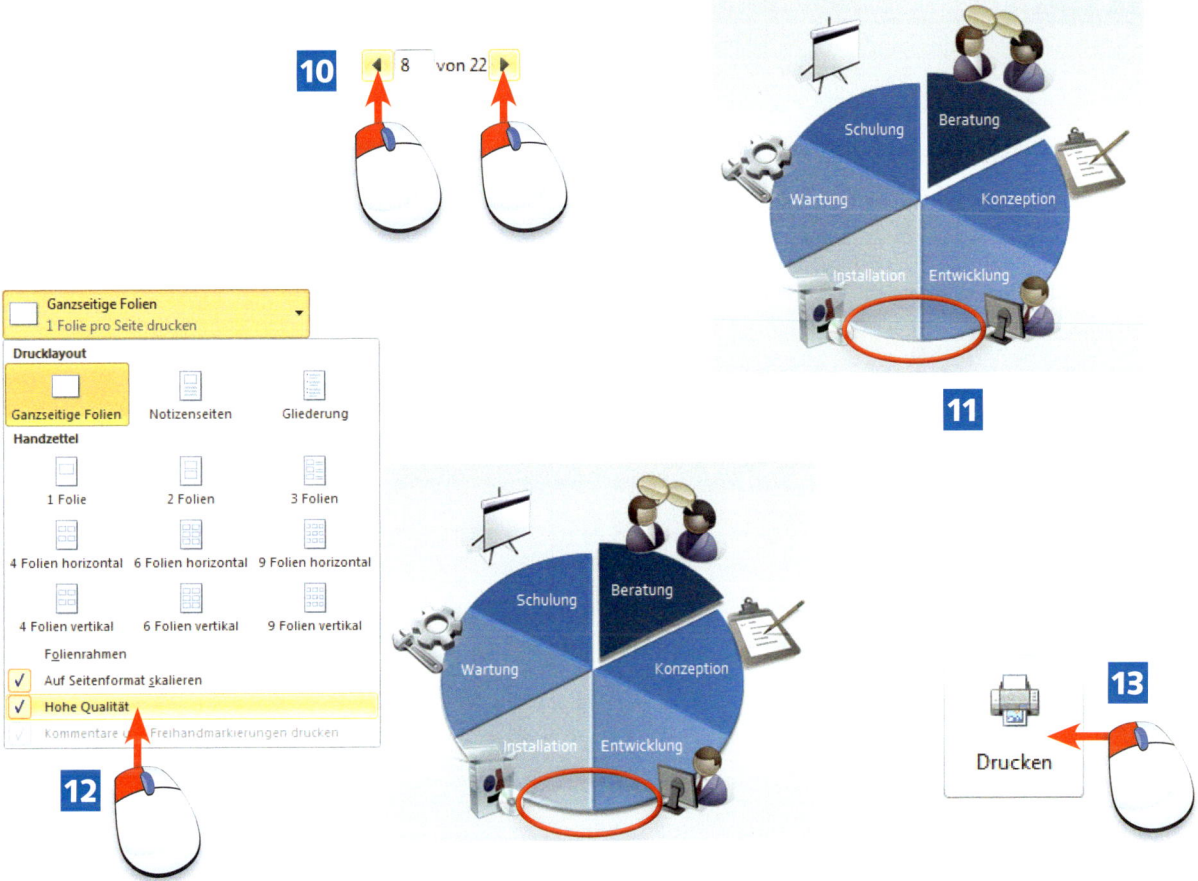

10 Überprüfen Sie Ihre Präsentation in der Druckvorschau.

11 In den Standardeinstellungen werden Grafikeffekte wie Schatten nicht gedruckt.

12 Dies können Sie ändern, indem Sie in den Layoutoptionen *Hohe Qualität* aktivieren.

13 Starten Sie den Ausdruck per Klick auf *Drucken*.

Ende

Über *Ansicht/Graustufe* können Sie Ihre Folien in Graustufen anzeigen und für den Druck nachbearbeiten.

Die Einstellungen für den Druck werden nicht mit der Datei gespeichert. Wenn Sie die Präsentation schließen und wieder öffnen, sind die Einstellungen für den Druck auf die Standardeinstellungen zurückgesetzt.

TIPP

HINWEIS

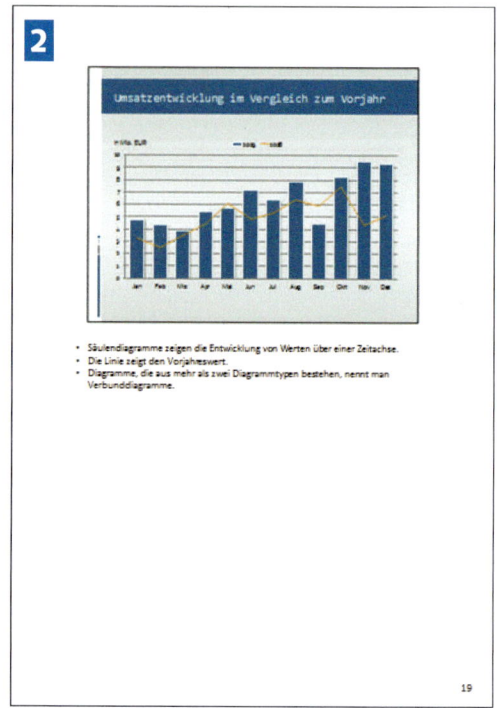

1 Um Ihre Vortragsnotizen zu drucken, wählen Sie als Drucklayout *Notizenseiten*.

2 Die Notizenseiten zeigen eine verkleinerte Ansicht der Folie und darunter Ihre Notizen.

Die Formatierungen der Gliederung ergeben sich aus den Formatierungen der Folie und können nicht abweichend gestaltet werden. Die Vortragsnotizen können dagegen in der *Notizenseitenansicht* mit allen Befehlen der Registerkarte *Start* bearbeitet werden.

WISSEN

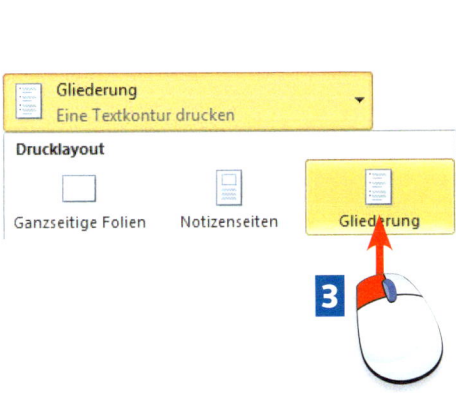

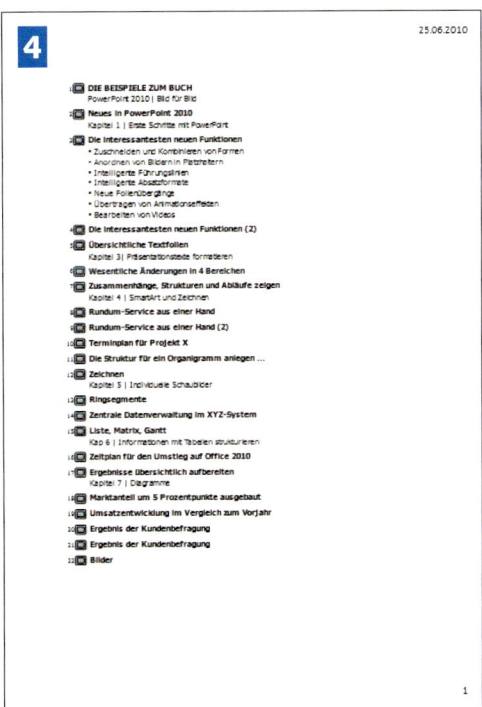

3 Einen schnellen Überblick über die Präsentation erhalten Sie, wenn Sie die *Gliederung* ausdrucken.

4 Die *Gliederung* zeigt ausschließlich die Folientitel und den Text in Platzhaltern. Grafiken und der Text in Textfeldern, Formen und SmartArts
werden nicht angezeigt.

Die Rahmenlinie um die Folie in den Notizenseiten wird über den Notizenmaster definiert, den Sie über *Ansicht/Notizen-master* bearbeiten können.

Übersichtlich formatiert sind die Notizenseiten auch als Handout der Präsentation geeignet.

Anstelle einer Rahmenlinie können Sie für das Bild der Folie im Noti-zenmaster auch Grafikeffekte wie Schatten definieren. Damit diese gedruckt werden, benötigen Sie wieder die Option *Hohe Qualität*.

HINWEIS   **TIPP**   **TIPP**

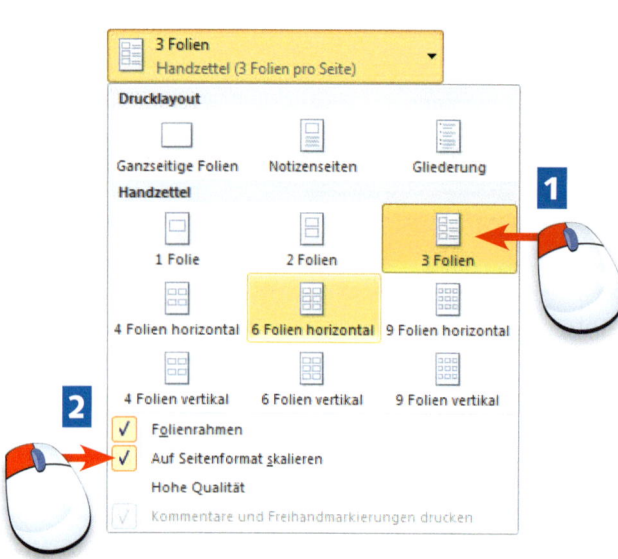

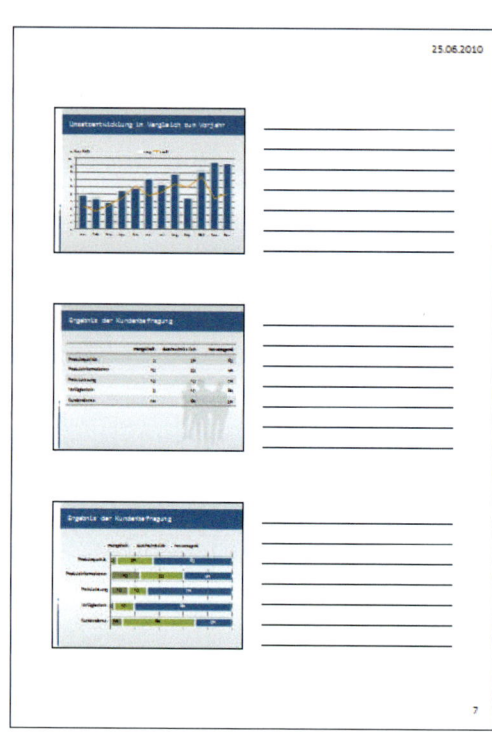

1 Wählen Sie als Drucklayout *Handzettel*. Bestimmen Sie die Zahl der Folien, die auf einer Seite gedruckt werden sollen.

2 Aktivieren Sie *Auf Seitenformat skalieren*.

Handzettel zeigen Miniaturansichten der Folie. Mit der Voreinstellung *3 Folien* pro Seite werden neben der Folie Linien für handschriftliche Notizen der Zuhörer ausgedruckt.

WISSEN

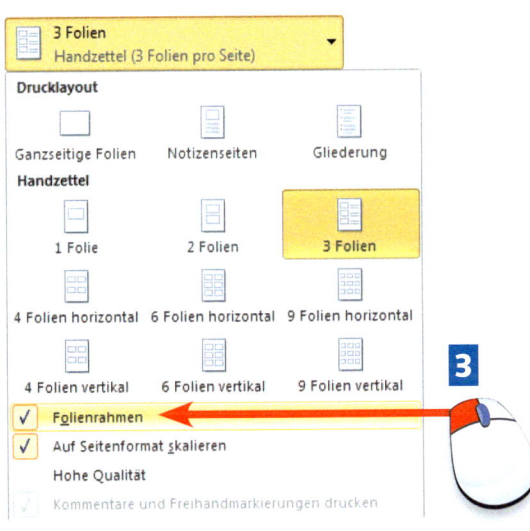

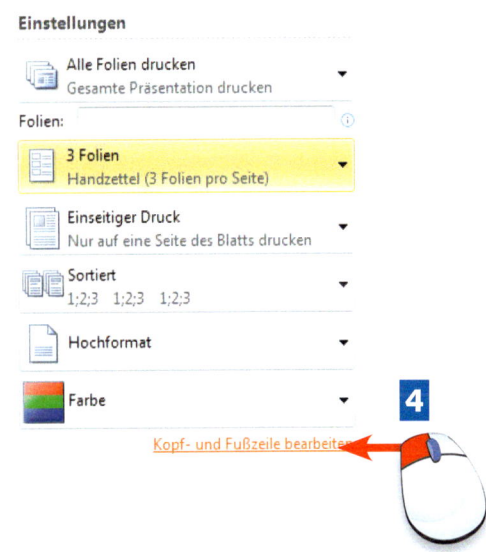

3 Wenn Ihre Folien einen weißen Hintergrund haben, können Sie die Option *Folien-rahmen* aktivieren.

4 Bearbeiten Sie bei Bedarf die *Kopf- und Fußzeile*. Die Kopf- und Fußzeile der Folien wird in die Handzettel nicht übernommen.

Auch für Notizenseiten und Gliederung können Sie eine von den Folien abweichende Kopf- und Fußzeile definieren.

Mit den Einstellungen *Vertikal* und *Horizontal* legen Sie fest, in welcher Reihenfolge die Miniaturansichten der Folien gedruckt werden. Orientieren Sie sich an der Vorschau.

Achten Sie darauf, dass die Miniaturansichten der Folien lesbar sind. Reduzieren Sie bei Bedarf die Zahl der Folien pro Seite.

HINWEIS   **HINWEIS**   **HINWEIS**

Präsentationen fertig stellen und weitergeben

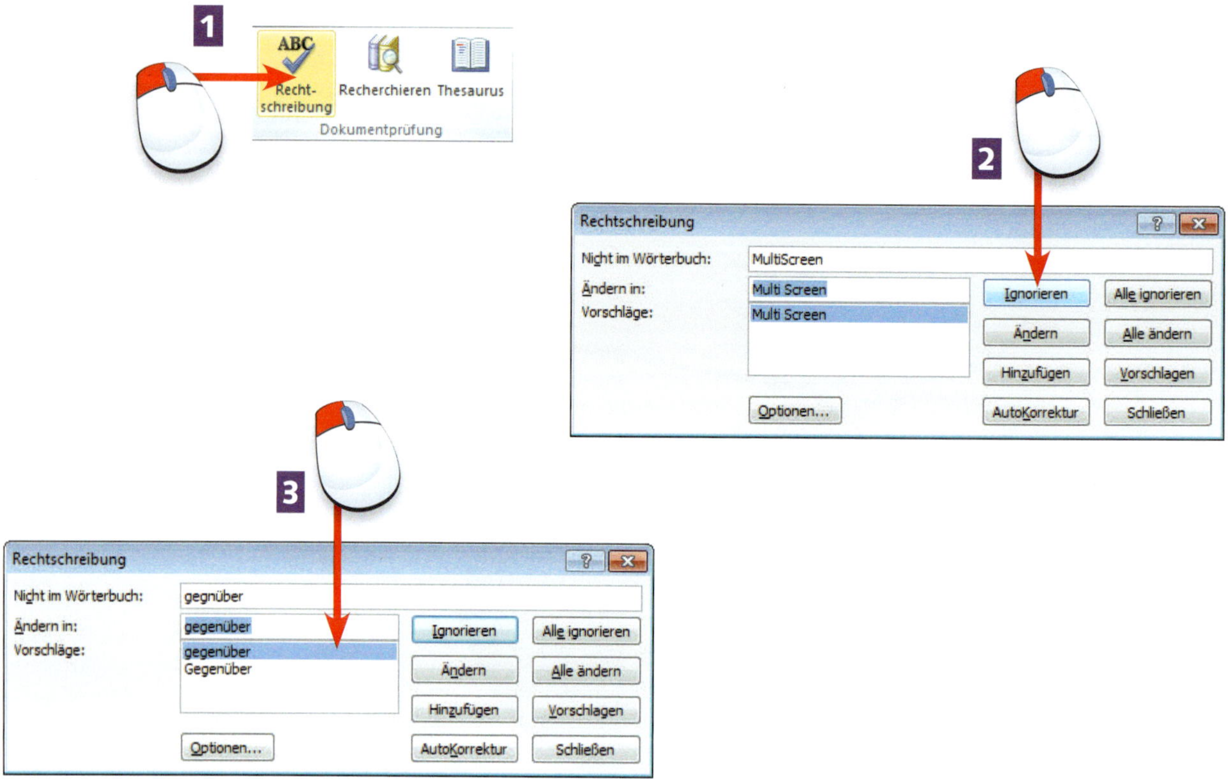

1 Wechseln Sie auf die Registerkarte *Überprüfen* und starten Sie die *Rechtschreibprüfung*.

2 Klicken Sie auf *Ignorieren*, wenn ein richtig geschriebenes Wort als falsch angezeigt wird.

3 Werden mehrere Korrekturvorschläge angeboten, markieren Sie den richtigen Eintrag.

Die Rechtschreibprüfung zeigt alle Begriffe, die im Wörterbuch nicht vorkommen, als falsch an. Häufig verwendete Fachbegriffe können über *Hinzufügen* in das Wörterbuch aufgenommen werden.

WISSEN

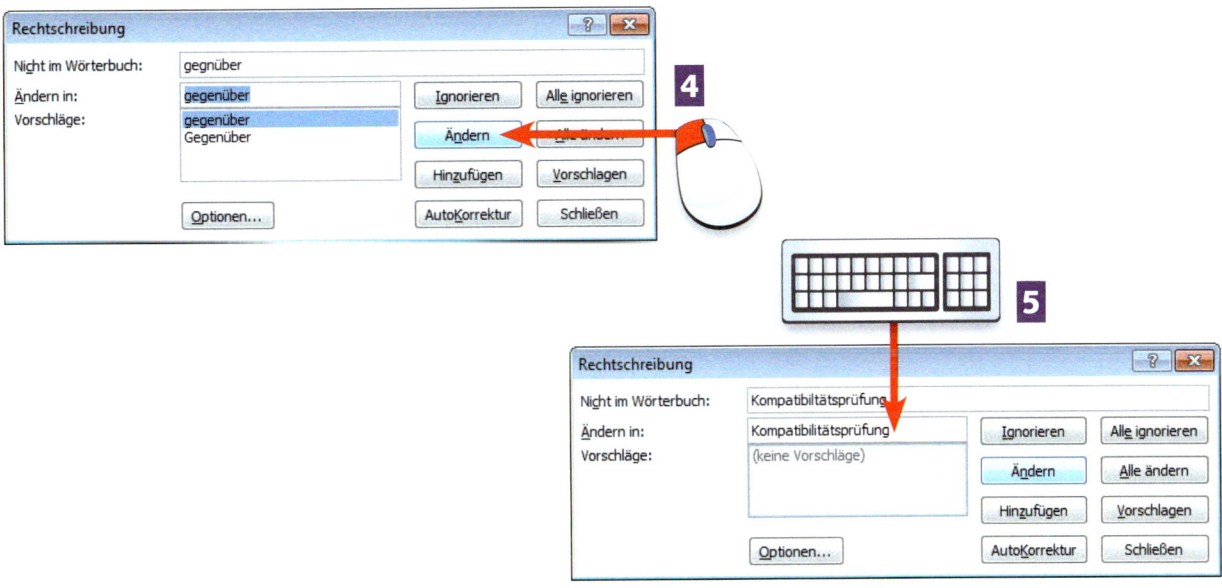

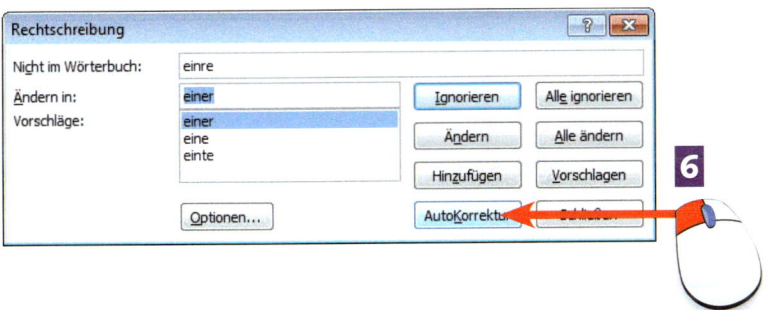

4 Klicken Sie auf *Ändern*.

5 Werden keine Korrekturvorschläge eingeblendet, geben Sie neben *Ändern* die richtige Schreibweise ein. Klicken Sie dann auf die Schaltfläche.

6 Beschleunigen Sie die Rechtschreibprüfung, indem Sie richtig geschriebene Begriffe, die häufiger vorkommen, mit *Alle ignorieren* von der Prüfung ausnehmen.

Die Rechtschreibprüfung ist nützlich, aber nicht unfehlbar. Verlassen Sie sich nicht blind darauf und sehen Sie im Zweifelsfall im Duden nach.

Begriffe, bei denen Sie sich häufig vertippen, können Sie über *AutoKorrektur* schon bei der Eingabe automatisch korrigieren lassen.

Mit *Alle ändern* wird die Schreibweise eines häufig verwendeten Begriffs für die ganze Präsentation korrigiert.

TIPP   **TIPP**   **HINWEIS**

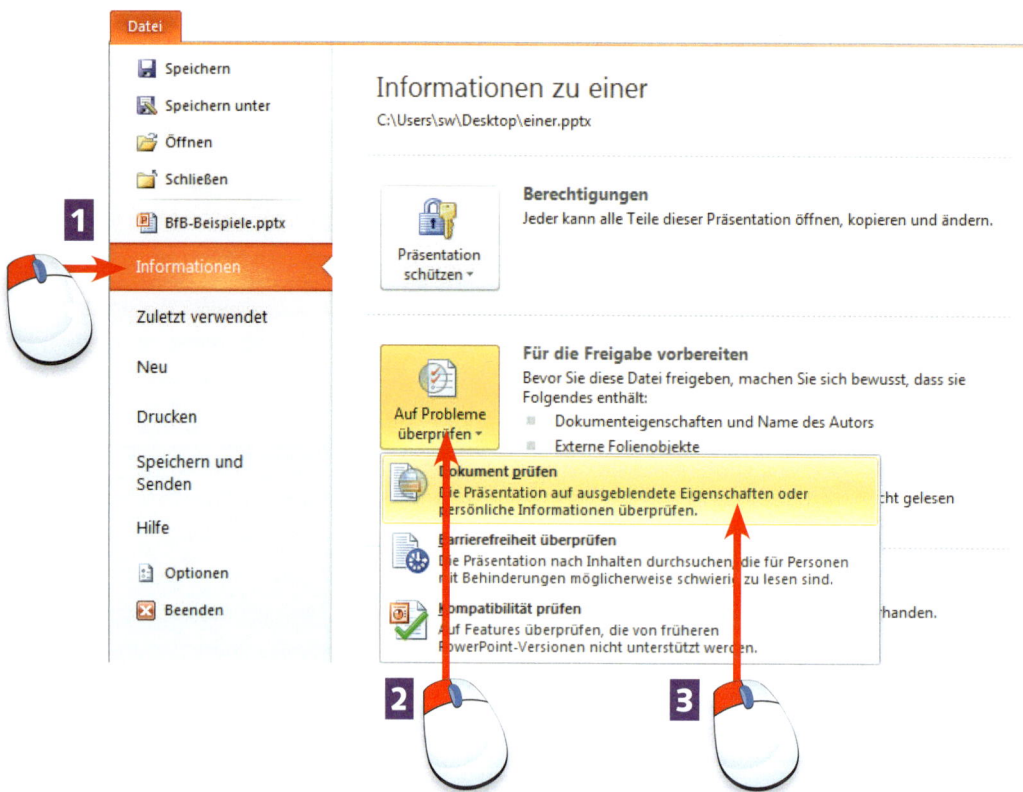

1 Rufen Sie in der Backstage-Ansicht die Kategorie *Informationen* auf.

2 Klicken Sie auf *Auf Probleme überprüfen*.

3 Wählen Sie *Dokument prüfen*. Wenn Ihr Dokument ungespeicherte Daten enthält, bestätigen Sie die Aufforderung zum Speichern mit *Ja*. Im Rahmen der Dokumentprüfung vorgenommene Änderungen können Sie dann zurücknehmen, indem Sie das Dokument nach der Prüfung schließen, ohne ein weiteres Mal zu speichern.

Präsentationsnotizen, Kommentare und außerhalb des sichtbaren Bereichs der Folie ablegte Skizzen, die versehentlich mit der Präsentation weitergegeben werden, können unter Umständen peinlich werden. Mit der Dokumentprüfung lassen sich versteckte Informationen aufspüren und entfernen.

W I S S E N

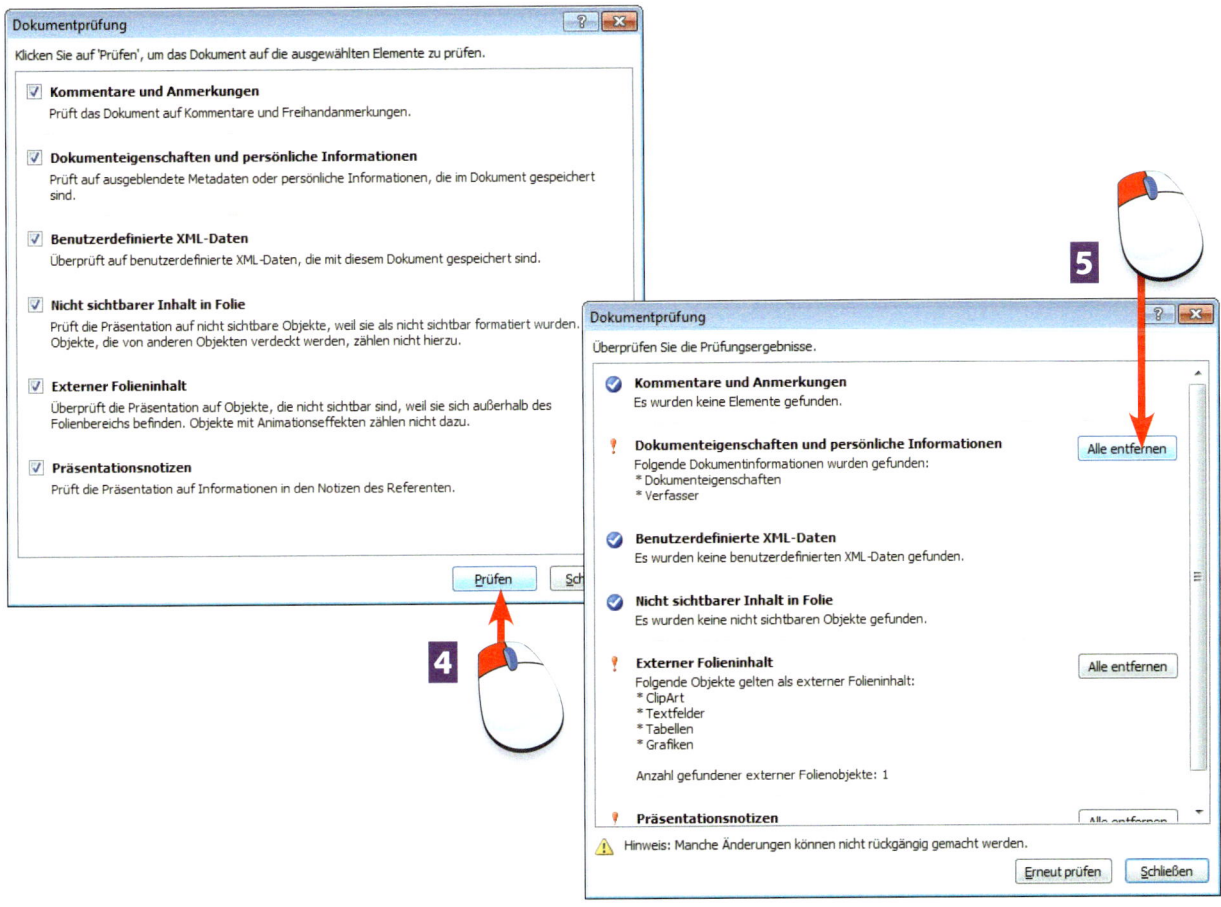

4 Legen Sie im Dialogfeld *Dokumentprüfung* fest, welche Elemente geprüft werden sollen. Am besten aktivieren Sie alle Kästchen. Klicken Sie auf *Prüfen*.

5 PowerPoint blendet jetzt das Ergebnis der Dokumentprüfung ein. Klicken Sie jeweils auf *Alle entfernen*, um Informationen, die nicht weitergegeben werden sollen, zu löschen.

Ende

TIPP	TIPP	HINWEIS
Bei der Dokumentprüfung entfernte Daten können teilweise nicht wiederhergestellt werden. Erstellen Sie für alle Fälle vor der Prüfung eine Kopie der Präsentation.	Wenn Sie prüfen möchten, welche externen Folieninhalte Ihre Präsentation enthält, reduzieren Sie den Zoom der Ansicht. Dann sehen Sie auch den Bereich außerhalb der Folie.	Kommentare o.Ä. in Diagrammdaten werden von der Dokumentprüfung nicht erfasst. Solche Informationen müssen Sie ggf. manuell löschen.

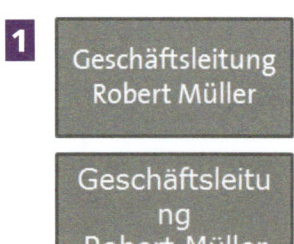

2 Arial

Verdana

Tahoma

Georgia

Times New Roman

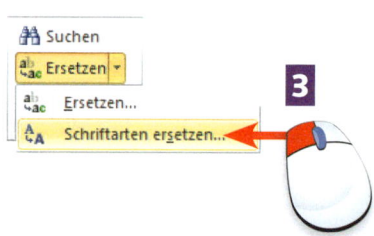

1 Fehlende Schriften führen zu einer fehlerhaften Darstellung der Präsentation, wenn Zeilenumbrüche nicht mehr stimmen und Textfelder andere Objekte überlappen.

2 Der sicherste Weg, Probleme mit Schriften zu vermeiden, besteht darin, Standardschriften zu verwenden, die auf allen Rechnern verfügbar sind.

3 Wenn Sie andere Schriften verwendet haben, rufen Sie auf der Registerkarte *Start* per Klick auf den Pfeil der Schaltfläche *Ersetzen* den Befehl *Schriftarten ersetzen* auf.

Bei der Darstellung von Texten greift PowerPoint in der Regel auf die Schriften des Betriebssystems zu. Ist die Schrift, mit der eine Präsentation erstellt wurde, nicht verfügbar, wird die fehlende Schrift durch eine andere ersetzt.

WISSEN

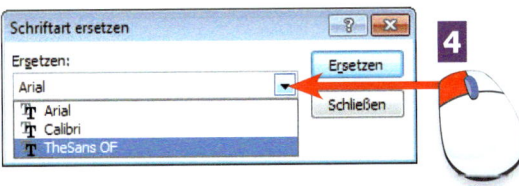

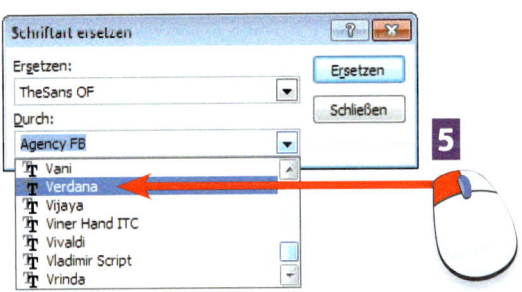

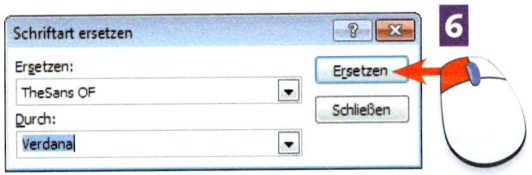

4 Öffnen Sie das Listenfeld *Ersetzen* und wählen Sie nacheinander die Schriften aus, die Sie austauschen möchten.

5 Stellen Sie unter *Durch* eine Standardschrift ein.

6 Klicken Sie auf *Ersetzen*.

Wenn Sie konsequent mit den Designschriften Ihrer Vorlage gearbeitet haben, können Sie auch einfach auf der Register-karte *Entwurf* die *Schriftarten* austauschen.	Das Einbetten von Schriften (in den *PowerPoint-Optionen* unter *Speichern*) ist nur nach ausgie-bigen Tests mit verschiedenen Rechnern und Programm-versionen empfehlenswert.	Prüfen Sie nach dem Austauschen der Schriften Ihre Folien und passen Sie bei Bedarf die Schriftgröße und Ausrichtung von Objekten an.
TIPP	**HINWEIS**	**TIPP**

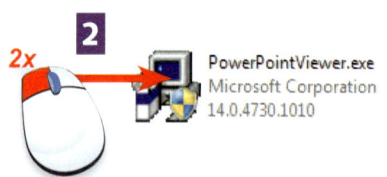

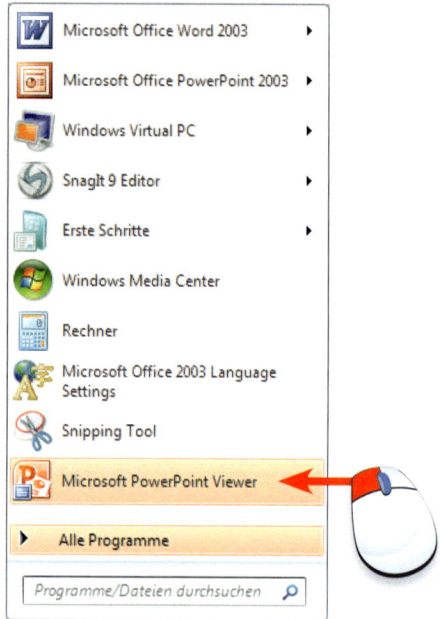

1 Laden Sie die Installationsdatei des PowerPoint 2010 Viewers unter http://www.microsoft.com/downloads/details.aspx?displaylang=de&FamilyID= cb9bf144-1076-4615-9951-294eeb832823 herunter.

2 Doppelklicken Sie auf die Datei *PowerPointViewer.exe*, um den PowerPoint Viewer zu installieren.

3 Starten Sie den PowerPoint Viewer über das Windows-Startmenü.

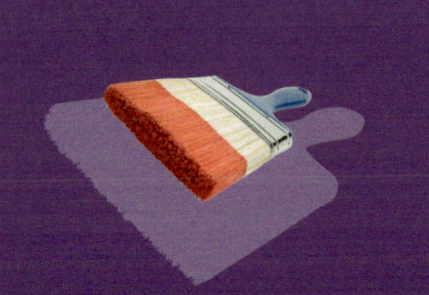

PowerPoint 2010 verfügt über eine ganze Reihe neuer Funktionen, die in älteren Programmversionen nicht korrekt dargestellt und wiedergegeben werden. Der PowerPoint Viewer bietet auf Rechnern mit älteren Versionen volle Unterstützung für Präsentationen, die mit der Version 2010 erstellt wurden.

WISSEN

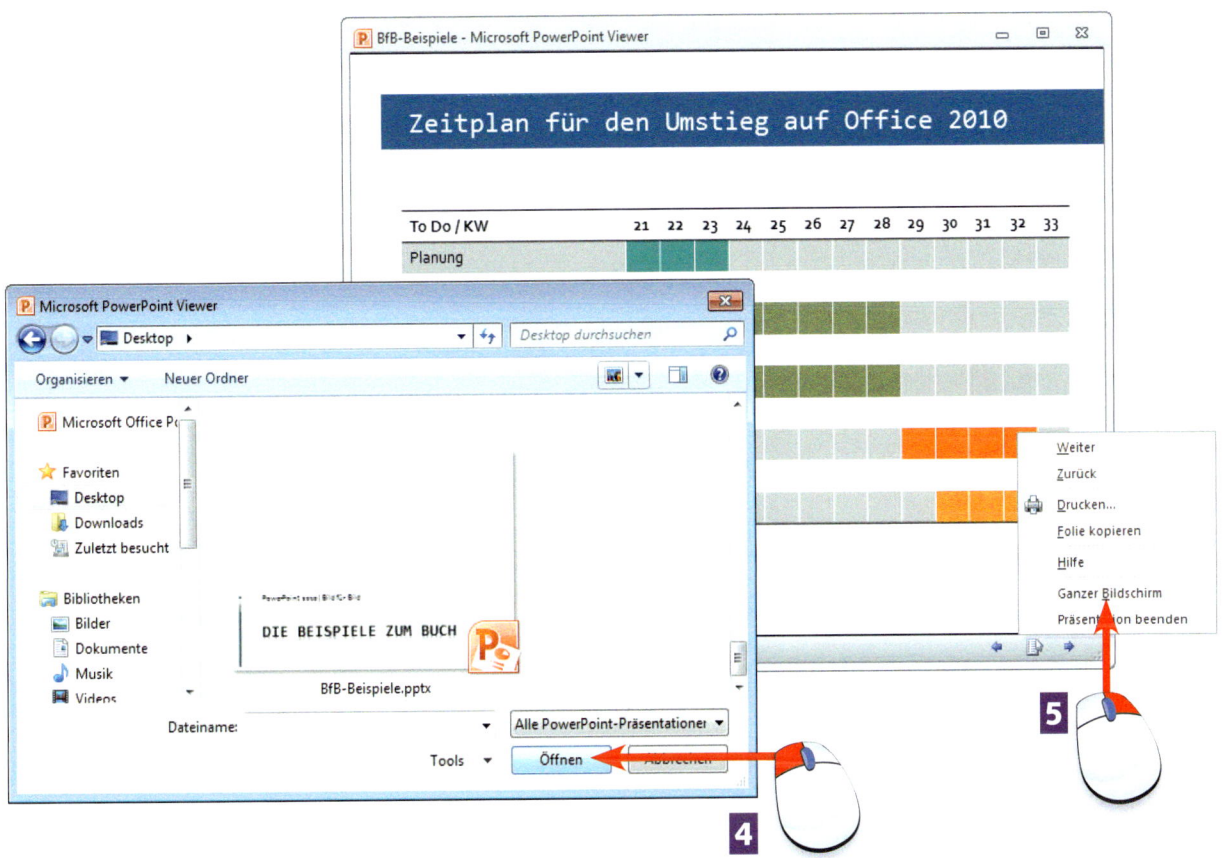

4 Wählen Sie im Dialogfeld Microsoft PowerPoint Viewer Ihre Präsentation aus und klicken Sie auf *Öffnen*.

5 Die Präsentation wird zunächst in einem Fenster geöffnet. Mit den Pfeilen nach links und nach rechts am unteren Fensterrand können Sie vor- und zurückblättern. Per Klick auf *Menü* rufen Sie das Kontextmenü auf, über das Sie den Druck der Präsentation starten oder mit *Ganzer Bildschirm* in die Bildschirmpräsentation wechseln können.

Ende

Der **PowerPoint Viewer** ist eine kostenlose Software zur Wiedergabe und zum Drucken von Präsentationen. Die Bearbeitung von Dateien ist nicht möglich.

Speichern Sie die Installationsdatei des Viewers für alle Fälle zusammen mit Ihrer Präsentation auf einem USB-Stick. Die Installation dauert nur wenige Minuten.

Wenn Sie für Ihre Präsentation die Technik des Veranstalters nutzen, bitten Sie ihn, den Viewer zu installieren, falls PowerPoint 2010 nicht zur Verfügung steht.

FACHWORT   **TIPP**   **TIPP**

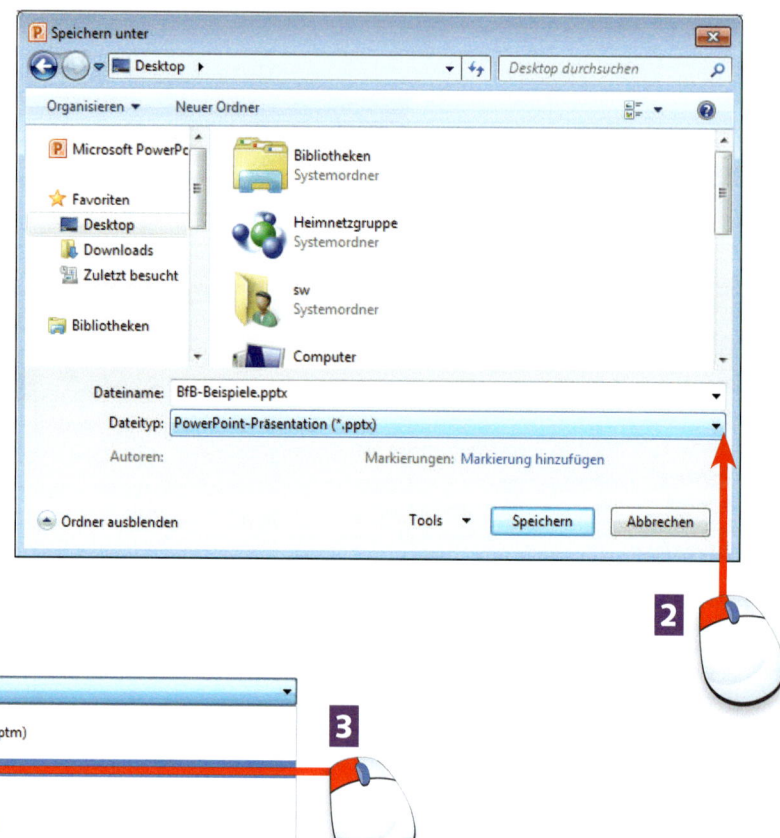

1 Klicken Sie in der Backstage-Ansicht auf *Speichern unter*.

2 Öffnen Sie im Dialogfeld *Speichern unter* das Listenfeld *Dateityp*.

3 Stellen Sie als Dateityp *PDF* ein.

Wenn Sie Präsentationen an einen unbestimmten Personenkreis weitergeben, haben Sie keine Kontrolle darüber, wie die Präsentation beim Empfänger wiedergegeben wird. PDF-Dateien werden immer gleich dargestellt und können auf allen Computern – auch am Mac oder unter Linux – problemlos geöffnet werden.

WISSEN

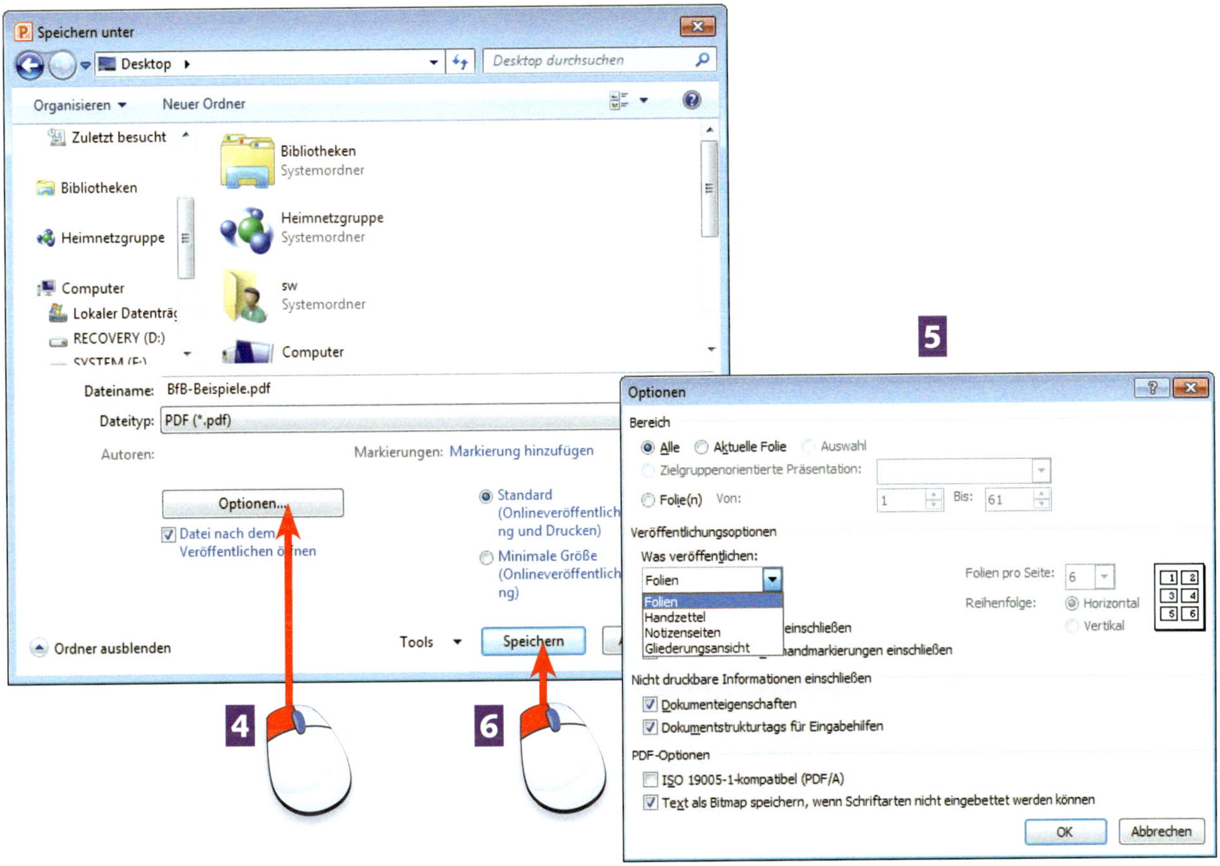

4 Rufen Sie bei Bedarf die *Optionen* auf.

5 Bestimmen Sie in den *Optionen*, ob Sie alle oder nur bestimmte Folien konvertieren wollen oder ob Sie Folien, Handzettel oder Notizenseiten usw. erstellen möchten – wie beim Drucken.

6 Klicken Sie auf *Speichern*, um die PDF-Datei zu erstellen. Wenn Ihre PDF-Datei zu groß für den E-Mail-Versand ist, können Sie über *Minimale Größe* versuchen, die Dateigröße zu reduzieren.

PDF-Dateien sind statisch. Bei der Konvertierung werden keine Animationen, Folienübergänge oder Multimediadaten gespeichert.

Zum Öffnen von PDF-Dateien benötigen Sie den kostenlosen Adobe Reader (http://www.adobe.com/de/).

Passen Sie Folien mit Animationen für die PDF-Konvertierung an. Bauen Sie eine Folie z. B. nach und nach auf, indem Sie den Inhalt auf mehrere Folien verteilen.

HINWEIS **HINWEIS** **TIPP**

Start

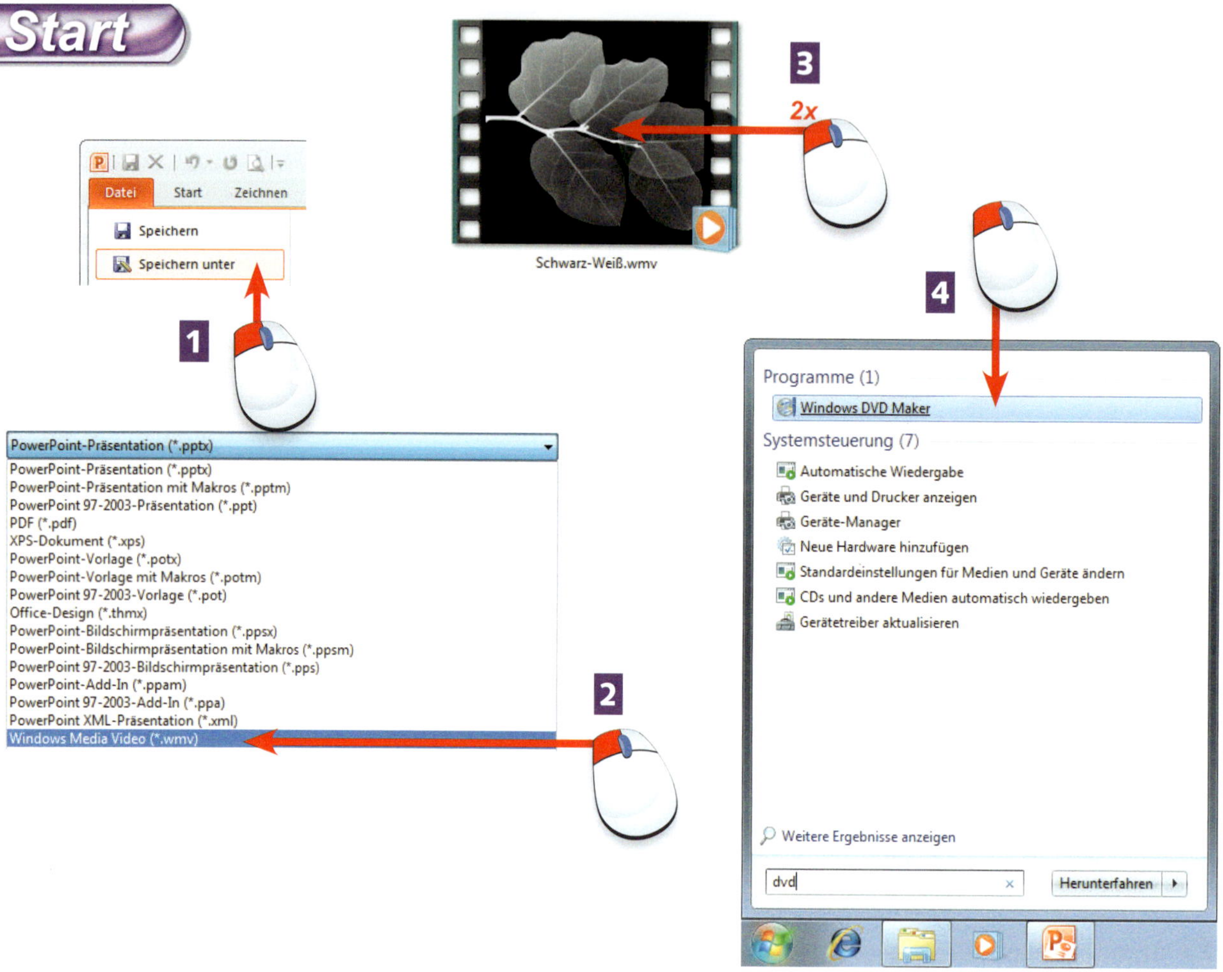

3

2x

Schwarz-Weiß.wmv

1

Datei | Start | Zeichnen

Speichern

Speichern unter

4

Programme (1)

Windows DVD Maker

Systemsteuerung (7)

Automatische Wiedergabe
Geräte und Drucker anzeigen
Geräte-Manager
Neue Hardware hinzufügen
Standardeinstellungen für Medien und Geräte ändern
CDs und andere Medien automatisch wiedergeben
Gerätetreiber aktualisieren

PowerPoint-Präsentation (*.pptx)

PowerPoint-Präsentation (*.pptx)
PowerPoint-Präsentation mit Makros (*.pptm)
PowerPoint 97-2003-Präsentation (*.ppt)
PDF (*.pdf)
XPS-Dokument (*.xps)
PowerPoint-Vorlage (*.potx)
PowerPoint-Vorlage mit Makros (*.potm)
PowerPoint 97-2003-Vorlage (*.pot)
Office-Design (*.thmx)
PowerPoint-Bildschirmpräsentation (*.ppsx)
PowerPoint-Bildschirmpräsentation mit Makros (*.ppsm)
PowerPoint 97-2003-Bildschirmpräsentation (*.pps)
PowerPoint-Add-In (*.ppam)
PowerPoint 97-2003-Add-In (*.ppa)
PowerPoint XML-Präsentation (*.xml)
Windows Media Video (*.wmv)

2

Weitere Ergebnisse anzeigen

dvd   ×   Herunterfahren ▶

1 Klicken Sie in der Backstage-Ansicht auf *Speichern unter*.

2 Stellen Sie als *Dateityp* dieses Mal *Windows Media Video* ein.

3 Begutachten Sie nach dem Export das Ergebnis, indem Sie auf die WMV-Datei im Explorer doppelklicken.

4 Starten Sie den *Windows DVD Maker*.

Wenn Sie Ihre Präsentation mit allen Folienübergängen, Animationen und Multimedia weitergeben und sicherstellen möchten, dass die Präsentation korrekt angezeigt wird, exportieren Sie sie als Video.

WISSEN

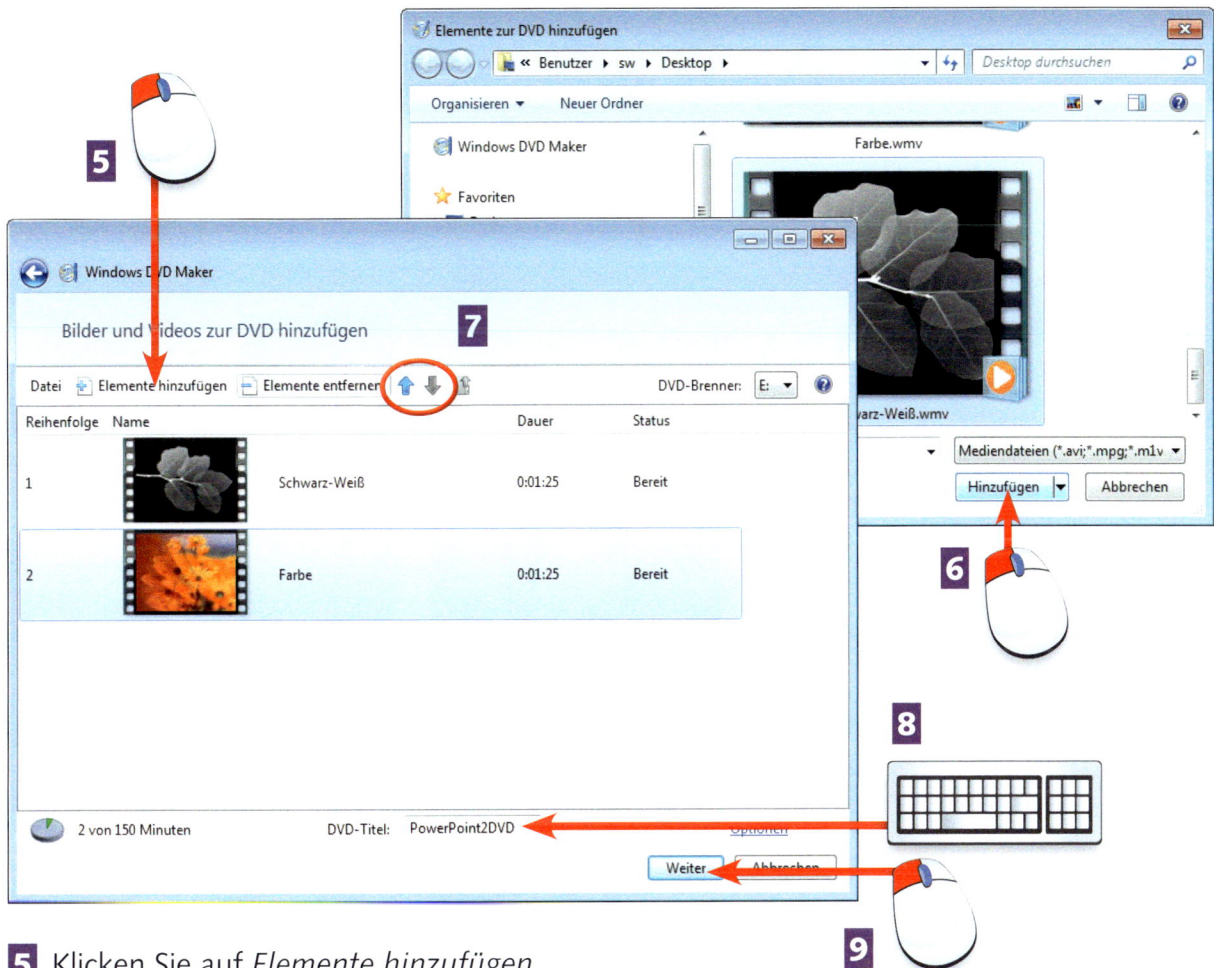

5 Klicken Sie auf *Elemente hinzufügen* …

6 … und wählen Sie Ihre verfilmte Präsentation aus. Klicken Sie auf *Hinzufügen*.

7 Fügen Sie gegebenenfalls weitere Dateien hinzu und ändern Sie die Reihenfolge.

8 Geben Sie einen Titel für die DVD ein.

9 Klicken Sie auf *Weiter*.

Der Export einer Präsentation als Video nimmt einige Zeit in Anspruch. Der Fortschritt wird in der Statusleiste angezeigt.

Wie lange eine Folie im Video gezeigt wird, können Sie wie bei der automatischen Wiedergabe einer Präsentation (Kapitel 11) über die *Anzeigedauer* steuern.

HINWEIS   **HINWEIS**

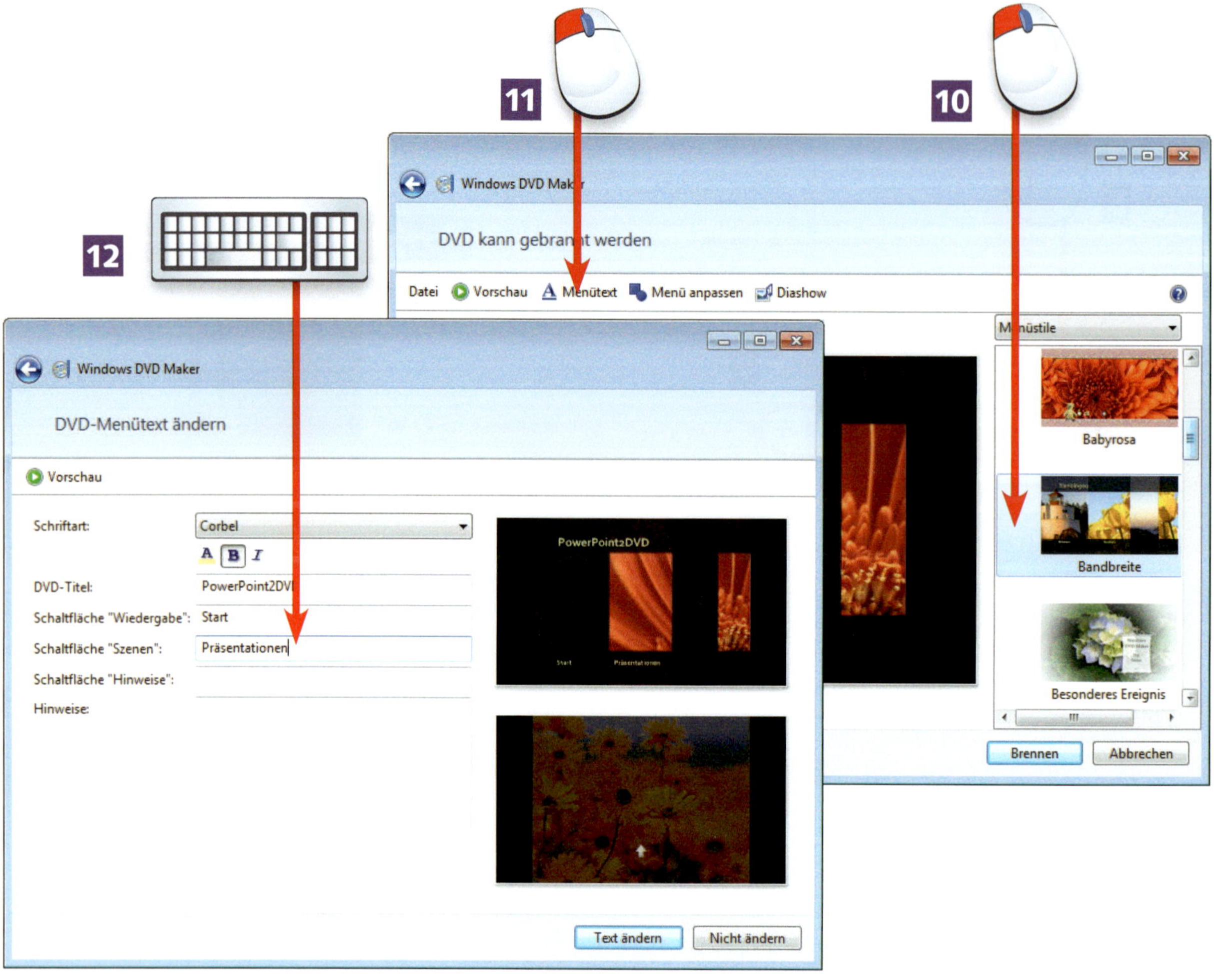

10 Wählen Sie einen der *Menüstile* am rechten Rand des Dialogfelds aus.

11 Klicken Sie auf *Menütext*.

12 Passen Sie die Beschriftung der Schaltflächen an und geben Sie bei Bedarf einen Hinweistext ein.

Der Windows DVD Maker wird zusammen mit Windows 7 installiert. Wenn Sie Software zur Videobearbeitung nutzen, haben Sie unter Umständen weitergehende Möglichkeiten zur Erstellung von DVD-Menüs.

WISSEN

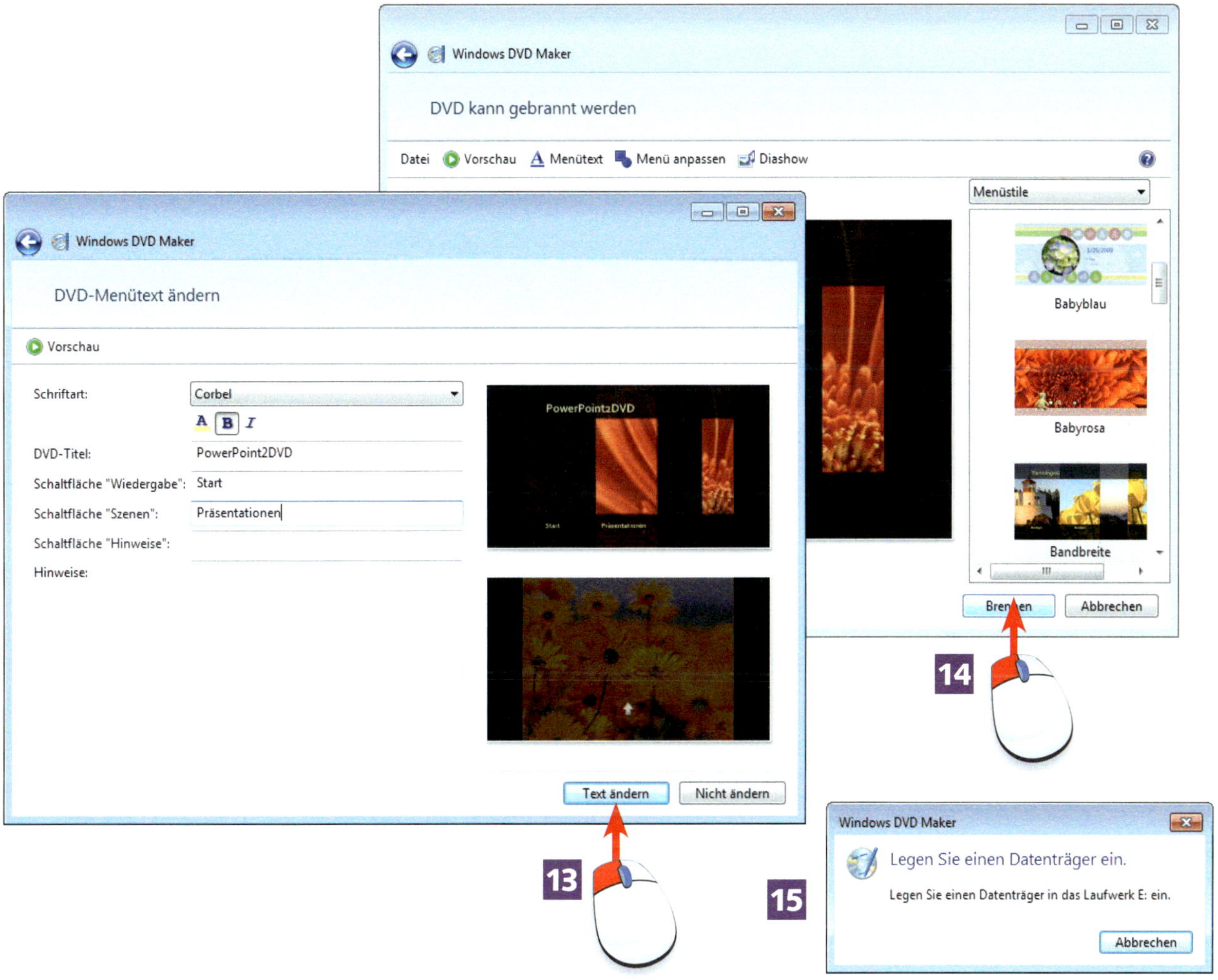

13 Klicken Sie auf *Text ändern*, um den angepassten Text zu übernehmen.

14 Klicken Sie auf *Brennen*.

15 Legen Sie eine DVD in Ihr Laufwerk ein. Auf DVD gebrannt können Sie Ihre Präsentation überall ansehen – sogar am Fernseher.

TIPP

Über *Menü anpassen* können Sie Bilder für den Vorder- und Hintergrund des Menüs definieren, das Aussehen der Schaltflächen für die Szenenauswahl anpassen und Sound für die Vertonung des Menüs importieren.

TIPP

Klicken Sie auf *Vorschau*, um das Menü vor dem Brennen zu testen.

Lexikon

Abstandsbreite	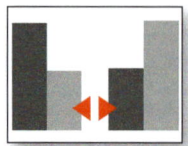	Abstand zwischen den Rubriken in einem Diagramm
Animations-effekt		Ein- und Ausblenden, Hervorheben oder Bewegen eines Objekts auf der Folie
Bildschirm-auflösung		Anzahl der Pixel (Bildpunkte), die auf einem Bildschirm in der Breite und Höhe angezeigt werden.
ClipArt	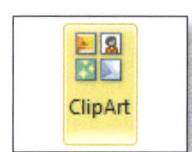	Kostenlose Zeichnungen, Fotos & Sounds auf Office.com (http://office.microsoft.com/de-de/)
Dateiformat		Container für die Informationen, die in einer Datei gespeichert sind
Daten-beschriftung	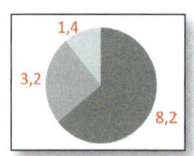	Die Angabe des Werts eines Daten-punkts in Diagrammen
Datenpunkt		Einzelner Wert in einem Diagramm
Datenreihe		Serie von Datenpunkten
Design		Grafische Gestaltungselemente einer Präsentation

Designeffekt		Kombination aus Voreinstellungen für Fülleffekte, Linien und Formeffekte für Schnellformatvorlagen
Diagramm-datenbereich	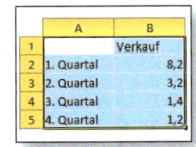	Der Bereich einer Excel-Tabelle, der grafisch in Form eines Diagramms aufbereitet wird
Einfügemarke		Blinkender Strich in einem Textfeld oder Platzhalter, der die Stelle kennzeichnet, an der Text eingefügt wird
Formen	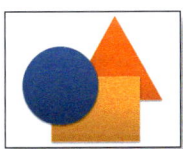	Vordefinierte Zeichnungsobjekte wie Rechtecke, Kreise, Pfeile
Formkontur		Die Rahmenlinie von Formen
Formkorrektur-punkt	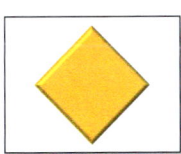	Gelbe Rauten, die zum Anpassen von Formen verschoben werden können
Führungslinien	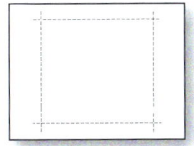	Hilfslinien zum Ausrichten von Folienobjekten, die bei Bedarf ein- und ausgeblendet werden
Gitternetzlinien (Diagramm)	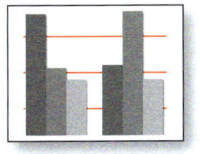	Linien im Hintergrund von Datenreihen, die die Lesbarkeit verbessern
Gitternetzlinien (Folie)	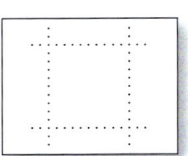	Raster der Folie, das beim Verschieben von Objekten mit den Richtungstasten der Tastatur die Schrittweite bestimmt

Gitternetzlinien (Tabelle)

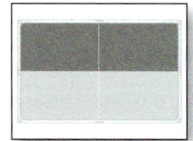

Hilfslinien, die die Trennlinien zwischen den Zellen einer Tabelle kennzeichnen

Hilfslinien

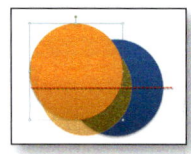

Kennzeichnen beim Verschieben von Folienobjekten den Mittelpunkt und die Ränder benachbarter Objekte. Werden automatisch ein- und ausgeblendet

Horizontale Primärachse

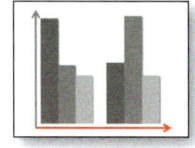

Waagerechte Achse in Diagrammen

Intervall

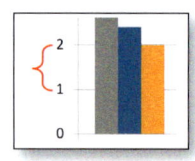

Größe des Abstands zwischen den Teilstrichen auf der Größenachse in Diagrammen

Komprimierung

Reduzierung des Speicherbedarfs von Bildern und Multimediadateien

Kontextmenü

Auswahl von Programmbefehlen für das markierte Objekt. Wird per Klick der rechten Maustaste auf das Objekt aufgerufen

Legende

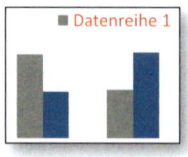

Beschriftung der Datenreihen im Diagramm

Platzhalter

Container, der für die automatische Ausrichtung und Formatierung von Folienobjekten sorgt

PowerPoint Viewer

Kostenlose Software, mit der PowerPoint-Präsentationen wiedergegeben und gedruckt, jedoch nicht bearbeitet werden können

Reihenachsen-überlappung		In Diagrammen Abstand zwischen den Datenpunkten innerhalb einer Rubrik
Schnellformat-vorlagen		Kombination aus Formatierungs-einstellungen
Screenshot		Bild der Programmoberfläche
Seiten-verhältnis	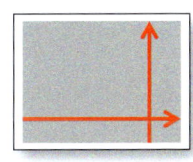	Das Verhältnis von Breite zu Höhe in Platzhaltern, Formen, Bildern und Videos
Spaltenkopf	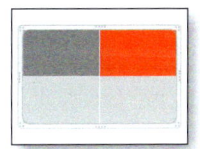	Die oberste Zelle einer Tabellenspalte mit Titel
Taskleiste		Bereich neben der Start-Schaltfläche, der die zur Zeit geöffneten Programme, Dateien und Verzeichnisse zeigt
Tasten-kombination	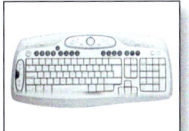	Alternative zur Maus, um Programm-befehle schneller auszuführen, und Eingabehilfe beim Zeichnen
Teilstrich	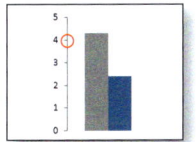	Unterteilung der Größenachse in Dia-grammen
Textfeld	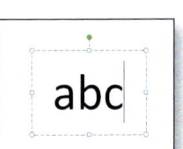	Container für Text, der frei auf der Folie angeordnet werden kann

Trigger		Folienobjekt, mit dem sich während der Bildschirmpräsentation per Mausklick Animationen starten lassen
Übergangs-effekt		Animation des Folienwechsels
Verknüpfung		Verweis auf den Speicherort einer Datei, die mit der Präsentation verbunden, aber nicht in der Präsentation gespeichert ist
Vertikale Primärachse	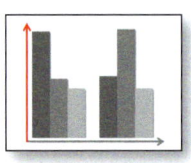	Senkrechte Achse in Diagrammen
WordArt	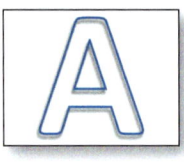	Grafikeffekte für Text
Zeilenkopf		Erste Zelle einer Tabellenzeile, wenn diese einen Titel enthält

Tipps & Tricks

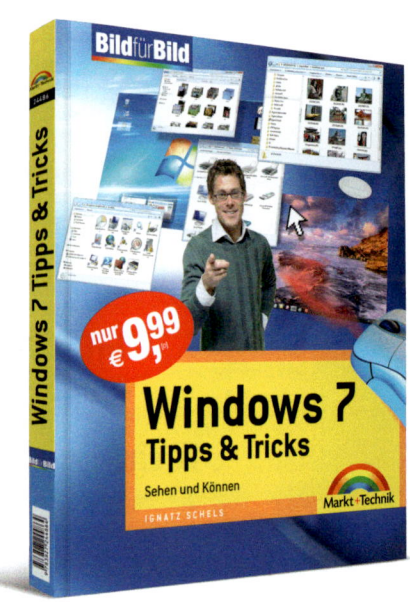

Ein Windows-7-Tricks-Buch vom Feinsten. Visuell vierfarbig und sehr verständlich. „Basteln" Sie sich Windows so zurecht, dass es alles macht, was Sie wollen und noch viel mehr: Schneller Starten, schneller arbeiten, sicherer arbeiten, richtig packen, sicher surfen, Spuren beseitigen, Dateien indizieren, Treiber einrichten, Grafikkarte richtig konfigurieren, Netzwerk-Tipps, „Passwort vergessen, was nun?", IP-Adressen einsetzen und und und...

Sie werden begeistert sein!

Ignatz Schels
ISBN 978-3-8272-4486-4
9.99 EUR [D]

Sehen und Können: der visuelle und leicht verständliche Einstieg.
Mehr auf www.mut.de

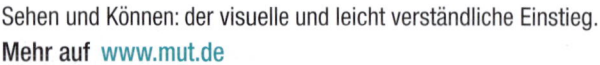

Blicken und Klicken!

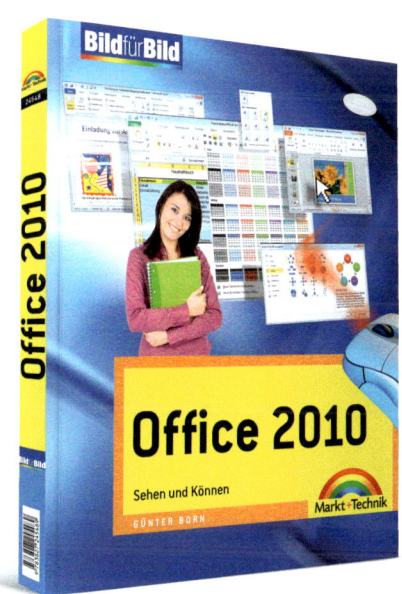

Lernen Sie ganz leicht und visuell die ganze Bürosoftware Office 2010. Oder schlagen Sie nach, was Sie brauchen: Word, Excel, PowerPoint und Outlook. Alle Leser, die überhaupt das erste Mal am PC schreiben und rechnen wollen, sind hier ebenfalls richtig. Auch alle Umsteiger von Office 2003 und 2007. Einfach das Buch neben den PC legen, immer wieder reinschauen und das Büro funktioniert wie von selbst.

Günter Born
ISBN 978-3-8272-4548-9
12.95 EUR [D]

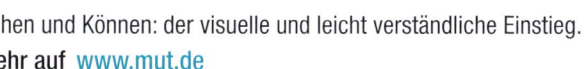

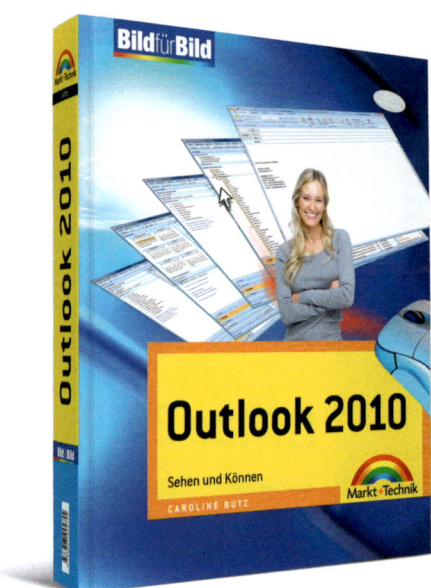

Bilder verwalten und bearbeiten

Das farbig visuelle Praxisbuch zum Fotodienst-Marktführer. Neben den beliebten Grundfunktionen (Fotos verwalten und online stellen), die Sie vielleicht schon beherrschen, zeigt es auch all die Möglichkeiten Bilder zu bearbeiten. Retuschieren Sie Fehler in Ihren Fotos, entfernen Sie rote Augen, passen Sie Kontrast und Helligkeit an, machen Sie eine „Fotocollage mit zwei Mausklicks" oder eine Diashow. Ein extra Bildbearbeitungs-Programm können Sie sich damit sparen. Picasa genügt vollkommen.

Christoph Prevezanos
ISBN 978-3-8272-4599-1
16.95 EUR [D]